生态与能源

——国际视野、中国战略、前沿探索

Ecology & Energy:
vision, strategy and frontier

王　浩　吕永龙　李百炼　吴建平　伍业钢　严晋跃
[新加坡] 邹邵强（Siaw-Kiang Chou）
[美国] 罗伯特・科斯坦萨（Robert Costanza）
[英国] 菲利普・埃尔斯（Philip Earis）
[奥地利]克劳斯・胡巴切克（Klaus Hubacek）
[德国] 罗兰・斯潘（Roland Span）著

江苏凤凰科学技术出版社・南京

图书在版编目（CIP）数据

生态与能源 ：国际视野、中国战略、前沿探索 / 王浩等著 . -- 南京 ：江苏凤凰科学技术出版社，2022.4
ISBN 978-7-5713-2770-5

Ⅰ . ①生… Ⅱ . ①王… Ⅲ . ①生态经济－研究②能源经济－研究 Ⅳ . ① F062.2 ② F407.2

中国版本图书馆 CIP 数据核字 (2022) 第 028554 号

生态与能源——国际视野、中国战略、前沿探索

著　　者	王　浩　吕永龙　李百炼　吴建平　伍业钢　严晋跃 [新加坡] 邹邵强　[美国] 罗伯特 • 科斯坦萨　[英国] 菲利普 • 埃尔斯 [奥地利] 克劳斯 • 胡巴切克　[德国] 罗兰 • 斯潘
项目策划	凤凰空间 / 曹　蕾
责任编辑	赵　研　刘屹立
特约编辑	曹　蕾
出版发行	江苏凤凰科学技术出版社
出版社地址	南京市湖南路 1 号 A 楼　邮编：210009
出版社网址	http://www.pspress.cn
总　经　销	天津凤凰空间文化传媒有限公司
总经销网址	http://www.ifengspace.cn
印　　刷	北京博海升彩色印刷有限公司
开　　本	710mm×1000mm　1/16
印　　张	13
字　　数	247 000
版　　次	2022 年 4 月第 1 版
印　　次	2022 年 4 月第 1 次印刷
标准书号	ISBN 978-7-5713-2770-5
定　　价	158.00 元

图书如有印装质量问题，可随时向销售部调换（电话：022-87893668）。

本书参加写作人员

著　者：

王　浩　吕永龙　李百炼　吴建平　伍业钢　严晋跃
[新加坡] 邹邵强　[美国] 罗伯特·科斯坦萨
[英国] 菲利普·埃尔斯　[奥地利] 克劳斯·胡巴切克
[德国] 罗兰·斯潘

参加写作人员：

王海花　王大伟　白中科　白甲林　孙雪峰　乔梦颖
朱永楠　许　梦　李　政　陈晓辉　幸益民　周　熹
姜　楠　徐　菁　柴淼瑞　湖　晨　蔡其华　邵微微
将云钟　颜鹤青

序

生态与能源科技前沿：挑战与机遇

21 世纪以来，中国城市化进程发展迅速。由于中国人口基数大，城市群和超大型城市很多，因此，中国城市化发展相关主题成为了近年的研究热点。中国的经验、中国的问题、中国所面临的挑战，对世界其他国家来说，也有非常重要的参考价值。

在此背景下，2018 年 6 月 12—13 日，中国科学技术协会主办，中国国际科技交流中心策划、组织和承办了这次生态与能源发展前沿圆桌会议。会议共邀请到海内外相关领域专家、学者 11 人，就 7 个生态议题及其前沿研究展开交流探讨。本次会议的学术召集人包括：中国工程院院士、水文学及水资源学家王浩，欧洲科学与艺术院院士、瑞典皇家理工学院和梅拉达伦大学教授、国际能源期刊《应用能源》（*Applied Energy*）主编严晋跃，2015 年普利高津金奖获得者、美国加利福尼亚大学河滨分校生态学终身教授、国际生态与可持续发展研究中心主任李百炼，以及国际生态城市建设理事会秘书长、生态学家、北京博大生态城市规划设计院院长伍业钢。各学术召集人借助自身学术成就、声望和资源，促成该领域顶级专家齐聚一堂，共享前沿研究成果，碰撞学术智慧火花。

参会的专家学者还有澳大利亚社会科学院院士、澳大利亚国立大学克劳福德（Crawford）公共政策学院生态经济学家和公共政策教授兼副院长罗伯特·科斯坦萨（Robert Costanza），新加坡工程学院院士和英国能源研究院院士、新加坡国立大学机械工程系教授兼能源研究所执行总监邹邵强（Siaw-Kiang Chou），欧洲科学与艺术院院士、鲁尔大学波鸿分校碳封闭循环经济研究部主任罗兰·斯潘（Roland Span），国际能源研究期刊《焦耳》（*Joule*）主编菲利普·埃尔斯（Philip Earis）博士，奥地利生态经济学家克劳斯·胡巴切克（Klaus Hubacek）博士，清华大学及英国南安普顿大学教授吴建平，中国科学院生态环境研究中心研究员、第三世界科学院（发展中国家科学院，TWAS）院士、欧洲科学院（Academia Europaea）外籍院士吕永龙。

这次生态与能源圆桌会议虽然规模不大，但是代表性很强，有多位来自亚洲、北美洲、欧洲、大洋洲的生态与能源领域的权威专家。会议紧密围绕联合国2030年可持续发展目标，以建立“促进目标实现的伙伴关系”为宗旨，以解决全球和中国能源与生态环境问题为目标。会议对涉及生态与能源各方面相关的议题——从大数据到人工智能，从环境影响到生态修复，从能源开发到可持续利用，特别是储能以及今后对能源的各种应用——都进行了十分广泛的讨论。

此次圆桌会议就生态与能源领域面临的主要问题与挑战以及潜在的应用提出了许多前瞻性的，针对科学问题、发展趋势、预警、风险规避、挑战和机遇等的建议，为学术和产业界提供了最前沿的研究方案和思考。会议的探讨成果将有助于逐步建立起生态与能源领域的科技思想平台，为决策者、科技界、产业界与经济界提供独到的参考建议。

与此同时，国内外生态与能源领域的专家对怎样实现人民对美好未来向往的具体目标做了详细讨论，从生态和能源方面提出了非常具体的建议。专家提出了多个发展中国家的评价指数对GDP指数进行补充，如GPI指数、幸福指数、生态文明指数等，这对中国和各发展中国家的生态文明建设将有非常具体的、可以检测的、可达到的指导意义，是一个很有操作性的可实施的指数体系。这对中国发展政策与发展目标的落实都有具体的帮助。

中国的发展速度和增长速度在世界上是比较快的，特别是在城市发展方面。大家对中国问题的讨论也体现在对中国生态与能源问题的关注上，这也是这次会议聚焦的重点。因此，不管从城市的角度还是国家的角度，中国给全球提供的经验在生态方面以及与生态有关的能源方面都是非常重要的。

为了扩大生态与能源圆桌会议的影响，并巩固会议的成果，11位参会专家就会议讨论内容进行了总结，提出了一些具体对待中国和国际上生态与能源发展的决策性的、顶层设计的意见，把会议讨论的成果推向世界，把中国面临的挑战、中国解决问题的思路也推向世界，使本次生态与能源圆桌会议的成果得到更广泛的认可，对未来生态与能源的发展和研究都有很大的指导意义。

作为本次圆桌会议的召集人，我希望中国科学技术协会能够建立和巩固类似这次论坛的这种创新性的形式和机制。希望通过这样的会议对全球的生态与能源发展、全球面临的挑战与机遇，以及对未来研究发展提出一些政策性、研究性的意见。因此，这一次圆桌会议不但对中国，对世界也将会产生很大的影响。我也希望政府管理者、科技工作者、企业家、关注生态与能源科技的学者和读者，从本书展示的生态与能源的发展前沿，以及人类所面临的挑战与机遇中得到启发与启示，这也将是本次圆桌会议最重要的成果之一。

张建生　博士

原中国科学技术协会国际部　部长

作者简介

王浩博士

教授级高工，中国工程院院士，流域水循环模拟与调控国家重点实验室主任，中国水利水电科学研究院水资源研究所名誉所长，兼任中国可持续发展研究会理事长，全球水伙伴中国委员会副主席，中国自然资源学会副理事长。

吕永龙教授

第三世界科学院（发展中国家科学院，TWAS）院士，欧洲科学院外籍院士，国际环境问题科学委员会（SCOPE）前主席，世界自然保护联盟 (IUCN) 科学顾问，联合国环境规划署 (UNEP) 国际专家组（IRP）成员，太平洋科学协会主席，中国科学院生态环境研究中心研究员，中国科学院大学教授、博士生导师，国家有突出贡献中青年专家，中国生态学学会副理事长。

李百炼教授

美国加利福尼亚大学生态学终身教授，国际生态与可持续发展研究中心主任，2015 年获普利高津金奖 (Prigogine Gold Medal, 该奖每年只表彰 1 位对世界生态学做出卓越贡献的科学家），“生态复杂性”这门新生态学分支学科的奠基人，《生态复杂性》[Ecological Complexity，爱思唯尔 (Elsevier) 收录］创刊主编，美国人类生态研究院院士（IHE Fellow)，俄罗斯科学院外籍院士，美国科学促进会会士（AAAS Fellow），2014 年德稻生态学大师，世界生态高峰理事会主席。

吴建平教授

1982年获浙江大学土木工程系学士学位，1984年获浙江大学土木工程系硕士学位，1989年受中英友好奖学金资助赴英攻读博士学位，1994年获英国南安普顿大学交通工程学博士学位，2006年任英国南安普顿大学教授，2007年兼任WSP国际集团高级技术董事，2011年任清华大学土木工程系教授，清华大学-剑桥大学-麻省理工学院“未来交通”研究中心主任。

伍业钢博士

北京博大生态城市规划设计院院长，国际生态城市建设理事会秘书长，美国伊科集团执行董事执行总裁，中国科协第九届全委会委员，中国科协海智专家，国际生态技术产业联盟执行主任，联合国“未来地球计划”中国委员会委员，国际期刊《生态过程》（Ecological Processes）创刊执行主编（2011—2016）。

严晋跃教授

欧洲科学与艺术学院院士，瑞典皇家理工学院和梅拉达伦大学教授、未来能源中心主任，国际应用能源创新研究院院长，国家“千人计划”特聘专家、教育部“长江学者”特聘教授，国际能源期刊《应用能源》（Applied Energy，2020年影响因子8.848）主编，2014年获得联合国环境发展署支持的全球人居环境绿色技术奖。

[新加坡]邹邵强
(Siaw-Kiang Chou)

新加坡工程学院和英国能源研究院院士，新加坡国立大学机械工程系教授，并兼任能源研究所执行总监。曾任新加坡国立大学机械工程系系主任，新加坡国家科学与技术委员会执行主任。担任东盟科学和技术行动计划咨询机构主席。新加坡工程师学会院士。

[美国]罗伯特·科斯坦萨
(Robert Costanza)

美国科学促进会会士，澳大利亚国立大学克劳福德(Crawford)公共政策学院生态经济学家和公共政策教授，美国国家科学与环境委员会(NCSE)华盛顿区高级研究员(Senior Fellow)。他是克劳福德学院的教授和副院长，也是美国国家科学委员会高级环境研究员，以及斯德哥尔摩应变中心研究员。

[英国]菲利普·埃尔斯
(Philip Earis)博士

毕业于英国剑桥大学，杂志《Joule》的主编，在《Joule》有影响力的能源研究出版方面拥有十几年的经验。他在印度生活了3年后来到了Cell Press公司，在印度他创建并经营了一家将太阳能带到印度边缘化离网社区的组织“光计划”。在这个职位上，他与印度和其他国际科学家密切合作，开发和安装合适的太阳能技术。在此之前，菲利普曾在英国皇家化学学会(Royal Society of Chemistry)工作，在那里他领导了一个由7种著名物理科学期刊组成的投资组合，其中包括能源与环境科学和纳米尺度方向的期刊。

[奥地利] 克劳斯 • 胡巴切克（Klaus Hubacek）博士

《Journal of Industrial Ecology》期刊副主编，就职于美国马里兰大学地理科学系，世界著名的生态经济学家。胡巴切克于2000年在美国纽约州特洛伊的伦斯勒理工学院获得生态经济学博士学位。在来到马里兰大学之前，他曾在多个机构任职，包括剑桥大学、利兹大学、国际应用系统分析研究所和麦克丹尼尔学院。

[德国] 罗兰 • 斯潘（Roland Span）博士

《应用能源》编委，德国波鸿鲁尔大学（Ruhr University Bochum）教授。1983 年至 1988 年，斯潘教授在波鸿鲁尔大学学习机械工程。1992，他完成了博士学位，博士论文介绍了 1 种新的二氧化碳状态参考方程。2002 年成为帕德伯恩大学热力学和能源技术系主任。2006 年成为热力学会的主席。他是多个科学委员会的成员，是 VDI-GEU 热力学和能量储存工作组的主席，也是欧洲科学与艺术学院的院士。

特别贡献

张建生博士

（1959—2019）曾任中国科学技术协会（中国科协）国际联络部部长，欧美同学会副秘书长，中国对外应用技术交流促进会主任。兼任国际科联（ICSU）科学自由和责任委员会（CFRS）委员，欧美同学会理事、留美分会常务副会长，中国人民对外友好协会理事，中国国际文化交流中心理事，吴阶平医学基金会理事。他组织和策划了本次由中国科协主办，中国国际科技交流中心和海外智力为国服务行动计划办公室承办的生态与能源发展前沿圆桌会议，并为本书写了序。

目 录

引言

人类对地球系统的影响如此巨大，以至于一个新的地质时代“人类世”已经开始了。我们现在生活在一个“充满人类影响的世界”。在这个世界里，经济发展对支持生命的生态系统的影响越来越复杂和深远。与此同时，为了提高人类的生活水平，我们对地球的生命维持功能也提出了越来越多的要求。在这个世界里，研究、教育和政策的重点需要从孤立的问题转移到整体、复杂、相互关联的系统，并研究各个部分之间的动态相互作用，比如，对生态系统和能源系统的动态相互作用进行研究。

经济发展和全球问题的复杂性意味着科技应参与解决几乎所有重大挑战。比如，对抗贫穷和饥饿、提供可再生和可持续的能源、保护全球环境和自然资源、获得干净的水和肥沃的土地、防止传染病的传播和生物恐怖主义、保持经济发展等。鉴于能源科学的前沿和生态技术的颠覆性创新，我们认识到有必要建立一种工作机制，以明确对未来可持续发展至关重要的问题，向不同社会部门（公共和私人）的决策者提供建议，以确保通过国际交流和合作，实现人类的共同繁荣和共同利益。因此，我们受中国科学技术协会（CAST）邀请，组织了“生态与能源：挑战与机遇”前沿圆桌会议（2018 年 6 月 12—13 日，中国北京）。

本次会议的目标是：①与决策者交流生态科学和能源技术领域的先进知识，为我们的地球创造一个更美好、可持续和繁荣的未来；②通过跨学科交流，为我们在生态和能源领域面临的挑战和机遇提供战略咨询和解决方案，以及多学科和跨学科的研究方法；③识别影响人类福利的挑战和科学问题，并为科学界、行业和社会提供应对方案；④分享在生态和能源领域的前沿思想、发展趋势、风险、危机、机遇、挑战，以服务科学界、政府、行业和公众。尽管在生态与能源前沿论坛上的讨论主要集中在中国作为世界上最大的新兴经济体的发展上，但所确定的趋势和要求具有更广泛的代表性，并为解决与其他新兴经济体和发达的工业化经济体有关的问题提供了可行性方案。

生态系统健康是改善可持续的“生活质量”的基础。生态问题的挑战包括流域生态系统恢复与水资源管理、雾霾污染与产业转型、优化并行开采与资源利用、土壤重金属污染与食品安全、生态毒理学研究与环境保护、绿色发展与生态安全、生态技术与生态创新、生态资源与生态经济等。

为实现联合国可持续发展目标，我们必须全力应对能源危机、环境污染、自然资源过度使用、水资源短缺、全球气候变暖和生态系统恶化等重大挑战。据联合国称，全球仍有很大一部分废水未经收集或处理而排放到环境中，在低收入经济体中尤其如此，低收入经济体平均仅处理 8% 的生活和工业废水，而高收入经济体仅处理 70%（Alvaredo et al., 2018）。因此，在世界许多地区，污水被排入河流和湖泊，造成水系严重污染和水生态系统的严重破坏。这些水最终流入海洋，对海洋环境和公共卫生的负面影响将从根本上改变地球生态系统的健康与安全，以至危害人类的福祉。

根据中国国家统计数据，中国城市每年排放约 778.2 亿 t 废水，处理率为 80.3%，同时还有 197 亿 t 未经处理的农村废水。如果按照中水水质为一级 A（国际排放标准），可以估计，每年约有 4 128 t 总磷和 82 560 t 总氮排入流域。中国雨季的总径流量可能为 22 505 亿 m^3/a，而旱季的总径流量仅为 4 610 亿 m^3/a（Wang et al.，2016a）。在不考虑地表径流和农业污染的情况下，持续的污水排放和旱季径流量的减少，将使所有流域在旱季受到更为严重的污染。这些污染水系也将进一步污染土壤，影响食品安全。由于未来 20 年对食品的需求预计将增加 50%，氮肥的使用将增加 200%，磷的使用将增加 80%（Tilman et al.，2002），因此，中国必须努力提高污水处理标准，实现中水水质达到地表水Ⅳ类水水质标准，才能从根本上保证水系的水质和水生态系统的安全。同时，还应该按照海绵城市建设的理念，保护水资源，并采取科学措施减少农业和面源污染。这将形成一个容量超过 1 000 亿元人民币的新市场（Wang et al., 2016b）。

除了水污染，固体废物污染和土壤污染也是人类面临的巨大挑战。中国的快速城市化（城市化率从 1980 年的 22% 到 2016 年的 58%）每天产生 360 万 t 固体废物和大约 90 万 t 有毒垃圾填埋场渗滤液。城市化通过废物处理和水污染增加了土壤污染的风险。超过 16% 的中国农业用地面临着严重的重金属污染（Bai et al.，2014），36.3% 的中国农业用地土壤被列为“不安全”，这对中国的粮食和食品安全构成了严重的威胁（Stephens et al.，2018）。

关于资源枯竭和环境污染问题，对关键金属资源可用性和潜在瓶颈的分析表明，世界上锂离子电池供应链的钴开采量已从 2002 年的 5 万 t 增加到 2016 年的 12.5 万 t（Olivetti et al.，2017）。钴的地缘政治集中存在风险，这可能会影响其他行业，资源的地理分布不均是影响能源生产的一个问题，贫困是造成二氧化碳排放差距的另一个问题，因此，重要的问题不是人口数量而是收入水平（Chiang et al.，2017）。基于 Hubacek 等人（2017a，2017b）的研究数据，日收入超过 23 美元（占全球总人口的 10%）的人贡献了 43% 的二氧化碳排放量，而日收入低于 1.25 美元（占全球总人口的 18%）的人仅贡献了 3% 的二氧化碳排放量。

能源是世界经济的引擎，是生态系统安全的关键，能源对生态系统、对全球气候变暖问题有很大影响。根据联合国的数据，到 2030 年，由于经济和人口增长，世界能源需求将增长 60%。而根据对昆虫、脊椎动物和植物的预期影响，科学家敦促将全球变暖限制在 1.5 ℃而不是 2 ℃（Warren et al.，2018）。面对全球变暖，“可再生能源”成为一个可持续的长期能源战略。因此，可持续能源战略已成为政治目标。例如，在德国，可再生能源的产量从 1990 年的 10 TW · h 增加到 2017 年的 218.3 TW · h，核能已从 150 TW · h 降至 76.3 TW · h，煤炭能源已从 310 TW · h 降至 240.1 TW · h（SBA，2019）。尽管如此，在全球范围内，城市化对能源消耗仍将产生巨大影响，这可能会导致过度补偿可再生能源项目，也会刺激雄心勃勃的可再生能源引进计划。随着中国城镇化水平的提高，10% 的城市化造成的能耗增长高达 83%，能源消费总量将增长 8%（Wang，2014），即能耗的增长将大大超过城市化的增长，这是个严峻的问题。

全球能源供应和能源需求趋势（IEA，2017a）可以概括如下：

（1）向新兴经济体转移：2040 年的电力装机容量将超过目前的装机容量，97% 的增长将来自非经合组织国家。

（2）关注可再生能源：从现在起到 2040 年，60% 的新电厂投资将用于可再生能源，50% 以上的新能源发电将来自可再生能源。

（3）注重效率：2018—2030 年，全球经济增长对能源的需求预计将增长三分之一，而能源总量可能增长 150%。

（4）城市智能能源网络：世界三分之二的能源正在被城市消费，这一事实为“智能化”提供了巨大的机会。

（5）智能能源数字化转型：2014—2016 年，以数字电力为基础的设施和软件投资每年增长 20% 以上，超过全球燃气发电总投资。

另外一个发展趋势是全球信息和通信技术（ICT）在整个经济，包括能源系统中的连通性正在迅速增长，特别是在发展中国家（IEA，2017b）。尽管在地方、区域甚至全球范围内，每一项挑战都是独一无二的，但全球和区域合作将支持、补充、加强和促进国家制定落实符合联合国可持续发展目标的能源政策。然而，由于能源问题涉及生物物理学和社会动力学的交错，“极其复杂”，因此，任何一个学科都不可能仅在本学科范围内解决能源问题。我们目前正在超越地球生物物理边界的安全阈值

（Rockström et al.，2009），虽然国内生产总值（GDP）正在增长，但反倒会不断加剧收入的不平等、自然资本的损失和生态系统服务的减少，最终导致总体生活质量改善的停滞和可持续性风险的增加（Costanza et al.，2014）。这些问题是众所周知的，但我们关注的是解决这些问题所需要的新方法和方案。

我们建议，应该通过将未来发展重点放在为全球所有公民提供可持续繁荣的联合国可持续发展目标（Sustainable Development Goals，简称 SDGs）上，来应对这些生态和能源的复杂挑战。SDGs 提供了 17 个总目标、169 个分目标，以及 300 多个指标的详细列表。SDGs 进程提供了一个触发系统性变革的机会，以在一个日益相互关联的世界中构建一个可持续发展的未来。然而，SDGs 本身最多只能提供宽松的指导方针，我们仍然需要做很多额外的工作来阐述目标之间的复杂性、动态性、相互关联性，采用各种措施和手段，使之朝着 SDGs 的总体目标发展（Lu et al.，2015）。

为了实现可持续发展目标，我们需要从对 GDP 增长的狭隘关注转向更广泛地理解和衡量人类和大自然系统的整体健康、福祉和安全。为加速这一进程，造福全世界，我们建议采取以下措施：

（1）关注人类和生态系统福祉的最终目标是“生活质量”的可持续改善。这需要更好地了解所有 17 个可持续发展目标之间的权衡和协同作用，以及它们如何促进整体福祉。例如，减少城乡不平等以改善农村地区的生活，消灭贫困，确保普遍获得城乡协同的可持续发展目标。发展可再生能源，提高能源利用效率，同时权衡各种能源对环境的影响（Sovacool，2014）等（SDG 1、2、3、7）。

（2）制定和采取更好的福利措施来指导各级决策者。这些措施可以建立在之前建议采用的真实进度指标（GPI）、生活满意度调查和生态系统服务评估的基础上（Costanza et al.，2016），最终创建一个新的综合生态文明指数（ECI），并适用于多种发展规模、发展模式，还可以利用于新兴的“大数据”、社会调查和政绩评审（SDG 4、5、6、17）。

（3）鼓励和展望未来的生态文明建设。通过公众调查、社会舆论和创意媒体，让公众参与建立可持续性未来，使公众了解城市可持续性面临的挑战，如资源短缺（水、土壤、能源）及发展制约、气候变化及其负面影响、环境污染及栖息地和物种损失、生态系统服务和功能退化及景观同质化，以及土壤荒漠化、污染和农业用地损失等（SDG 7、11、13）。

（4）实施系统思考和集成的工作模式。包括综合建模、生命周期评估（LCA）和跨学科合作。将科学技术、环境和社会经济方面（包括能源、资源、水、食品、土地利用、社区和道德方面）结合起来，以了解可持续发展目标之间的权衡和协同作用（SDG 7、8、10、13）。

（5）加快引进可再生能源和储能技术。考虑可能的副作用、与生态系统的协调，以及允许平稳过渡，并最终实现提高可再生能源的商业模式，包括储能和不同能源的选择模式（SDG 7、11、13）。

（6）为所有人提供智能、清洁和可再生的能源。通过利用数字化转型和对智慧能源系统（包括智能电网）的投资，可以提高能源效率，减少温室气体排放，实现并加强供需侧管理，消除能源贫困和资源浪费（SDG 7、11、13）。

（7）为所有人提供具有吸引力、方便、经济和高效的能源移动系统。例如，在中国，纯电池电力是市场增长的主要动力，约占电力市场份额的 80%。利用其他新兴技术，中国可以使交通更加可持续、更加环保（SDG 11、12）。

（8）加大对突破性的生态能源技术和创新研究的投资，以实现产业化和可持续发展目标。包括组织创新中心，建立激励制度、鼓励社会捐赠、建立种子基金和激励小企业研究计划，以支持新兴的区块链技术、物联网技术、智能能源存储技术，并鼓励开发新的可重复使用和可回收材料、生物仿像、智能分布式能源和微电网，以及可更新的、节能的、环保的绿色建筑（SDG 9）。

（9）极力促进基于自然的解决方案和环境保护项目的投资。包括对大气和水质、固体废物管理、填埋场渗滤液处理、土壤复垦和粮食安全、生态系统服务维持和修复、海绵城市、矿山复垦、海岸风暴预防、防洪等项目的大力投资建设（SDG 13、14、15）。

（10）确保农业生态系统和粮食安全。包括利用现代数字管理技术提高小规模农业生产的效率，在保护农村社区的同时提高农业的可持续性，以及根据气候条件智能选择控制的农业生产管理体系；保障食品安全，实施食品的可追溯、可跟踪；对环境影响实施可标记、可标签；还包括对农田水利资源的保护和用水效率的提高等（SDG 2、3）。

（11）通过公共教育鼓励促进可持续的生活方式。包括利用一系列印刷品、电影、电视、广告、自媒体等媒介来传播可持续的生活方式，并为可持续消费和公共行为制定指导政策、法规和指南（SDG 4、12、16）

（12）实施全成本核算和审计。碳交易、污染费用、生命全周期评估、生态风险评估、生态补偿支付等，将这些外部因素包含到内部成本核算中（SDG 13、14、15）。

尽管每一项挑战都是独一无二的，但全球和区域合作将支持、补充、促进制定强有力的国家决策，以实现联合国的可持续发展目标。因此，我们希望与世界各国的学术界合作，对生态与能源系统进行综合评估。本书的目标是：①沟通生态科学和能源技术的前沿，为制定更可实施的、可持续的、更繁荣的未来的政策提供科学支持；②分享先进的科学思想和理念，分析未来发展趋势、模式、风险、危机、机遇和挑战；

③针对所面临的挑战和机遇提供战略建议和解决方案，通过跨学科和多学科方法，搭建一个生态与能源科学技术的合作交流平台和机制；④意识到生态与能源问题和挑战将会影响人类的福祉，提高科学的预见性，为生态与能源的可持续发展提供科学指导和可行性方案。

生态与能源问题交错关联，“非常复杂”，不可能在任何单一学科范围内解决，我们目前正在超越学科的边缘、生态系统的极限。随着 GDP 的增长，不平等和不平衡在加剧，自然资本流失和生态系统服务减少，使生活质量的改善停滞不前，可持续的生存风险也在不断增加。中国正在面临这些复杂的挑战，我们已经意识到必须把未来的发展重点放在建设“生态文明”的目标上，为所有的公民提供可持续的繁荣。这一愿景与联合国可持续发展目标（SDGs）是一致。在这个日益相互联系的世界中，要实现 SDGs，必须触发系统性变革，以构建可持续的未来。然而，要实现可持续发展目标，我们需要从狭隘的 GDP 增长转向更广泛地理解与衡量幸福——人类和自然的整体福祉。

愿我们集体创作的这本书，能给同行们带来一丝新的希望、理念、信心，并进而与我们一道探索可持续的未来。

引言参考文献

ALVAREDO F, CHANCEL L, PIKETTY T, et al., 2018. The Elephant Curve of global inequality and growth[J]. AEA papers and proceedings, 108: 103–108. doi:10.1257/pandp.20181073.

BAI X, SHI P, AND LIU Y, 2014. Realizing China’s urban dream[J]. Nature, 59: 158–160. doi:10.1038/509158a.

CHIANG Y M, LIANG S, PAN M S, et al., 2017. Lowering the bar on battery cost[J]. Joule, 1(2): 212–219.

COSTANZA R, DALY L, FIORAMONTI L, et al., 2016. Modelling and measuring sustainable wellbeing in connection with the UN sustainable development goals[J]. Ecological economics, 130: 350–355. doi:10.1016/j.ecolecon.2016.07.009.

COSTANZA R, KUBISZEWSKI I, GIOVANNINI E, et al., 2014. Time to leave GDP behind[J]. Nature, 505 (3): 283–285.

HUBACEK K, BAIOCCHI G, FENG K, et al., 2017a. Poverty eradication in a carbon constrained world[J]. Nature communications, 8: 912. doi:10.1038/s41467-017-00919-4.

HUBACEK, K, BAIOCCHI G, FENG K, et al., 2017b. Global carbon inequality. Energy, ecology and environment, 2 (6): 361–369.

IEA, 2017a. Tracking clean energy progress 2017[R]. Paris: IEA.

IEA, 2017b. Energy access outlook: from poverty to prosperity[R]. Paris: IEA.

LU Y L, NAKICENOVIC N, VISBECK M, et al., 2015. Policy: five priorities for the UN sustainable development goals[J]. Nature, 520: 432–433. doi:10.1038/520432a.

OLIVETTI E A, CEDER G, GAUSTAD G, et al., 2017. Lithium-ion battery supply chain considerations: analysis potential bottlenecks in critical metals[J]. Joule, 1(2): 229–243. doi:10.1016/j.joule.2017.08.019.

ROCKSTRÖM J, STEFFEN W, NOONE K J, et al., 2009. A safe operating space for humanity[J]. Nature, 461: 472–475. doi:10.1038/461472a.

SBA (Statistisches Bundesamt), 2019. Average proceeds from sales of electricity and gas to households up 3.5% and 3.2%, respectively, in 2019[R/OL]. https://www.destatis.de/EN/Press/2020/12/PE20_499_433.html.

SOVACOOL, B K, 2014. Energy, poverty, and development[M]. Florence, KY: Routledge.

STEPHENS E C, JONES A D, PARSONS D, 2018. Agricultural systems research and global food security in the 21st century: an overview and roadmap for future opportunities[J]. Agricultural systems,163 (June): 1–6. doi:10.1016/j.agsy.2017.01.011.

TILMAN D, CASSMAN K G, MATSON P A, et al., 2002. Agricultural sustainability and intensive production practices[J]. Nature, 418 (6898): 671–677.

WANG H, WANG J, JIA Y, 2016a. Water cycle and water use efficiency in Haihe River watershed[M]. Beijing: China sciences press.

WANG H, WANG J, JIA Y, 2016b. Theory and practice of hydrological eco-civilization development[M]. Beijing: China environment science press.

WANG M, 2014. GREET bioenergy life cycle analysis and key issues for woody feedstocks[M]. Washington, DC: Energy policy.

WARREN R, PRICE J, GRAHAM E, et al., 2018. The projected effect on insects, vertebrates, and plants of limiting global warming to 1.5℃ rather than 2℃ [J]. Science, 360 (6390): 791-795. doi:10.1126/science.aar3646.

1

智慧能源的大数据转换与互联

邹邵强

智慧能源已经是全球重要的战略方向。智慧能源与智能能源、新型能源、可再生能源、清洁能源等概念既有联系，也存在重大差别。智能能源将能效技术与智能技术相结合，强调具体的技术及其物质或物理属性，还没有延伸到观念、制度等非物质或非物理的范畴。智慧能源中大数据应用众多，涉及电网安全稳定运行、节能经济调度、供电可靠性、经济社会发展分析等诸多方面，高效利用技术也属于智慧能源的范畴。“互联网 +”智慧能源的重点任务可以概括为：打造能源生产新手段，建设分布式能源新网络，探索能源消费新模式，统筹部署电网和通信网深度融合的新型基础设施。

1.1 数字化转型的趋势与互联

1.1.1 什么是数字化？

数字化是指使用“0”和“1”两位数字编码来表达和传输一切信息的一种综合性技术，即将电话、电报、数据、图像等各种信息都变成数字信号，在同一种综合业务中进行传输，再通过接受器使其复原。数字信号可以无限地复原，而质量不会受到任何损害。数字化技术增加了数字世界和物理世界之间的互动与融合（尼葛洛庞帝，1996）。

21 世纪初，八国集团在日本冲绳发表的《全球信息社会冲绳宪章》中认为：“信息通信技术（ICT）是 21 世纪社会发展的最强有力动力之一，并将迅速成为世界经济增长的重要动力。”今天，信息通信技术已经广泛融入人类的经济和社会生活。随着 ICT 应用范围不断扩大，对 ICT 的使用已经不仅局限于信息和通信技术本身，还覆盖了整个经济系统，包括能源系统中的普遍应用。

数字化和 ICT 包含了以下几个基本要素：

（1）数据：数字信息。就是大家常说的大数据，首先都是基于数据的。

（2）分析：使用数据而生成有用的信息。

（3）互联：用户、设备和机器（包括机器和机器）之间交换数据的数字通信网络。

1.1.2 互联的全球发展趋势

今天，全球大约 90% 的数据是在过去十年间产生的，数据从 2007 年到 2017 年增长了 90% 以上。2017 年，全世界见证了数据大爆炸的现象，大量的互联网数据和流量涌入，互联网将进入“泽”（ZB）时代（图 1.1，IEA，2017）。

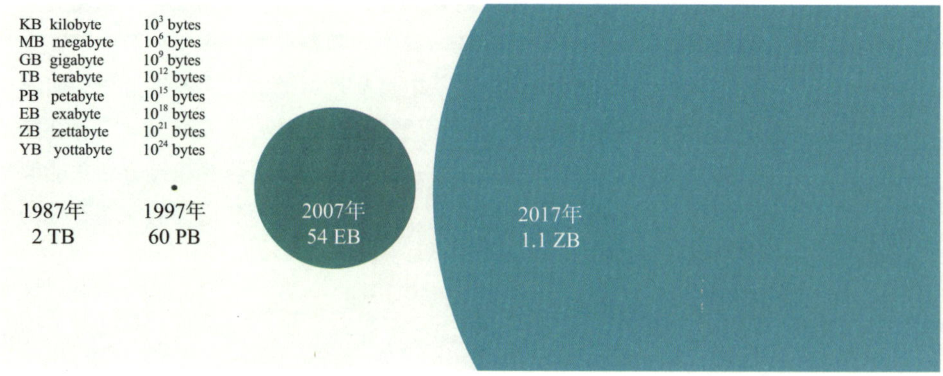

图 1.1 2017 年世界见证了数据大爆炸，互联网将进入“泽”（ZB）时代

如果说十年间数据 90% 的增长还不算太快，那么同期移动宽带在发展中国家的增速则可以说非常快，近几年，其快速增长的趋势十分显著。2007 年到 2017 年间，电力的普及率从 78% 增长到 83%，而互联网的普及率则从 24% 增长到 54%（图 1.2，ITU，2017）。

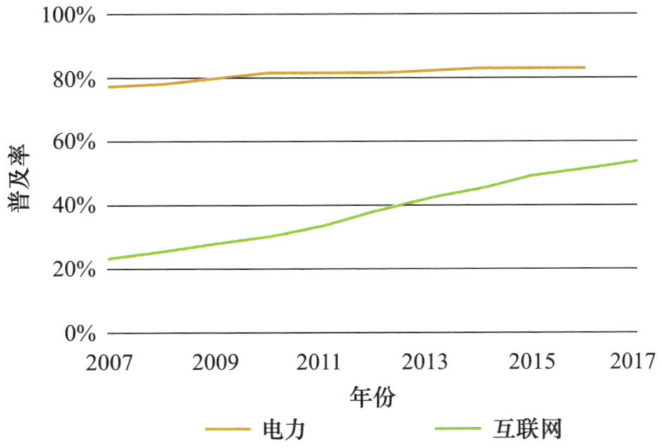

图 1.2　2007 年到 2017 年间电力与互联网的普及率

从 2007 年到 2017 年，发展中国家互联网增长速度比发达国家要快很多。2007 年，发达国家移动宽带订购量约 2.5 亿，发展中国家则不到 0.5 亿。到了 2017 年，发达国家移动宽带订购量达 12.5 亿，而发展中国家已经高达 30.5 亿（图 1.3）。全球移动通信系统协会（GSMA）下属研究部门 GSMA 智库（GSMA Intelligence）预计到 2020 年，全球将会有超过 50 亿的互联网用户和 800 亿个移动互联设备。咨询机构弗若斯特沙利公司（Frost & Sullivan）预计，到 2020 年，互联住宅、虚拟办公环境、互联城市的生态系统将达到 7 310 亿美元市场规模，整个互联网市场将会产生大量的收益并带来大量的财富，造福整个社会和各个社区。

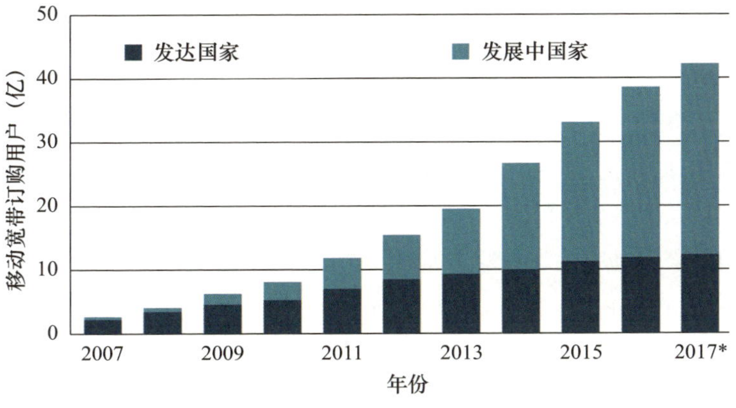

图 1.3　2007 年到 2017 年间发达国家与发展中国家移动宽带订购量

可以预计到2025年，大数据市场将会产生超过1 220亿美元的收入，同时创造新的市场，满足包括社会情绪分析、智能电表数据分析、开放式创新、城市主导物流、微营销等各种各样的需求。

这个进程的关键点就是网络交互性和网络安全性，这也将是所有智能电网项目需优先考虑的事项。新加坡的经验表明，在项目开始的时候，所有的相关机构和社区都需要准备好面对网络交互性和网络安全性的问题。

1.1.3 数字化技术的市场投资

目前，尽管能源公司仍然在收入方面领先，但数字化技术公司已经成为全球市场资本新的领导者。数字化技术公司在不断发展，2007年全球市场资本前五名中有美孚、通用电气（GE）、壳牌等能源公司，而在2017年的排名中，这些公司已被苹果、谷歌、微软等数字化技术公司所取代（图1.4）。

图1.4 2002年到2017年间，全球市场资本前五名企业

从投资角度分析，2014年至2016年，数字电力基础设施和软件的投资年均增长率超过20%，其总量已经超过了全球天然气发电投资。在细分市场上，包括软件、硬件、电子设备及其他基建设施等方面增长得也非常快，特别是智能电表的投资（图1.5，Markets and Markets，2016；BNEF，2016)。

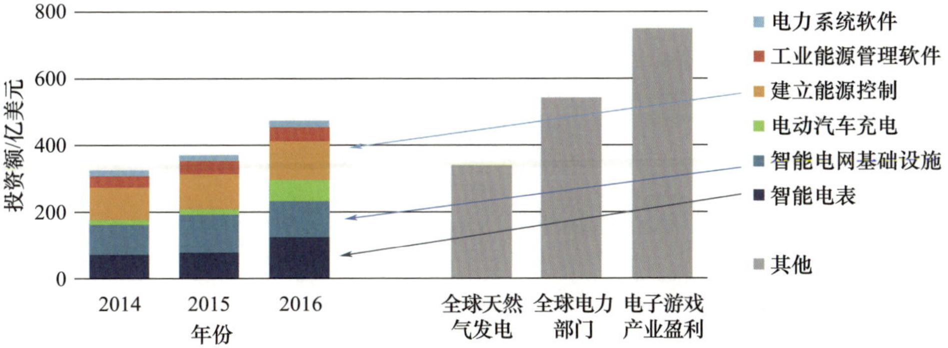

图 1.5　2014 年到 2016 年间，数字电力基础设施和软件开发的投资对比

1.1.4　数字化技术与策略的产业应用

数字化技术应用的进程中会面临各种障碍，其对能源使用的影响会因各自的需求而异（图 1.6）。实现数字化技术的产业应用，必须通过技术创新和正确的应用策略来解决这些障碍。

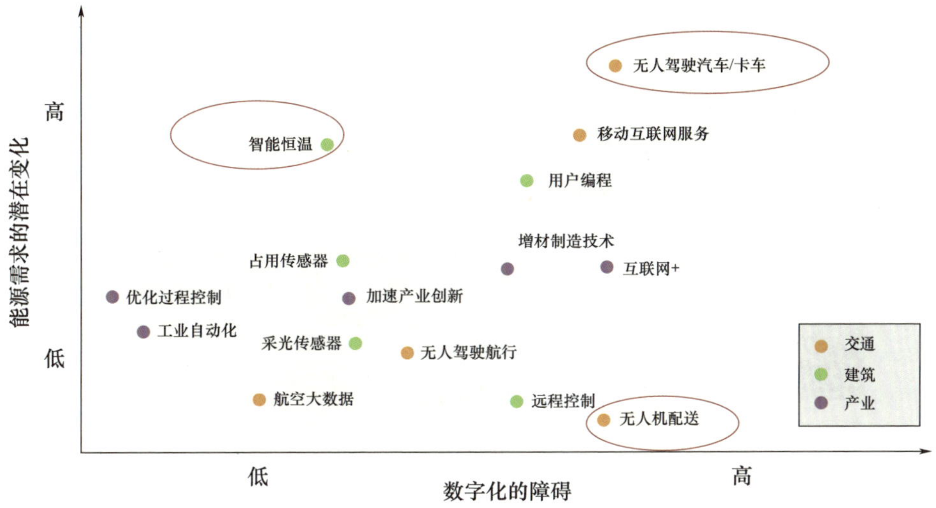

图 1.6　影响数字化技术应用的潜在障碍

各个行业出现的一些数字化方式正在影响我们的发展策略，包括商业模式和从低端到高端的数据化程度等方面。产业的数字化可以采用多种多样的形式，从自动化设备到从不同地点的互联产业运作。很多产业也都在往这个方向发展，如 3D 打印、工

业机器人，以及非常热门的人工智能等（World Economic Forum，2017a，2017b），这将深刻影响能源的发展策略（图 1.7）。

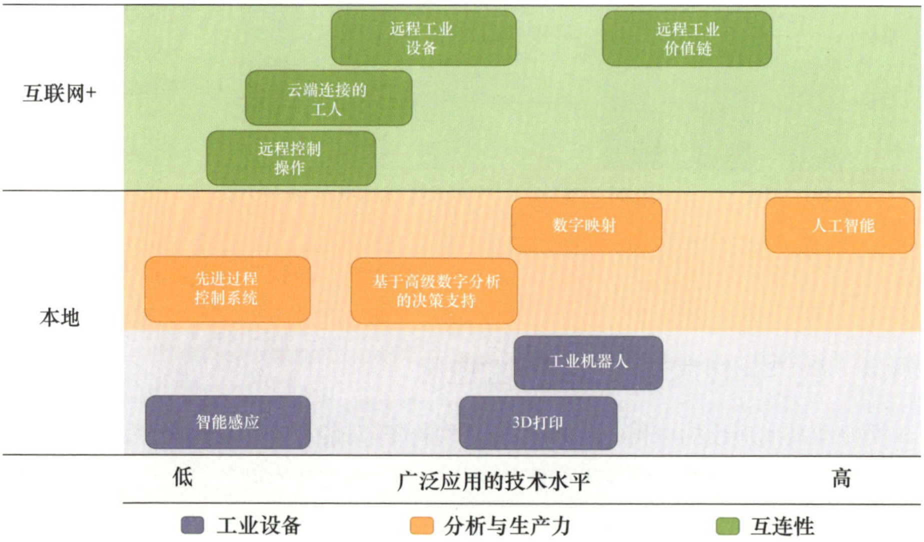

图 1.7　数字化技术与策略在产业中的应用

移动互联网的未来会怎么样呢？中国的移动互联网应用发展速度非常快，无论是数字化程度还是移动化程度，随处可见数字化的烙印。在改善“最后 1 公里”的移动应用中，出现了多种集成化的解决方案，为解决“最后 1 公里”问题及多种通勤模式提供了机会，如网约车、共享单车等（图 1.8）。

图 1.8　移动互联网的商业应用示例

出行将与智能技术进行更多的集成，如移动乘车软件、电动车租赁、停车管理等应用的移动支付。只要有可移动设备，就可以跟踪移动性。不光在通勤、出行方面，跟踪移动性的可穿戴计算（设备）也已经开始改变医疗保健（如远程监视）和保险等行业。

远程医疗服务是一方医疗机构邀请其他医院机构，运用通信、计算机及网络技术为远程患者提供技术支持的医疗活动。远程医疗有以下几个特点：①集成和无缝对接的护理，满足医疗保健的需求。②优化资源配置，满足医疗保健行业的人力需求。③为老龄人口提供优质的医疗服务。④就地养老、居家养老、智能养老。⑤减少患者外出和等待预约医院的需求。

新加坡的老龄监测系统（EMS——Elderly Monitoring System）是应对老龄化的远程医疗服务解决方案。EMS 可以检测老人在家的日常活动，以此协助老人独立生活。通过使用无线传感器网络进行日常细微监测，如果监测到老人长时间无活动，系统将（通过短信）提醒护理人员。该系统采用低成本非接触式或植入式的方法，能够实时监控老年人的活动并及时发出警报，这些都是在老人无需佩戴设备或按下急救按键的情况下实现的，从而避免了发生意外时因无法发出警报而影响急救。该系统包含体征监测系统、远程康复系统，以及视频咨询等服务功能（Newborough et al.，1999）。

1.2 能源供需现状与发展趋势

能源行业的发展趋势正在转向新兴经济体。在新兴经济体中，越来越多的电力设备正在进行装机。到 2040 年，东南亚国家联盟地区的人口规模将达到 6 亿，整个区域的发展会非常快，预计安装的电力容量将会超过目前的安装量，其中的 97% 将会用在非经合组织国家。

对于可再生能源，到 2040 年，60% 的电厂将会是新能源电厂，而且超过 50% 的全新发电机组将使用可再生能源，这将影响 GDP 的增长速度、能源的效率和质量，以及能源多元化。全球经济预计将增长 150%，但是能源需求仅增加 33%。

另外，未来能源将以城市为中心增长，全球能源的三分之二将消耗在城市里，因此，这将是实现智能化的巨大机遇（Newborough et al.，1999）。

1.2.1 数字化重塑传统电力部门结构

在传统电力部门结构中，从能源、发电、交通、建筑到整个工业生产过程，整个结构是一个封闭的回路（图 1.9）。数字化的应用可以使这个过程中的各个环节联系得更加紧密，使经济发展中的各个领域——交通、商业、民用、工业等方面都产生变革。

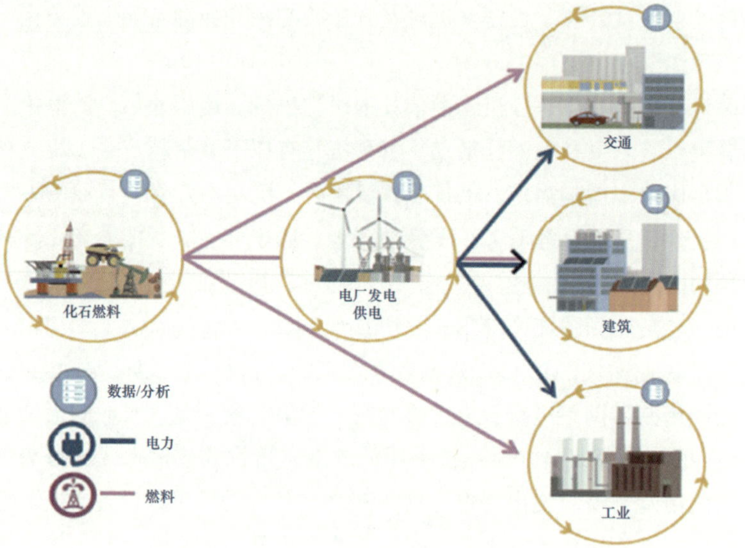

图 1.9 传统电力部门结构

在这个数字化的变革过程中，电力系统的变革也是非常重要的。数据与分析可以提高性能并节约成本，但如果没有互联数据，是无法从根本上改变电力部门的运作方式的。在电力生产方面，从过去的没有互联、中心化的生产到现在电力及其支撑的交通和电力系统高度互联，其实也是一个去中心化的过程（图 1.10）。

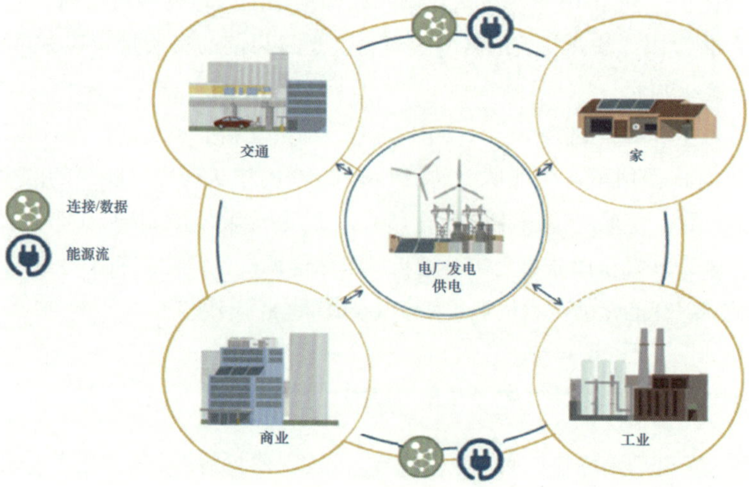

图 1.10 数字化重塑传统电力部门结构

在这里，数字化的转变和变革体现在供给侧上有更加灵活的需求，以及系统内的信息交流。数字化技术的部署正在构建一个更加互联、更快响应的电力系统，有助于提高系统的灵活性、效率和可靠度，也就是从能源孤岛到数字化互联系统（图 1.11）。

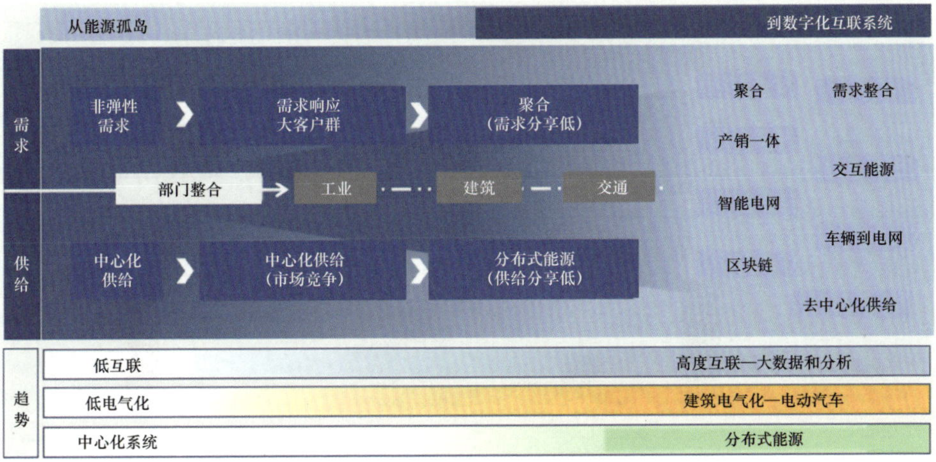

图 1.11　电力系统数字化转型的步骤

1.2.2　数字化能源电力系统

降低技术成本是提高整个电力部门互联性的主要驱动因素（World Economic Forum，2017a，2017b）。从 2008 年到 2016 年，整个趋势是不断降低的，这实际上也在数字化转型过程中起到了非常重要的作用（图 1.12）。

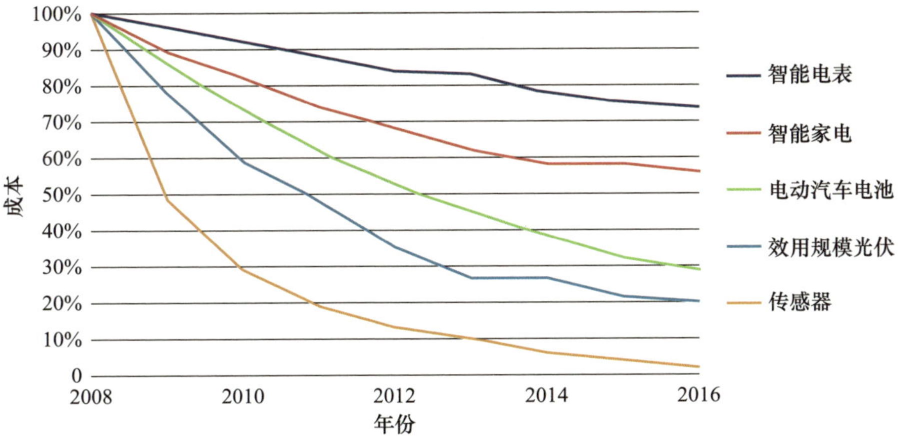

图 1.12　主要新型电力技术的单位成本

数字化将极大强化数字化互联电力系统的四个重要元素（图 1.13）：需求的灵活性、各类可再生能源、电动汽车的智能充电，以及分布式发电的集成应用。这使数字化智能系统可以更好地获得信息，更好地做出决策，这样才能够让电力生产可持续，使新能源的发展更上一个规模，从而发现哪些领域需要更多的投资，可以更好地抓住发展潜力。

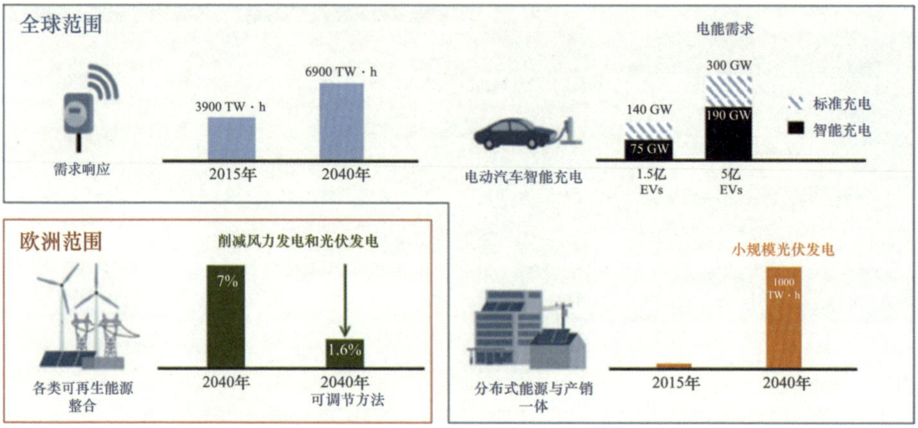

图 1.13　数字互联电力系统的四大关键要素

比如按照目前每天不同时段的电力消费水平和风能发电产能，会造成风能发电产能过剩，大量的电能被浪费掉，而通过智能需求响应，在数字技术的推动下，可以将消费转移到电力过剩的时间段（图 1.14）。

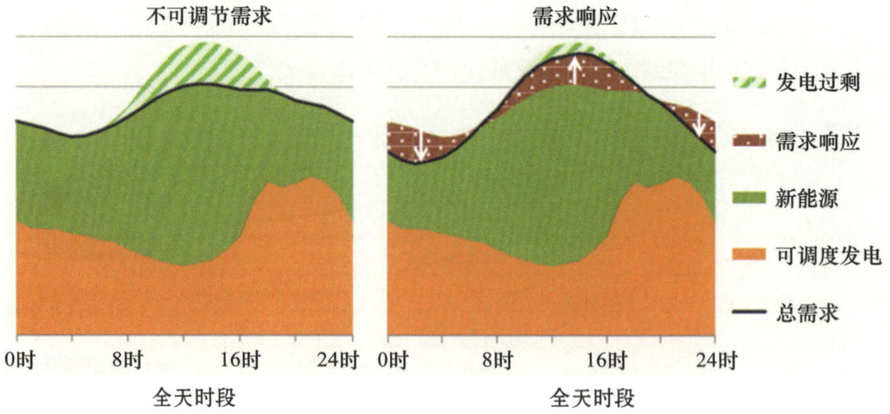

图 1.14　智能需求响应转移消费

智能需求响应在系统级上的收益是巨大的，但对个人财务收益影响较小，通常难以说服大部分的消费者来参与需求响应项目。解决这个问题需要技术也需要策略，最大化发展潜力并克服各种困难，为普通消费者带来更多好处（图 1.15）。因此，也需要激励制度和政策框架在系统运营商和消费者之间充分分配成本和收益，使消费者更热衷于推动这项技术的应用，从而促进整个产业的发展。

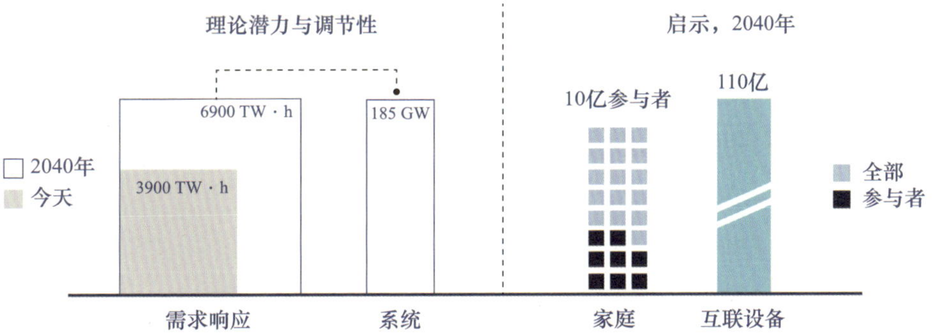

图 1.15　需求响应全球潜力及影响

1.2.3　基于区块链的 P2P 能源交互

区块链或分布式记账技术，是一种分散的数据结构，收集事件的数字记录（例如交易或太阳能发电单元的生成）并通过密码学将其链接到带时间戳的“块”中，然后将该“块”统一存储为分布式计算机上的“链”。区块链的任何参与者都可以阅读或添加新数据。

到 2040 年，智能充电基础设施的使用可以使电动汽车充电的峰值需求减少至少 65GW，系统性节省 1 000 亿美元（图 1.16）。

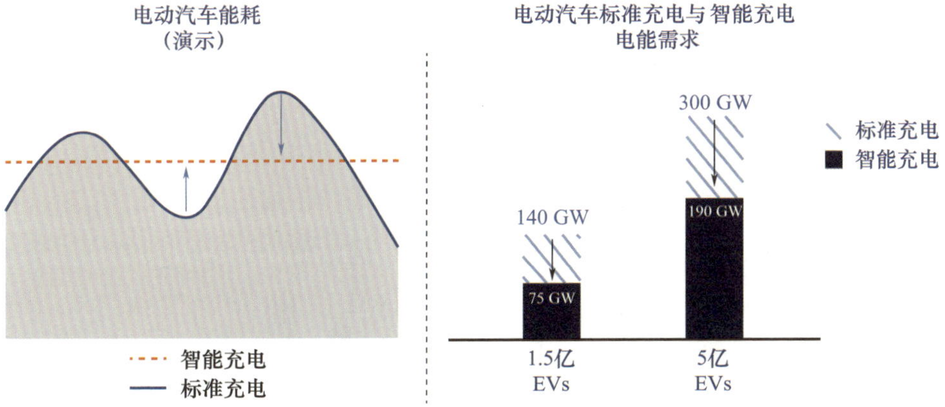

图 1.16　电动汽车智能充电的影响

美国和德国已经有使用区块链技术进行能源交互的项目，比如美国纽约的 LO3 能源公司（LO3 Energy Inc.）项目，通过在布鲁克林社区使用区块链技术和微电网交易本社区内生产的可再生电力。德国的 StromDAO 项目，使用区块链创建“虚拟发电厂”，用户可以对可再生电力进行场外投资并在现货市场中销售实现回报。另外一个 Innogy 项目则是使用区块链电子钱包来管理电动汽车的充电计费，车主可以使用智能合约来支付电费、停车费和高速公路使用费用，同时也可以通过共享汽车来获取收益。

1.3 安全问题与技能发展

1.3.1 网络安全

网络安全是非常重要的问题，每年在新加坡都有网络安全方面的会议召开。参会者来自不同领域和不同国家，议题包括网络安全对隐私和经济的影响，以及制定战略的时候需要考虑的内容。

网络安全容易受到地磁风暴和网络攻击的影响，同时日益复杂的各种网络安全威胁也需要管理。完全防止网络攻击是不可能的，但是如果各国做好充分准备，其影响是可控的。同时，也需要将数字弹性整合进技术研发、政策与市场框架中来。

1.3.2 隐私安全

在隐私安全方面，通过智能电表收集详细数据会对用户的隐私构成威胁，一些能源消费者担心仪表后详细的数据可能会暴露个人日常生活信息（图 1.17）。因此，政策制定者需要平衡隐私问题与其他目标，其中包括促进市场创新、公用事业的运营需求以及电力数字化转型的广泛潜力。

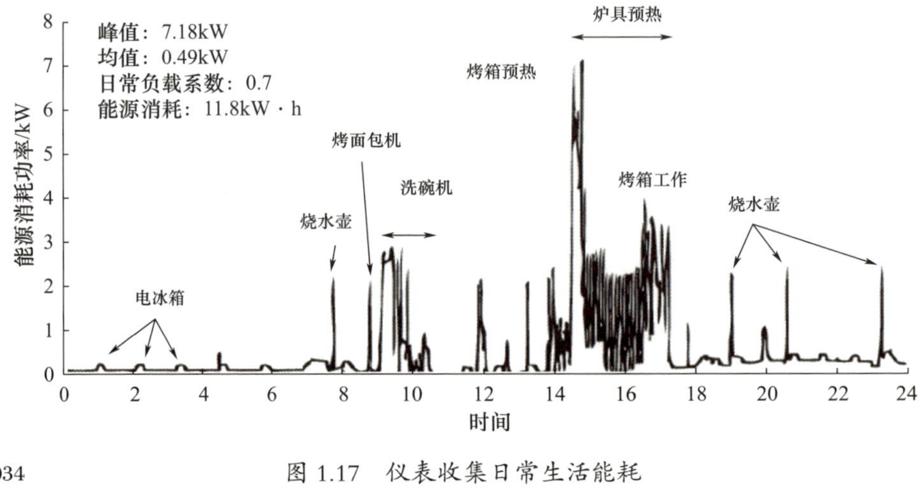

图 1.17　仪表收集日常生活能耗

1.3.3　经济影响

数字化正在对能源部门和整体经济产生重大影响，无论是从就业方面还是技能要求方面。数字化改变了工作模式和任务，导致工人在某些领域丧失就业机会，但数字化同时也在其他领域创造新的就业机会。自动驾驶技术成熟以后，人类的司机将会被替代；随着机器人在制造过程中的应用，新的工作机会很多都将在 3D 打印产业中产生。能源领域的决策者应充分参与政府在数字事务方面的相关决策。

1.4　政策引导方面的相关建议

1.4.1　建立专业知识技能体系

（1）需要有远见、有学识的能源政策制定者。

（2）需要有数字化专业知识的员工。

（3）通过教育政策和技术培训以保证为私营（企业）和公共部门提供足够的专业知识。

1.4.2　合理有效的数据访问

（1）电力消费数据无论在空间和时间上都有很高的精度。

（2）保证能够及时、健全、可验证和安全地访问来自企业和政府部门的必要数据，同时建立保护隐私的实施准则和机制以实现数据共享。

1.4.3　建立灵活性

（1）软件、应用及 ICT 硬件的快速转换。

（2）在处理数字化和 ICT 技术新发展时保证适当的灵活性。

1.4.4　注重整体的系统效益

（1）注重智能电网的安全性、可承受性和可持续性。

（2）使用合适的市场设计促进智能电网的部署。

1.4.5 提供公平的竞争环境

（1）为数字能源提供技术中立和交付路线中立的政策和平台。

（2）允许各类公司为寻找新的商业模式和更好地服务客户而竞争。

（3）经协商而制定知识产权保护及其合作协议，以促进数字化技术的创新和应用。

1.4.6 互相学习

（1）参与广泛的机构与机构间的讨论。

（2）分享各地区智能电网部署中正面和反面的案例。

（3）通过协作计划项目鼓励有效的协作和好的政策分享。

1.5 东南亚国家联盟（ASEAN）智慧城市网络

ASEAN 发布了一份由新加坡提出的建立 ASEAN 智慧城市网络的建议，智慧城市网络中包含了 26 个试点城市。ASEAN 智慧城市网络被设想为一个协作平台，由每个 ASEAN 成员国的包括首都在内的三个城市，一起致力于实现智能和可持续城市发展的共同目标。

预计到 2030 年，ASEAN 国家将会有 9 000 万人口实现城市化，快速的城市化将会产生城市拥堵、水和空气污染、贫困、城乡差距、安全等问题。ASEAN 智慧城市网络的主要目标是利用技术作为推动者，改善该地区人民的生活。

ASEAN 智慧城市网络的成员城市及其国家代表将共同探讨潜在的互补性，分享最佳实践并一起制定 2018 年至 2025 年智慧城市发展的行动计划，为 ASEAN 独特的智慧城市发展制定框架。

参考文献

尼葛洛庞蒂，1996. 数字化生存 [M]. 胡泳，范海燕，译 . 海口：海南出版社 .

BNEF (Bloomberg National Energy Future), 2016. Digital energy market outlook[R/OL]. https://about.bnef.com/new-energy-outlook/.

IEA (International Energy Agency), 2017. World Energy Outlook Analysis 2017[R/OL]. https://www.iea.org/reports/world-energy-outlook-2017.

ITU (International Telecommunication Union), 2017. ICT facts and figures 2017[R/OL]. (2017-7-31). https://news.itu.int/itu-releases-2017-global-information-and-communication-technology-facts-and-figures/.

MARKETS AND MARKETS, 2016. Calculations for investment in digital infrastructure and software based on internet of things in utility market7[R/OL]. https://www.marketsandmarkets.com/.

NEWBOROUGH M, AUGOOD P, 1999. Demand-side management opportunities for the UK domestic sector[J]. IET proceedings - generation transmission and distribution, 146(3):283–293.

WORLD ECONOMIC FORUM, 2017a. Digital transformation initiative: chemistry and advanced materials industry[R/OL]. https://reports.weforum.org/digital-transformation/wp-content/blogs.dir/94/mp/files/pages/files/dti-chemistry-and-advanced-materials-industry-white-paper.pdf.

WORLD ECONOMIC FORUM, 2017b. Digital transformation initiative: mining and metals industry[R/OL]. http://reports.weforum.org/digital-transformation/wp-content/blogs.dir/94/mp/files/pages/files/wef-dti-mining-and-metals-white-paper.pdf.

2

基于德国可再生能源发展的经验借鉴

罗兰 · 斯潘

德国被称为“世界第一大可再生能源经济体”，德国可再生能源主要以风能、太阳能和生物质能为主。德国在2014年之前拥有世界上最大的光伏装机容量，德国在2014年之前拥有世界上最大的光伏装机容量，截至2021年，德国以58 GW的光伏装机容量位居世界第三。德国也是世界上第三个风电装机容量达到64 GW的国家，第二个海上风电装机容量超过7 GW的国家。德国可再生能源的发电量占总用电量的比例从1990年的3.4%上升到2005年的10%以上，2011年为20%，2015年为30%，到2017年底达到36.2%。德国全国分布超过23 000台风力发电机和140万套太阳能光伏系统。2010年德国可再生能源行业就业人数约为37万人，大多数在中小型企业。

能源问题是当今社会关注的焦点，德国联邦政府也致力于能源战略转型与减少温室气体排放，在强调节约使用和高效利用能源原料的同时，全力促进可再生能源的开发和使用，以达到降低传统能源供应风险、减少对传统能源的依赖以及保护气候、自然和环境的目的。

2.1 德国可再生能源的发展

德国联邦政府和民众共同的政治目标是大幅度减少温室气体排放。尽管德国联邦政府在可再生能源利用方面取得了可观的成绩，但在进一步发展方面还是面临诸多挑战。德国公众对“末端处理”技术持怀疑态度，包括碳捕获和碳储存（CCS）技术，也在公众接受方面存在问题。虽然碳捕获与利用（CCU）可以减少某些工业过程中的二氧化碳排放，但必须利用可再生能源减少碳的排放，这才是根本的出路（Knoop et al.，2015）。

德国的气候保护计划推出了一项雄心勃勃的“能源转型”战略计划，即可再生能源的大幅增加与工业、私人家庭和交通能源消耗的减少计划。“能源转型”（Energiewende）是指德国计划向低碳、环保、可靠的再生能源转型，提供民众可负担得起的能源供应。这个转型标志着新的电力系统将严重依赖可再生能源（特别是风能、光伏和水力发电）和对再生能源的转换效率和需求进行管理。大多数现有的燃煤发电厂将需要退役，并且到2020年，德国将全面关闭核电设施，这是该计划的关键部分（Buchan，2012）。

2010年底，德国通过了对能源转型的立法支持，其中包括到2050年温室气体（GHG）的排放减少80%～95%（相对于1990年）和到2050年可再生能源占比将达到60%。虽然德国的做法在世界范围内并不独特，但是其能源转型的速度和范围都是特殊的。德国能源转型计划与其他国家的能源转型计划相比，其能源转型的一个特征是，它是由公民而不是大型能源公司和机构推动的。德国向可再生能源的转变伴随着能源供应的民主化，能源转型也伴随着国家能源政策制定方面更大的透明度（Morris，2015）。

最近的调查显示，德国公众对能源转型的支持率仍然很高，80%～90%的公众支持能源转型。德国公民作为私人家庭和土地所有者大力参与能源转型以及能源合作社（Genossenschaft），大约每两个德国人中就有一个会考虑投资社区可再生能源项目。德国几乎一半的可再生能源容量是由公民通过能源合作社和私人共同拥有的，更具体地说，公民拥有所有沼气和太阳能装机容量的近一半，拥有陆上风电装机容量的一半。但是，从 2014 年德国颁布《可再生能源法》开始，能源政策的变化开始影响公民参与的积极性，公民拥有的可再生能源份额已经下降到 42.5%（Morris et al.，2016）。

2.2　可再生能源与碳排放

德国被称为“世界第一大可再生能源经济体”，德国可再生能源主要以风能、太阳能和生物质能为主。德国在 2014 年之前拥有世界上最大的光伏装机容量，截至 2021 年，德国以 58GW 的光伏装机容量位居世界第三。德国也是世界上第三个风电装机容量达到 64GW 的国家，第二个海上风电装机容量超过 7GW 的国家。德国可再生能源的发电量占总用电量的比例从 1990 年的 3.4% 上升到 2005 年的 10% 以上，2011 年为 20%，2015 年为 30%，到 2017 年底达到 36.2%，德国全国分布着超过 23 000 台风力发电机和 140 万套太阳能光伏系统。根据官方数据，2010 年德国可再生能源行业就业人数约为 37 万人，尤其是中小型企业，与 2009 年（约 33.95 万个工作岗位）相比，增长约 8%，是 2004 年（16.05 万个工作岗位）的两倍多。对于海上风电场，一个主要的挑战是发展足够的网络容量，将北海产生的电力传输给德国南部的大型工业用户。

德国在温室气体减排方面也取得了重大进展，在 1990 年至 2014 年间实现了 27% 的减排目标。政府仍需要保持每年平均温室气体减排率达到 3.5%，以达到其最大的减排目标。截至 2013 年，德国每年在能源研究上花费 15 亿欧元，以努力解决转型带来的技术和社会问题。

碳排放、碳存储是工业过程中不能避免的，德国联邦政府早已经意识到，要实现保护环境的目标以及出于对能源安全的考虑，应适当减少化石能源的消费。在保障能源稳定供应、经济上可持续、能源转型目标等因素驱动下，决定进行能源转型（AGORA Energiewende，2015）。

《可再生能源法案》是德国联邦政府促进发展可再生能源，推动能源转型战略的重要工具。自 1990 年德国联邦政府基于长远考虑进行可再生能源发电装置与电网的建设，并实施上网电价补贴等一系列政策，可再生能源正快速发展壮大。2016 年 11 月，《巴黎协定》正式生效，全球各国逐渐向低碳转型。为落实全球应对气候变化的目标，德国作为全球率先推动能源转型的国家之一，超额实现了 2021 年的减排目标。通过一系列法案及协定，德国发展可再生能源的消费结构发生变化，供应用电负荷主要以太阳能发电、风电、生物质能发电、水电等可再生能源为主。但是在这一发展过程中也存在问题，德国民众和企业的电力税费与成本增高，影响了消费能力和产品的竞争力。当可再生能源发电量过剩，电网也无法完全存储这些电力，导致德国的可再生能源发电量在大幅领先欧洲的情况下增速开始放缓。可再生能源可享受的市场补贴也逐渐减少，这也是可再生能源增速放缓的另外一个原因。

德国联邦政府制定了到2021年的减排目标，可再生能源的电力负荷减少温室气体排放的目标是35%，热能减少温室气体排放的目标是14%，交通方面减少温室气体排放的目标是10%，目前来看，热能减排与交通方面减排的目标还未实现（图2.1）。

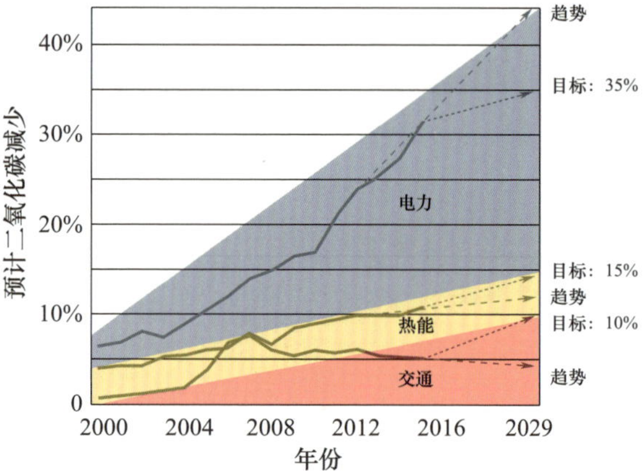

图 2.1　预计二氧化碳减少目标及趋势

核电厂与煤电厂的装机容量虽然比可再生能源中风能与太阳能等装机容量要高几个量级，但德国联邦政府与环保人士等希望减少温室气体的排放，同时也是削减对化石能源的依赖，这导致核能与煤炭电厂发电量占比保持一定速率下降，但保留了基础供应应对波谷期间调峰作用。随着可再生能源的电力供应量超过了核能供电量，德国甚至可以将富裕的电力输出到欧盟邻国（BMWi et al., 2010）。目前看来，经过技术改进，可再生能源输出的电力可以覆盖日常用电负荷（图2.2）。

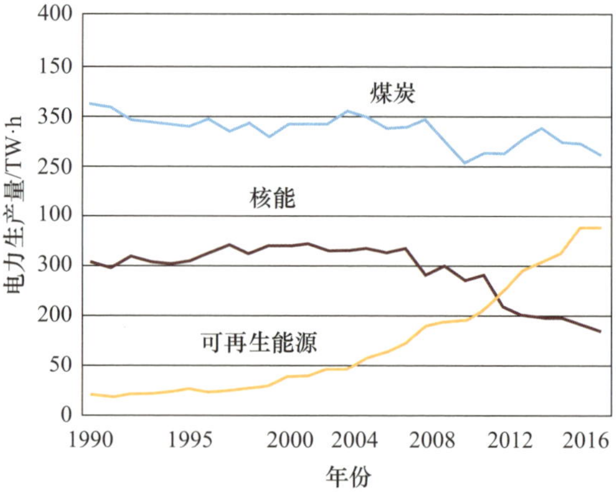

图 2.2　各类能源电力生产量

总而言之，如果想使碳排放达到可持续水平，就必须对电力系统进行脱碳。在过去的十年里，德国向前迈出了重要的一步，在降低可再生能源成本的同时，显著提高了可再生能源在欧洲电力系统中的份额。这仅仅是一个开始，未来有必要大幅提高可再生能源发电能力的份额。一个关键的挑战是整合大量且不断增长的间歇发电的风能和太阳能发电厂进入电力系统。研究表明，北欧水电系统的连接更紧密，需求侧的灵活性、电池储能解决方案和电动汽车的智能充电可以共同发挥作用，它减少了将化石燃料储能作为备用的需求，从而降低了成本和排放。分析表明，如果加强可再生能源方案的灵活性，允许廉价可再生能源取代更昂贵的化石解决方案，到 2040 年，全球可再生能源份额有希望达到 70%（Acatech et al.，2016）。

2.3 可再生能源的选择

由于地理与区位优势，德国海岸与陆地拥有丰富的风能资源，境内日照时长较长，促使风电、太阳能发电成为德国可再生能源电力两大支柱。德国的风力发电在可再生能源中贡献最大，受政策影响，根据风电厂发电规模优先就近接入各种电压等级电网。区分不同地区补贴时长，使德国陆地上北部风能资源较丰富的地区和南部风能资源较弱的地区均能有效开发风能资源，保证陆上风电厂健康发展（图 2.3）。随着技术发展，逐渐将初期安装的容量小、效率低的风电机组——容量大概为 1.5 MW 更换为容量大、效率高的现代机组，最高容量可达 6 MW。德国也拥有优质的海上风能源，海上风电厂会选址在海上空间巨大、风速较陆地风速快且稳定、可利用海域水深较浅、没有地震及台风等地质灾害影响的海域，未来海上风力发电潜力十分巨大（图 2.4）。

太阳能发电可直接将太阳能辐射转换为电能，且在转化过程中不排放温室气体，作为可再生能源被企业和居民青睐。太阳能光伏发电的发展虽然晚于风力发电，但通过“屋顶计划”与《可再生能源法》等一系列举措，德国太阳能发电产业得到了迅猛发展，现在已经成为德国最重要的可再生能源产业之一（Latsch et al.，2014）。

图 2.3 风力设备装置发展历史

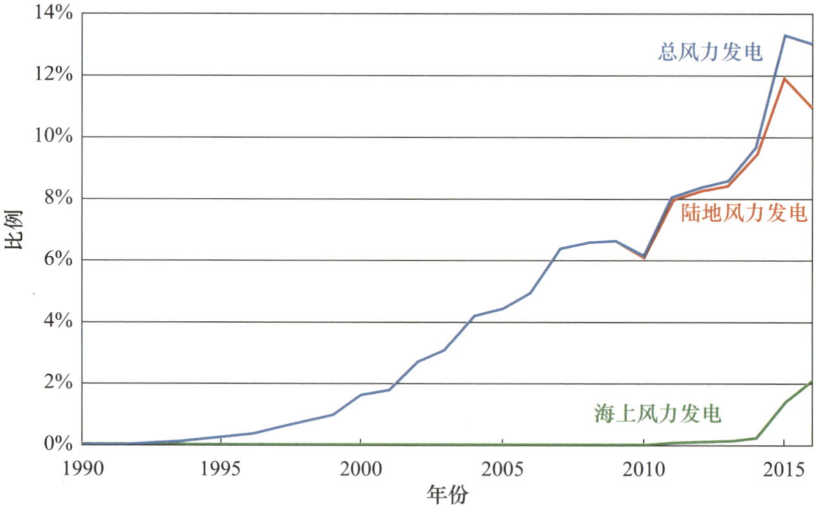

图 2.4 风力产生电能各时间段占比

采集太阳能发电的场地主要分为大型地面光伏电站和分布式屋顶光伏发电两大类。相对于地面集中光伏电站，分布式屋顶发电拥有就近分配入网、发电量大小灵活、费用相对较低等优点，在民众中应用广泛。随着技术发展，太阳能采集成本也会逐渐降低，在晴朗的天气下，境内的太阳能发电量可提供超过三分之一的总体电力供应。德国联邦政府也通过早期立法与后期对法条的修正保障了光伏发电从业者的利益。德国的太阳能发电发展趋势良好，装机量逐渐增高。尽管德国民众承担的电价成本相对于欧洲其他国家较高，但德国联邦政府会找到切实的方法实现合理补贴分配，让太阳能发电产业更具有活力（图 2.5）。

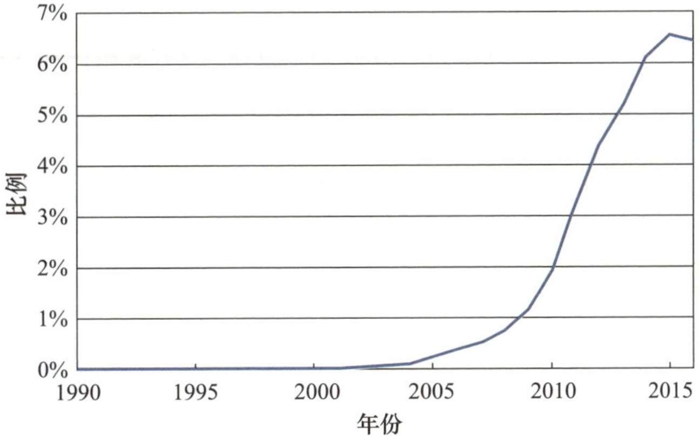

图 2.5　太阳能光伏产生电能各时间段占比

由于太阳能发电与风力发电易受到季节和天气的影响，因此供电量容易产生浮动。在德国，可再生能源的装置设备比例比其他国家要高，有大量的水力电厂、陆地风力电厂、海岸风力电厂、太阳能电厂、沼气工程等电力资源用于调峰（图 2.6）。在晴天或者风力资源充沛的时候，太阳能发电或者风能发电就能满足德国所有电力供应，甚至可以通过电网向邻国输出富余的电力，但因季节和天气不确定性的影响，还是保留了一些传统的电厂进行最小负荷运行，以应对波谷期间调峰作用，因此要区分不同的情况以应对电力需求（图 2.7）。

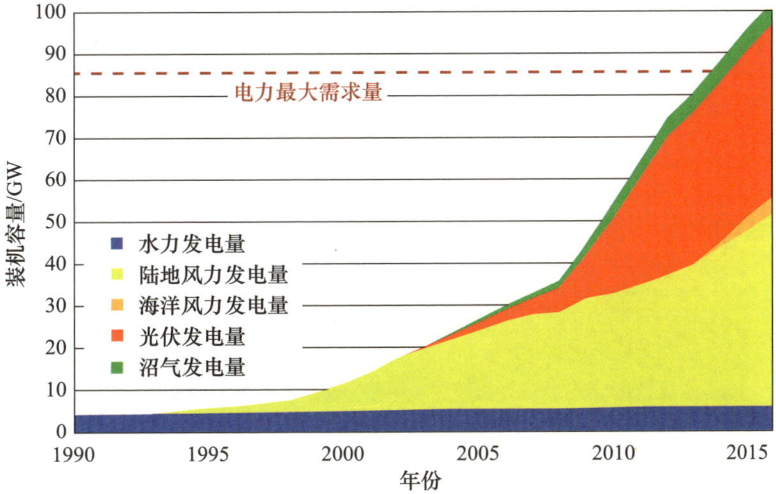

图 2.6　可再生能源装机额定容量

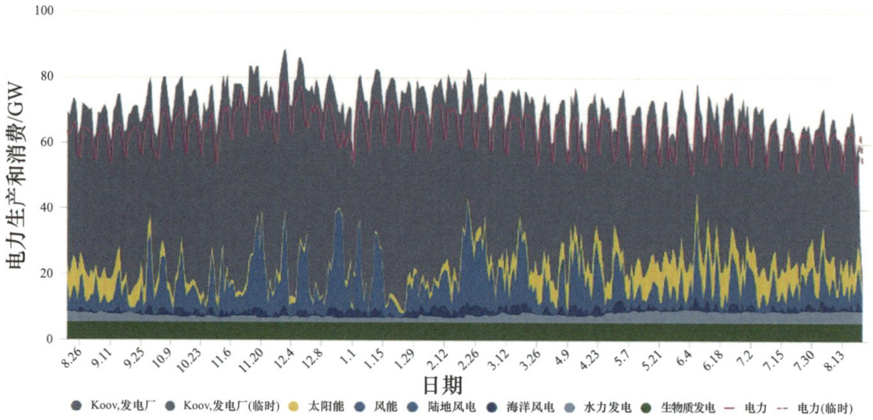

图 2.7 电力生产和消费浮动（AGORA Energiewende，2015）

2.4 可再生能源的挑战

浮动的电力输出十分依赖自然条件，不均匀的可再生能源分配对输电系统也有较高的要求。例如德国北部风能资源丰富，德国南部太阳能资源更加充足，对于不同的自然资源，需要有高效的智能电网与储能系统。

在能源上网输送过程中还是会存在一些问题，就是电网的扩展，一部分民众不希望这些电力设施（图 2.8）出现在他们的后院，电网建设因此而受到影响，这对于德国联邦政府是一个挑战。

图 2.8 电力输送设施

虽然智能电网系统调度分配越来越便捷，但是考虑到能源输出分布东多西少的局

图 2.9　水利储能

图 2.10　电池储能

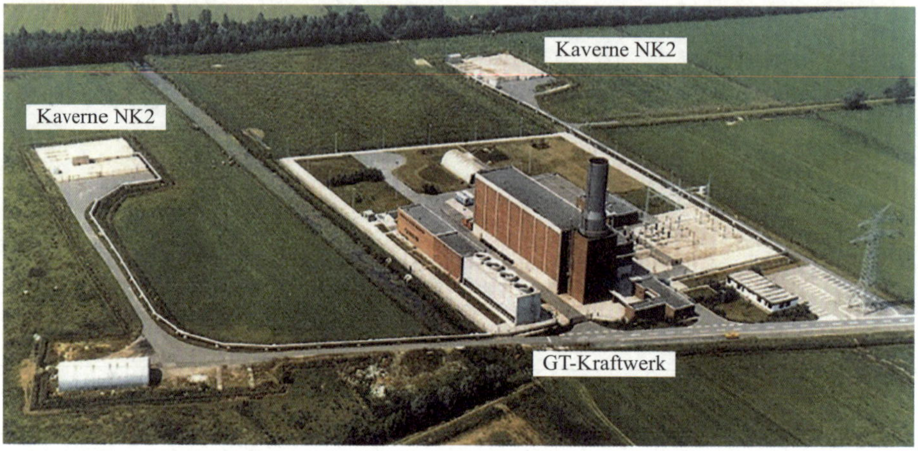

图 2.11　燃气储能

面，以及对于电力危机的防范，储能的重要性逐渐提升。德国的电价在一天各个时段是有变化的，当光伏发电产生的电量接入网络后，电价会迅速下降，为保证它的峰价，需要为企业提供电能存储服务。储能系统分为短期储能系统与长期储能系统，目前提到的储能都是短时储能，主要方式有水利存储（图 2.9）、压缩空气储能、锂离子电池储能（图 2.10）、液化空气储能、燃料储能（图 2.11）等，短期储能服务可以解决电网超负荷问题，实现一天内多次蓄电与放电，虽然储能能力有限，但仍具有很大的市场潜力。

水力发电一直是德国电力生产方式的一部分，占 3% ～ 4%。依赖河流和大坝的水力发电厂受地理因素限制，很难进一步发展。微小型水力发电厂虽然也在规划中，但其对整体发电量贡献不大。

在过去的 10 至 15 年中，生物能源在总能源中的占比从 2.5% 提升到 5.5%。其中，沼气成为生物能源的主要贡献者，沼气部分产生于农作物秸秆和污水污泥。现在，随着电网电价的改变，旧的生物发电厂逐渐失去吸引力，新的生物质能源基质

（如藻类）的研究正在进行中。

2.5　可再生能源与智能电网

风力发电与太阳能发电输出不稳定，虽然短期储能可以进行部分电力调节，但还是会产生电力剩余。为了充分利用这些绿色能源产生的剩余电能，就需要长期储能系统，利用“电转气”的新技术制氢或合成甲烷，或者把电能转化为热能，以便存储。德国天然气管网和地下存储基础设施相对完备，可以用可再生能源产生的电能制氢或合成甲烷，然后注入天然气管网或者存到大规模天然气地下存储设施中。“电转气”制造的气体还可以进一步制造甲醇等液体燃料，此过程也可以称为电转燃料或电转液。当需要电能时，存储的氢或者燃料可以通过不同方式（燃气轮机或者燃料电池）转换成电能进入电网，形成闭碳循环。

从系统全局来看，综合考虑可再生能源电站布局，与传统电站协调发展，智能电网和储能系统的完善也使传统电站与可再生能源电站在动态中形成有机统一，传统电站更低的成本及更高的发电效率可以弥补可再生能源发电的不稳定性（图 2.12）。

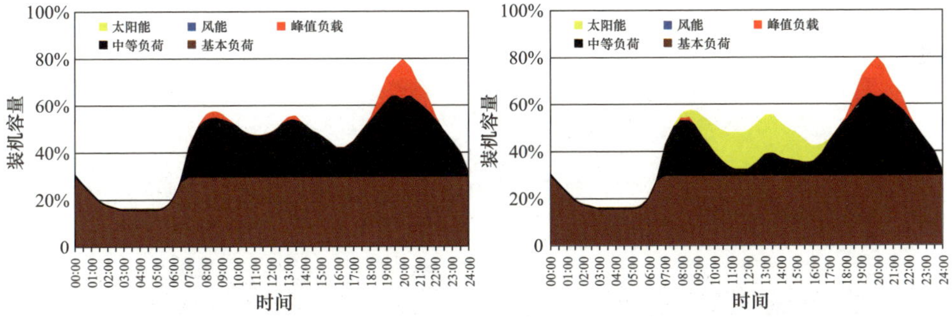

图 2.12　光伏发电提供电能的时间段

例如，初始的燃煤电厂不能以低于 50% 的负荷运行，但随着技术改善，现在已经能以低于 20% 的负荷运行，新的技术正在研究开发中，即保证负荷低于 10% 时的运行（Juniohann et al.，2014），由此保证电力需求波谷时电网可以高负荷运行，可再生能源发电供应充足时进行低负荷运行（图 2.13）。

图 2.13　煤炭发电机组

另外，德国联邦政府正计划逐步放弃核电厂，高额的投资和对环境的高风险，导致核电并不是最佳的能源利用方式（Bruninx et al.，2013）。目前，核电站仅作为强大的调峰电厂的备用应急电站，用以保证可再生能源作为基本负荷使用的安全性和可行性，同时也可以满足节能的需求（图 2.14）。

图 2.14　核电站发电机组（N–TV）

德国联邦政府在致力于节能减排、优化能源结构的同时，将可再生能源产业作为新的经济增长点，促进内需，增加相关行业就业，促进相关技术产业发展并带动区域经济发展，实现了环境效益、经济效益、社会效益的统一。

2.6　可再生能源的未来发展趋势

（1）可再生能源投资正在增加：越来越多的投资者进入可再生能源领域，包括海上和陆上风力发电、光伏和太阳能、水电和地热、生物质发电等。石油和天然气公司也在寻找机会大规模投资可再生能源项目。

（2）政府政策和财政将加大支持可再生能源的力度，使可再生能源市场更具吸引力：由于稳定的政策和监管，德国一直处于可再生能源投资的中心。根据德国的可再生能源投资和可持续发展研究预计，未来中国将出现最大幅度的可再生能源市场的增长，投资中国可再生能源对投资者具有极大的吸引力。这主要是基于中国雄厚的财力和长期的可再生能源战略。比如，中国政府的能源发展“十三五”规划计划投资 2.5 万亿元人民币（合 3 770 亿美元）进行可再生能源开发，到 2020 年产能达到 680GW。

（3）可再生能源发展的不平衡：一些投资者对于不同能源、不同地区的投资受到资源的限制，也受政府政策的制约。比如，海上风能相关并购活动不断增加，其次是水电、光伏、太阳能和热能，而像沼气这样的再生能源虽然仍会存在，但代表性不足。未来，二次技术创新的存储和能源聚合器等技术，也将是投资的热点，因为它们有助于可再生能源供应的稳定性和安全性（BMWi，2017）。

（4）可再生能源投资的挑战：即使对于可再生能源的投资将持续上升，但其也面临一些障碍和挑战，包括可再生能源的盈利模式、商业模式、运营模式，都存在许多不确定因素和风险。投资者也指出，可再生能源资产权益正在推高价格，尤其是光伏太阳能、水力发电和热太阳能。总的来说，可再生能源开发和实施的未来是光明的，投资回报是乐观的，但是，投资者应保持谨慎，因为仍有障碍需要克服，要努力降低风险（KPMG，2018）。

（5）太阳能和风能技术的不断进步，推动我们朝着利用各种可再生能源以发电为主的电力系统发展。加上电动汽车的预期增长，我们现在正处于能源转型期，这将大大降低碳排放量，改善空气质量。然而，除非能源市场被重新设计和调节，以释放电力系统中灵活性的全部价值，否则这种增长机会将是有限的。比如，德国和英国这两个国家都面临着灵活性的挑战，他们都处在能源转型的最前沿，大部分的能量转换将在不到十年内发生，从而产生了增加可再生能源灵活性的需求。因此，技术、服务和改造可以使我们的能源系统应对我们发电和用电方式的巨大转变。这将有助于推动整个欧洲的可再生能源产业发展，敦促政府采取必要措施，为未来高可再生性的能源发展准备电网，同时，也应该充分认识到此类政策和行动将创造巨大的商业和环境机遇（BloomBergNEF，2018）。

（6）传统能源的灵活性和转换效率已经提高：褐煤和烟煤电厂变得更加灵活。目前，褐煤和烟煤发电厂的最低负荷已大幅度降低（从 50% 降至 20%），未来的计划目标是 10% 的最低负荷。由于可再生能源供电的不均匀性，也刺激了未来对传统能源效率重新设计的要求。比如，规划核电在传统能源中所占的合理比例，及对第四代核电技术的完善和追求（Schiermeier，2013）。

（7）从技术上讲，未来电力供应在很大程度上依赖于可再生能源是可能的。为了有效地补偿可再生能源波动性电力生产的影响，必须建立强大的智能输电网和存储设备。不稳定的可再生能源的持续安装，对传统电厂的发电方式产生了巨大影响，它要求传统能源更应该具有灵活性，补充功能，较高效率。虽然核电具有传统能源的许多优点，但核能的前期投入太高，同时，大规模投入核能生产可再生能源极为困难。因此，核能并不是最好的可再生能源的补充。

参考文献

ACATECH, LEPOLDINA, AKADEMIENUNION, et al., 2016. Flexibility concepts for the German power supply in 2050: ensuring stability in the age of renewable energies[M]. Berlin: Acatech — National Academy of Science and Engineering.

AGORA ENERGIEWENDE, 2015. The role of emissions trading in the energy transition: perspectives and limitations on current reform proposals [R]. Retrieved 2016-04-29. Berlin: Agora Energiewende.

BLOOMBERGNEF, 2018. Flexibility solutions for high-renewable energy systems[R/OL]. https://data.bloomberglp.com/bnef/sites/14/2018/11/Germany-Flexibility-Solutions-for-High-Renewable-Energy-Systems-2018-BNEF-Eaton-Statkraft.pdf.

BMWi, BMU, 2010. Energy concept for an environmentally sound, reliable and affordable energy supply[R]. Archived from the original (PDF) on 6 October 2016. Retrieved 1 May 2016. Berlin: Federal Ministry of Economics and Technology (BMWi).

BMWi, 2017. The energy of the future: fourth "energy transition" monitoring report — summary[R]. Retrieved 2017-11-18. Berlin: Federal Ministry for Economic Affairs and Energy (BMWi).

BRUNINX K, MADZHAROW D, DELARUE E, et al., 2013. Impact of the German nuclear phase-out on Europe's electricity generation — a comprehensive study[J]. Energy Policy, 60: 251–261.

doi:10.1016/j.enpol.2013.05.026.

BUCHAN D, 2012. The energiewende — Germany's gamble[M]. Oxford: Oxford Institute for Energy Studies.

JUNGJOHANN A, MORRIS C, 2014. The German coal conundrum-the status of coal power in Germany's energy transition[M]. Washington: Heinrich Böll Stiftung.

KNOOP K, SAMADI S, FISCHEDICK M, et al., 2015. Pathways to deep decarbonization in Germany[R]. Retrieved 2016-04-28.Sustainable Development Solutions Network (SDSN) and Institute for Sustainable Development and International Relations (IDDRI).

KPMG, 2018. GreatExpectations: deal making in the renewable energy sector[R/OL]. https://home.kpmg/content/dam/kpmg/xx/pdf/2018/02/Renewables-report-full-year-data-2017.pdf.

LATSCH G, SEITH A, TRAUFETTER G, 2014. Gone with the wind: weak returns cripple German renewable[J]. Retrieved 2016-06-14. Der Spiegel.

MORRIS C, 2015. Energy transition: the German energiewende[R]. Retrieved 2016-08-04. Berlin.

MORRIS C, JUNGJOHANN A, 2016. Energy democracy-Germany's energiewende to renewable[M]. Basingstoke: Palgrave Macmillan.

SCHIERMEIER Q, 2013. Renewable power: Germany's energy gamble-an ambitious plan to slash greenhouse-gas emissions must clear some high technical and economic hurdles[J]. Nature,469:156-158. doi:10.1038/496156a.

3

能源与环境科学的前沿趋势

菲利普·埃尔斯

随着世界对能源需求的迅速增长，改变能源的收集、储存和使用方式已成为21世纪的一个决定性挑战。从本质上来讲，这一挑战是一项环境科学的挑战，但同时也是一项管理挑战——如何召集、授权和支持创造性、多学科和多机构的科学团队，以应对阻碍能源技术进步的最严峻科学挑战？在过去的十年里，基础能源科学研究转向了一种利用科技界力量的独特方法：致力于能源前沿研究，加速高风险、高回报的主要合作研究工作。

人类赖以生存的自然资源是有限的。随着工业文明的发展，资源消耗呈加速趋势，在不久的将来，大部分矿物能源将会被消耗殆尽，加之环境污染和生态破坏，人类将面临能源短缺的严峻挑战。现在，能源与环境科学应该更关注如何进行能源的可持续发展，解决世界能源问题。

对能源可持续性的需求是当今世界面临的主要挑战之一，越来越多的人认识到，没有一个人群，也没有一个学科能够单独应对这一挑战。为了帮助实现这一目标，我们推出了新的可持续能源期刊《焦耳》，期刊里的每篇文章都将附带一个“背景和规模”框，以便更好地将实验室的研究人员（以及参与能源行业的从业人员，如从事能源政策、能源获取和技术经济分析等工作的各种人员）与能源转换和存储方面的前沿基础材料研究联系起来。我在印度的经验告诉我，具有不同背景的人如何从不同角度看待同一个问题对于可持续能源的探寻具有决定性作用。这种跨学科的影响力对于解决围绕可持续能源的挑战至关重要，这是人类面临的最紧迫问题之一。虽然世界各国都在进行研究，但人们越来越意识到，我们需要和不同学科进行更多的联系和更好的沟通，这样才能最好地应对能源研究中的挑战。我也意识到在可持续能源方面取得进展的重要性，它将影响全世界数十亿人的生活。

在印度生活的三年里，我常常被这个神奇的国家与外界的对比所震撼。虽然经济增长迅速，但仍有数亿人处于非常边缘化的状态。如图 3.1，这是印度最古老的城市里的一个建筑。这里充斥着各种塑料的废物，它已经不像一个城市的样子，已经被破坏了。我和当地的科学家进行合作，希望能够把那些混合的废物变成柴油，从而推动当地的渔民收集可循环利用的废物。

图 3.1　古建筑旁的废弃物

在印度我还发现一个现象，许多社区家庭里都没有电，对教育、就业及人们之间的沟通造成了许多困难，很多家庭都用燃烧煤油的方法替代电灯照明，但煤油不仅昂贵，而且在燃烧不充分时，还很容易造成危险并污染环境。在那里，我将科学家们聚集在一起，合作设立了“光明计划”（Project Light），设法开发了简单而有效的太阳能系统，满足了生活在非电气村庄和城市贫民窟里的人们的需求，为许多社区带来了照明和基本的能量（图 3.2）。我们的工作使边缘化社区的许多人进入了能源阶梯的第一阶段，这项工作的影响及它在人们日后生活中继续产生的积极影响，是非常有益的。

图 3.2 “光明计划”的灯泡悬挂在屋顶上

在杰文斯悖论（Jevons Parado）（Bauer et al.，2009）中，技术进步使得资源效率提升了，但同时也加快了资源消耗的速度。我们可以看到它的具体表现，下面两幅图展现的都是上海的浦东区，图 3.3 是 20 世纪 90 年代初拍的，同一个地点，20 年之后的情况如图 3.4。可以看到，上海的经济发展是如此迅速，它也反映出中国崛起的速度。中国在提高能源和物质利用效率方面的成效尤为突出，但是其对资源的新增需求仍然是巨大的（图 3.5）。近几十年来，中国在提升资源效率方面的成就巨大，尤其在能源强度方面。但如果政策举措不能让中国快速地提高其资源效率——这种提高速度要快于迄今为止中国所经历的最快速度，那么可以预计中国的环境压力将继续快速增大。因此，如果不进行改革的话，那么我们很难设想中国的资源利用效率会达到其追求的水平。这意味着如果中国要维持较高的经济增长水平，同时避免自然环境进一步和大规模的退化，就要在生产方式和基础设施系统等方面进行前所未有的创新，以支撑中国的现代化。

图 3.3　1990 年初的上海浦东区

图 3.4　2010 年的上海浦东区

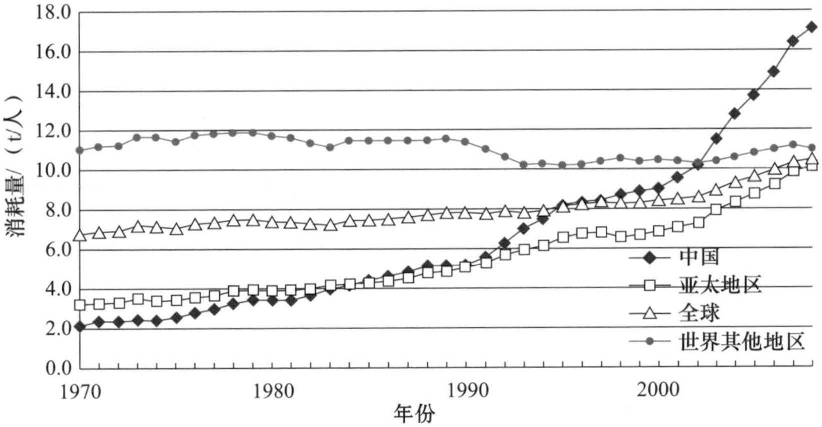

图 3.5 中国、亚太地区、全球和世界其他地区（除中国和亚太地区以外）人均国内物质耗量

3.1 能源扩展性、经济性和资源可用性

目前，电池储能已经占全球现有能源储存的 99% 以上，但由于地理因素和环境因素影响，电池储能的成本是否能达到抽水蓄能电站储能的成本、它的增长潜力是否有限等问题一直是值得关注的。对于电力存储，我认为成本问题是迄今为止最重要的挑战，因为与抽水蓄能相比，几乎所有电化学储能方法都需要百倍或更高的能量密度（指在一定的空间或质量物质中储存能量的大小）。

MIT 有个关于电池的研究团队，该团队研究表明能量密度是很重要的，因为它能实现低成本系统（Chiang et al.，2017）。因此，每度电存储的成本都很值得关注，当然其他属性，如生命周期、安全性和组件是否具有毒性也很重要。图 3.6 是按时间顺序跟踪各种电池化学反应中储存能量的化学成本的结果。存储的化学成本［美元 /（kW・h）］是基于阴极、阳极和电解质作为成品部件的成本，并为最终电池造价成本设定了底线。该分析结果中令人惊讶的是在过去六十年中，开发的电池电化学成本急剧上升。很明显，对于低成本的电力存储，将需要新的化学反应。电池储能必须从最优化每个电子存储成本的材料开始。因此，实验结果显示，除了水和空气之外，硫成本比任何其他电活性材料都低，甚至低至 100 美元 /kW・h。

目前，市场上储能电池种类很多，性能特点各不同。当前主流电化学储能技术有先进铅酸电池、锂离子电池、液流电池和钠硫电池等，其性能特点和经济性各不相同，目前尚未有某一种技术能够同时满足循环寿命、可规模化、安全性、经济性和能效五项储能关键技术指标。虽然现在还处于早期阶段，但这些发展表明，长时间的储能作为实现低碳电力的新工具正处于爆发阶段。

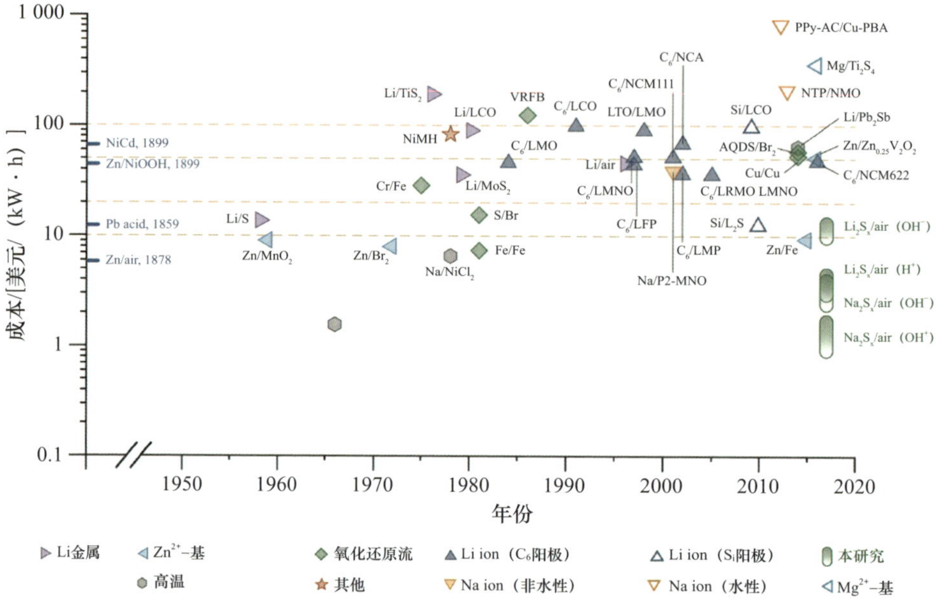

图 3.6　电池化学成本

为了更广泛地了解电池需求，我们需要对未来的电池制造需求进行评估。我们预估了到 2025 年钴的供需情况。图 3.7 显示了钴金属的供需平衡。垂直轴绘制了从 2002 年到 2016 年的钴开采量，以及到 2025 年的预计供应量。我们的最小供应预测（黑色虚线）是基于其他国家不断生产的假设条件，中国和刚果（金）的开采和精炼产能的记录增长分别以灰色和金色虚线显示。图上星星表明 2016 年锂离子电池行业对钴的需求，以及预测的 2025 年对钴的最低需求（L）和最高需求（H）(Olivetti et al., 2017)。

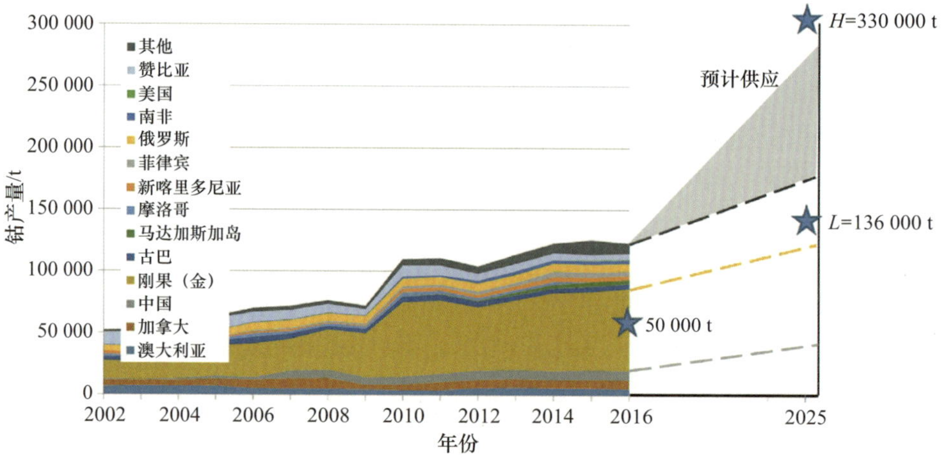

图 3.7　锂离子电池中钴的使用

制造锂离子电池的大部分材料的供应也许可以满足不久的将来的需求，但从分析中发现，钴的供应存在潜在的风险。虽然钴的供应可以满足锂离子电池制造的最低需求，但如果现在迅速推广使用电动汽车（政策的激励，包括碳税、更高的燃油税和更积极的企业平均燃油经济性目标），一些电池材料的需求量就可能超过供应量，从而导致钴的供应问题。目前，一些企业在不断提高电池能量密度等技术水平的同时，也开始探索少用钴或替代钴的可能性。钴价上涨，将加速高镍电池的普及，未来电池类型格局也将发生改变。

总而言之，未来随着企业产能规模扩大，电池技术进步，电池系统成本将会有所下降，新能源车的竞争力也将随之超过燃油车。

3.2 政策引导能源可持续发展

有一种趋势是大家会衡量能源各种指标最优化、能量稳定性等条件。其实不同的电池技术在不同领域中有不同的优势，这是一个电力方面的问题，如图 3.8 所示，需要对能量密度、电力强度、投资成本、运转成本进行权衡（Steingart，2018）。整个模型不可能完全优化，需要政府从政策角度更好地预测未来或者理解能源可持续最重要的内容是什么。

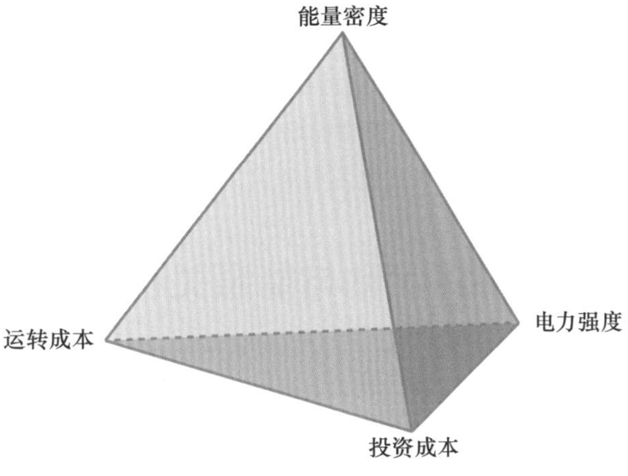

图 3.8　四面体权衡条件

由此可见，虽然能源可持续发展在技术上可行，且在经济上有益，但不会自行发生，需要政府采取行动制定政策。在推动可持续发展的过程中，要权衡利与弊，把握好可再生能源在能源结构中的作用和地位，不要造成看似清洁实则浪费的另一种产能过剩，引导全球能源体系走上可持续发展道路。

自 2015 年以来，可持续发展目标（SDG）为全球发展政策提供了大量信息，里尼德苏扎探讨了印度如何能够发挥自己的作用，使这些目标成为现实。为使可持续发展目标具体化，2015 年联合国大会通过了 17 个可持续发展目标及169个分目标，描述了到2030年平衡可持续发展三个方面（经济、社会和环境）的行动计划。

印度是193个通过可持续发展目标并承诺作为利益攸关方履行2030年可持续发展议程的联合国会员国之一。这意味着，应依据全球目标塑造所有社会政策、规划和发展行动，以及中央、州、区域和地方各级的影响监测和评价。在联合国通过2015年后发展议程的峰会上，印度莫迪总理重申了印度的承诺，他说："今天，印度的发展议程大部分反映在可持续发展目标中。"研究和分析一再强调，虽然千年发展目标的范围有限，但经过深入磋商和审议后起草的可持续发展目标要全面得多。印度能否成功地实现其千年发展目标，使得该国为实现可持续发展目标而采取的战略成为人们最关心的问题。那么，印度如何才能成功实现可持续发展目标呢？

（1）包容性战略：印度国家社会发展规划和政策应考虑并围绕社会政策或方案所针对的主要利益相关者（男性、女性或儿童）的声音进行设计，使为发展所作的努力具有参与性和包容性，这是可持续发展不可或缺的一个方面。

（2）共同筹措资金：在最新的工会预算中，印度政府削减了社会部门的开支。根据现有统计，印度目前只有5%的资金用于实施可持续发展目标，虽然增加政府在卫生、教育、卫生和营养等部门的支出是缩小这一资金缺口的直接解决办法，但印度政府应促进和激励来自公司、企业和其他营利实体的资金，作为向可持续发展目标供资的重要来源。

（3）协作实施：联合国秘书长强调，必须建立战略伙伴关系，以解决全球挑战。印度有效执行新议程的迫切需要是提升主要利益攸关方之间的伙伴关系，这包括公共部门（政府）、善于管理和增加资源的公司实体、非政府组织、社会企业和其他熟悉执行、评价和扩大社会发展项目的发展行动者的参与。

3.3 经济活动与能源关系

所有经济活动都离不开能源。在某种程度上，能源来自化石燃料的使用，导致二氧化碳的排放。经济活动增长与碳排放之间的关系是导致气候变化的关键因素。深度减排将限制经济增长，还是对经济增长影响很小甚至没有影响？这个答案对于美国来说非常重要，但对于快速发展的中国和印度等新兴经济体来说更为重要。这些新兴经济体在寻求尊重、保护全球环境的同时，还至力于改善其公民获得低成本能源的途径。

即使绿色技术得到证实和发展，也仍需要几代人来解决我们的环境问题。图

3.9 显示了 2008—2015 年的实际数据以及 2015—2040 年的预测数据，这些数据符合 Kaya 工具的求和规则。Kaya 工具在碳排放和经济增长之间建立了一种联系。如 2008—2015 年各数据所示，在此期间，美国充分提高了能源强度和碳强度，以实现适度的经济增长（每年 1.4%）和减少排放（每年 −1.4%）。相比之下，在此期间，随着经济增长，中国和全球碳排放量增加。虽然中国和全球的碳强度和能源强度均有所改善，但这一改善不足以减少这一时期的碳排放（Deutch，2017）。

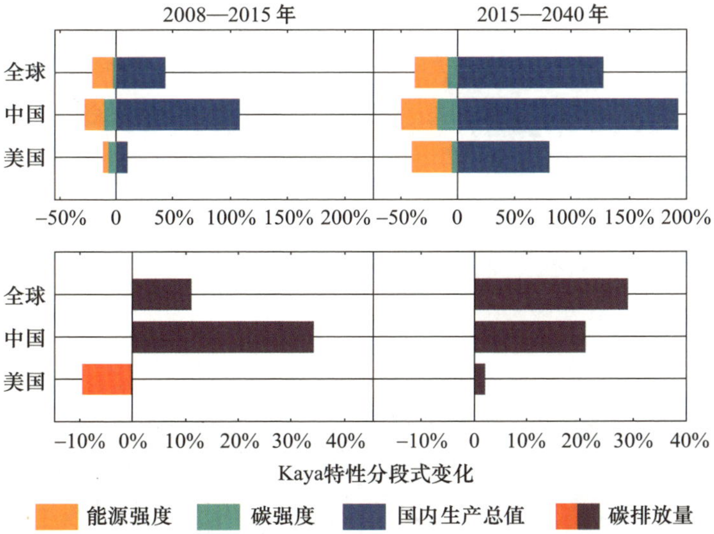

图 3.9 两个时期的 Kaya 特性关系

当然，这些短期趋势并不能说明未来趋势。国际能源机构（IEA）宣布，2014—2017 年，全球二氧化碳排放量是稳定的，经济增长也是积极的。未来经济增长、能源和碳强度及碳排放对市场、政策措施和技术变革的预测有着高敏感度。“CERAWeek”是由信息与分析公司 IHS Markit 在美国得克萨斯州休斯敦举办的年度能源会议，为讨论一系列与能源有关的议题提供了平台。近期，由 CERAWeek 主办的印度能源论坛将召集一个由发言者和代表组成的国际小组，以及来自印度地区能源公司、能源相关行业、机构和政府的 1 000 名代表组成的小组，他们探讨的主题主要包括：

（1）印度将如何实现其能源和气候目标？

（2）天然气在印度未来能源结构中的作用。

（3）增加国内油气供应：降低印度进口依赖的途径。

（4）在印度能源领域吸引国际技术和投资。

（5）交通中断：车队电气化——多快。

（6）石化产品在“印度制造”中的作用。

（7）氢的作用。

（8）世界石油市场动荡。

（9）液化天然气的激增：对全球市场的影响。

（10）能源安全：新的计算方法。

印度能源市场在塑造能源世界的发展中发挥着越来越重要的作用，这确实是所有能源未来塑造力量的缩影。CERAWeek 举办的印度能源论坛是各国领导人审查为印度人民提供可持续、安全和负担得起的能源选择的基本挑战和机遇的独特机会。

3.4 解决人口问题，实现可持续发展对策

自 20 世纪 70 年代初期，地球可再生自然资源总量就已捉襟见肘。如今，86% 的世界人口生活在向自然索取资源远超于生态系统自身可再恢复能力的地区。这些地区的非持续增长方式，已影响到全人类的生存与可持续发展。

印度可能很快要超过中国，成为世界上人口最多的国家（图 3.10）。

图 3.10 印度火车站

目前，全球都面临此类问题，人口基数大，增长量大，人口整体素质不适应现代化建设的要求。随着人口的增长和经济、社会的发展，对资源的需求量也日益增大，这就使得资源的供需矛盾越来越突出。然而，很多国家在解决能源可持续发展问题的

时候没有考虑人口问题，人们觉得这个问题很不礼貌，总是避而不谈。如果我们把人口、能源、环境问题放在十分重要的位置加以考虑，那么还是有对策可以解决资源可持续发展问题的，有关对策可归纳为以下几点：

（1）控制人口增长，提高人口素质，特别要改善妇女受教育条件，转变传统的生育观念。同时注意满足人民基本的卫生保健需求，改善居住条件，保护人民身体健康。

（2）加强教育和科技能力的建设，重视人力资源开发和专门人才的培养。健全可持续发展管理体系，采取各种措施，提高人们的可持续发展意识和能力。

（3）利用经济和社会发展提供的足够的资金和技术积累，使环境得到良好的保护，治理和改善生态环境，恢复自然生态系统的良性循环。

在城市大规模利用可再生能源至关重要，是未来既能满足城市日渐增长的能源需求又能减少排放的可持续能源选择。随着技术继续发展，可再生能源将更高效、更方便使用、成本效益更好、更容易获取和更具可持续性。

从表面上看，印度经济在 2019 年上半年表现强劲，自 1 月 1 日以来，BSE30（追踪 30 家财务状况良好的印度公司的指数）回报率超过 7%。根据穆迪的投资服务，预计经济增长率约为 7.5%。这一预期增长反映了对商品和服务的强劲需求，以及煤炭、原油、天然气、炼油产品、化肥、钢铁、水泥和电力 8 个核心行业的工业活动不断增加。然而，尽管印度前景乐观，近期股市出现牛市，但 2019 年印度仍面临根深蒂固的持续挑战。

（1）人口增长：印度的总人口仅次于中国，人口每十年增长 20%，这导致了食品短缺、环境卫生恶化和污染等问题。尽管经济增长数字看起来很有希望，但大多数公民的生活水平并没有改变。任何一个国家进一步发展的最基本前提都是为所有公民提供足够的食物、住所和基本设施，这是发展第一要务。一个饥肠辘辘、贫困潦倒的人，很难遵守法律、法规，更谈不上政策和发展，对他来说，首先要关心的是食物和住所，而通过什么方式，这几乎无关紧要。印度有许多不同的面——富足的印度、贫弱的印度、平庸的印度、病态的印度、欢乐的印度、满足的印度、饥饿的印度、探索太空的印度、努力写下名字的印度。印度人口众多，同时面临着许多挑战，首先是必须从根本上消除失业、贫困和犯罪。

（2）营养不良：根据印度商业界的说法，营养不良是存在于印度的一个严重问题，它导致儿童发育迟缓、育龄妇女贫血和成年妇女超重。在印度只有 6% 的贫困人口能够得到自来水供应，非贫困人口也只有 33% 得到自来水供应。

（3）卫生设施：卫生设施是政府一直无法解决的巨大问题。例如，只有 21% 的印度贫困人口有厕所，而 62% 的非贫困人口有厕所。大多数无法使用厕所的人主要生活在城市贫民窟和农村地区，农村地区仍有大量群众在露天排便。

（4）环境污染：印度是世界上环境污染最严重的国家之一。印度 75% 的电力需求都由煤炭提供，而且在向清洁能源过渡方面进展缓慢。新德里和印度其他城市是世界上污染最严重的城市之一，这些城市地区的汽车排放正在造成呼吸系统疾病和其他健康问题。

（5）基础设施恶化：印度一直在努力改善其日益恶化的商业、教育环境和医疗基础设施。印度的电网压力过大，在德里、孟买和班加罗尔等最发达地区每天都发生电力故障。在电力故障期间，只有发电机能够提供电力，这导致了企业必须承担额外的成本。公共交通和道路等基础设施的发展与人口增长不同步，教育基础设施落后，识字率仅有 72%。印度的医疗基础设施需要改革，印度虽然向所有公民提供医疗保健，但 90% 必须使用公共卫生服务，没有通过雇主购买私人保险的人在不合格的设施中得到的护理很差。

从目前情况来看，印度面临的最大经济挑战和可持续发展挑战是可持续增长和包容性增长挑战：可持续增长是一个“在不损害后代满足自身需求能力的情况下满足当前需求”的过程。从事印度研究的印度学者质疑印度的增长是否真正可持续，或者印度是否未能以一种对环境负责的方式利用更多投资于教育、医疗，以及发展基础设施等资源。现在是评估如何促进经济增长和发展倡议的时候了，包括如何在与环境同步的同时保障粮食和用水的安全。要使印度的增长可持续，就必须解决与不公平等有关的各种问题，包括无障碍、种族、残疾、性别、地区、种姓、宗教等，虽然就业和政治参与方面的性别差距正在缩小，但在女童和妇女的健康和安全方面还有许多工作要做。印度需要做更多的工作来确保包容性增长，特别是通过改善社会保护政策，以缩小阶层之间的差距。

印度面临的另一个巨大的经济挑战和可持续发展挑战是快速城市化和被忽视的村庄：城市正以前所未有的速度增长。一方面，城市人口正在增长，预计到 2030 年将增长到 5.9 亿人，这种快速的城市化也有望推动经济增长。据估计，到 2030 年，城市可能创造高达 65% 的新就业岗位，并产生 80% 的印度国内生产总值。另一方面，村庄和农业产业受到威胁，印度在很大程度上仍然依赖农业，村庄被忽视是一个令人担忧的问题。要以农业为重点，鼓励人民以农业为主体，充分发挥城市化和村庄改造的经济优势。印度政府必须制定更好的政策，通过可持续的手段满足城市基础设施的需要，并解决日益严重的城市贫困和不平等问题，同时平衡农村市场。

参考文献

BAUER D, PAPP K, POLIMENI J, et al., 2009. John Polimeni, Kozo Mayumi, Mario Giampietro & Blake Alcott, the jevons paradox and the myth of resource efficiency improvements, sustainability: science, practice and policy [R/OL]. March 18, 2009, 5 (1) [29 May 2015]. https://doi.org/10.1080/15487733.2009.11908028.

CHIANG Y, SU L, PAN M, et al., 2017. Lowering the Bar on Battery Cost[J]. Joule, 1(2): 212–219.

DEUTCH J J, 2017. Decoupling economic growth and carbon emissions[J]. Joule, 1(1) 1: 3-5.

OLIVETTI E, CEDER G, GAUSTAD G, et al., 2017. Lithium-ion battery supply chain considerations: analysis of potential bottlenecks in critical metals[J]. Joule, 1(2): 229-243.

STEINGART D, 2018. The unfortunate tetrahedron[EB/OL]. https://medium.com/the-unfortunate-tetrahedron/the-unfortunate-tetrahedron-ce1e44d0b961 (Accessed: June 2018).

4

全球碳不均衡及气候变化的适应与减缓

克劳斯·胡巴切克

气候变化是我们今天面临的最复杂的问题之一。它涉及多个层面——科学、经济、社会、政治、道德和伦理问题，是一个全球性问题，在地方范围内可以感受到，在未来几十年乃至几百年内都将存在。二氧化碳是一种温室气体，它驱动了全球变暖，在大气中滞留了数百年，而地球（尤其是海洋）需要一段时间来应对气候变暖。因此，即使我们今天就停止排放所有温室气体，全球变暖和气候变化也将继续影响我们的子孙后代。这样，人类就“致力于”某种程度的气候变化。气候变化有多大？这将取决于我们的排放如何继续，也取决于我们的气候系统对这些排放的反应。尽管人们对气候变化的认识不断提高，但我们的温室气体排放量仍在不断增加。2013 年，在人类历史上，大气中二氧化碳的含量第一次超过了万分之四，上一次达到如此高的水平是在大约三百五十万年前的上新世时期。

气候变化已成为困扰全球的环境问题和国际社会面临的共同挑战。随着世界各国经济社会的发展，全球气候变暖的进程正在日益加快。为减缓这一趋势，确保在21世纪内将全球平均气温升高控制在工业化之前水平的2℃之内，需要明晰全球碳排放增长及区域不均衡的主要原因，找到有效应对策略，实现最大程度的碳减排。

4.1 全球收入增长的不均衡与环境影响

确保以可持续的方式利用自然资源和对人类废物进行处理是当代的主要挑战。认识到这些挑战和认可环境的可持续性，是2000年到2015年实现的千年发展目标之一。然而，据估计，到2003年，全球消费率和废物产生率至少比地球提供资源和吸收废物的能力高25%（Galli et al.，2007），到2007年，这一比率可能高达50%（WWF，2010）。实现可持续性的一个重要方面是广泛的社会变革，但目前关于社会转型过程的理论知识有限。为了改善各国的环境绩效，需要更好地了解推动这种可持续发展的社会经济和行为力量（Haupt，2012）。

人们普遍认为，以人均国民收入衡量的经济增长会影响环境质量（Constatini et al.，2006），番纳约托用倒U形曲线——环境库兹涅茨曲线（EKC）描述了这种关系（Papanyotou，1993）。从这个角度看，随着经济的发展，环境破坏会上升到一个门槛，超过这个门槛，社会就应该并能够承担起环境整治和自然资源保护的责任。然而，对于EKC在多大程度上成功描述了经济增长与环境破坏之间关系的研究产生了许多相互矛盾的结果。例如，沙菲克发现，许多变量随着收入的不同而单调变化，而且方向不同（Shafik，1994）。有一些变量，如获得安全用水和卫生设施的情况有所改善，而另一些变量，如二氧化碳排放和废物产生，有证据表明，最富裕国家的碳排放量和资源消耗量正在持续增加，超过可持续水平（Moran et al.，2008），一些发展中国家在环境方面的表现似乎比发达国家好（Emerson et al.，2010）。经济增长可能不是必然有益的（Lawn et al.，2010；Magnani，2000），收入分配而不是平均收入水平可能是环境退化的关键决定因素（Yang et al.，2011）。

收入不平等与健康和社会问题有着广泛的联系：预期寿命、肥胖、精神健康、吸毒、教育表现、青少年出生和暴力等（Wilkinson et al.，2010），环境退化似乎是经济不平等的另一个副作用，分析表明收入不平等与环境可持续性之间存在负相关（Andrich et al.，2010；Baland et al.，2007；Butler，2002；Dorling，2010a，2010b；Holland et al.，2009；Mikkelson et al.，2007）。收入不平等程度越高，环境指标，如废物生产、肉类和水的消耗、生物多样性损失和环境综合指数（如生态足迹）就越差。

虽然关于不平等与各种社会和环境指标之间关系的研究十分广泛，但这些联系的途径和机制尚未建立。正如科伯恩所说，收入不平等本身是一个特定社会的基本社会、政治和经济特征的结果（Coburn，2004），这些特征也会影响环境质量，当前流行的经济意识形态、个人主义和唯物主义等文化价值观，以及对消费、工作和保护环境重要性的态度等特点，都可能影响国家政策，影响收入分配和环境质量。布雷兹诺对 5 个国家调查数据的分析显示，那些具有平等价值观的人最有可能支持旨在减少不平等的政府服务（Breznau，2010）；相反，那些支持“经济个人主义”和新自由主义经济政策的人最不可能支持政府扮演这样的角色（Arikan，2011）。这种态度似乎也影响到了对有利于环境的行为和支出的支持。一般来说，那些持有亲市场或个人主义世界观的人并不赞同亲环境的价值观和行为；而持亲环境价值观的人则相反（Heath et al.，2006；Steg et al.，2000）。值得注意的是，为了理解不平等与环境退化之间的关系，这些值似乎反映在实际的政府支出中。在“经济个人主义”方面得分较高的国家，其总体人均政府支出水平较低（Arikan，2011）。

马格纳尼从经济角度进行了论证，她推测，收入不平等通过“相对收入效应”减少了有利于环境的公共支出，这种效应导致收入低于平均水平的人的偏好发生变化，转而倾向于更多地消费私人物品，而不是公共物品（Magnani，2000）。她利用 19 个经合组织国家 1980 年至 1992 年在环境保护方面的公共支出数据表明，收入差距扩大与环境支出减少有关。

另外，威尔金森和皮克特认为，不平等加剧了消费主义，这使得将经济活动控制在可持续水平内变得更加困难，并显示了来自储蓄、债务、破产率等多个来源的证据，在广告和工作时间上的花费表明不平等确实增加了消费压力（Wilkinson et al.，2010）。威尔金森和皮克特认为，社会不平等会导致更大的消费主义：①在不平等的社会中，人们更加紧张和焦虑，消费为人们提供了摆脱压力的途径；②富人的消费降低了其他人的满意度——他们所拥有的，通常表现为低劣的不如最好的；推动消费的很大一部分是地位竞争，直观地说，在不平等的社会中，地位竞争更为激烈。

博伊斯等人提出，国家内部财富和权力分配不均，破坏了环境保护所需的集体行动，从而导致更大的环境破坏（Boyce et al.，2007）。同样，研究表明，更平等的社会更具社会凝聚力，信任度更高，从而促进了公共精神（Wilkinson et al.，2010）。在社会资本与环境结果之间的关系方面也有类似的研究结果（Dulal et al.，2011），这可能是因为缺乏信任和较低的社会资本侵蚀了协作行动的能力。

通过降低环境保护支出、增加消费主义或减少集体行动，经济不平等可能会影响各国的环境绩效。迄今为止，我们一直缺乏实证分析来确定收入不平等与环境退化之间的潜在因果关系，我们目前正在进行研究，希望能填补认识上的一些空白。

由于不同国家在人口总量及经济发展水平等方面的不同，各国的碳排放总量呈现出明显的差异。通过比较分析世界主要国家的收入差距与碳足迹，可以更好的了解碳排放与经济发展之间的关系。

图 4.1 从左到右依次是富裕程度呈递减趋势排列的 12 个国家，在这里将人口按收

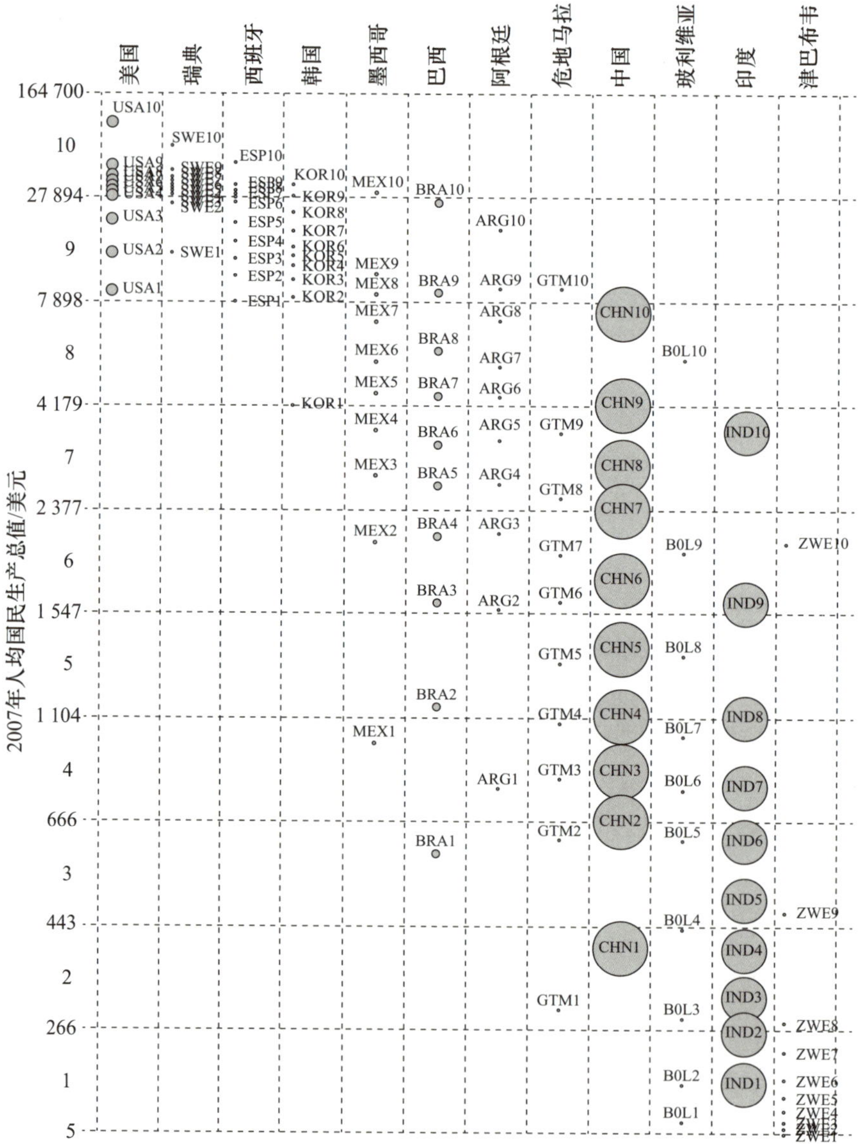

图 4.1　全球财产分布图

入划分为十等份。其中可以看出，图中最右侧的津巴布韦近 90% 的人口处于极端贫困中，每日收入不足 2 美元。

根据收入情况对世界范围内 5 个典型区域——中国、欧洲、印度、俄罗斯、北美（美国和加拿大）进行对比分析（表 4.1）。

表 4.1　全球收入的增长与不均衡，1980—2016 年

收入群体（人均税前国民收入增长情况）	中国	欧洲	印度	俄罗斯	美国和加拿大	世界
全部人口	831%	40%	223%	34%	63%	60%
底层 50%	417%	26%	107%	−26%	5%	94%
中层 40%	785%	34%	112%	5%	44%	43%
顶端 10%	1 316%	58%	469%	190%	123%	70%
其中顶端 1%	1 920%	72%	857%	686%	206%	101%
其中顶端 0.1%	2 421%	76%	1 295%	2 562%	320%	133%
其中顶端 0.01%	3 112%	87%	2 078%	8 239%	452%	185%
其中顶端 0.001%	3 752%	120%	3 083%	25 269%	629%	235%

从 1980 年到 2016 年，五个地区的人均实际国民收入增长速度非常不同：中国与印度增长迅猛，分别为 831% 与 223%；欧洲、俄罗斯与北美增长平缓，分别为 40%、34% 与 63%。在所有这些国家中，高收入群体的总体收入增长更高。在中国，收入在底层的 50% 人口收入增长了 417%，而最富裕的 0.001% 的人口收入激增了 3 752%，这种出现在两个阶层间的巨大增长差距在印度表现得也颇为明显。在俄罗斯，高收入阶层有着显著的收入增长率，而低收入阶层却是负增长。与之相反，欧洲则是增长差距最小的地区。

在全球人口中，收入处于底端的 50% 人群（人均日收入低于 3 美元）的二氧化碳排放量占全球的 15%；而最富裕的 10% 的人口（人均日收入超过 23 美元）的二氧化碳排放量却占全球的 36%。最贫困人口（即收入最低的群体，约占总人口数的 20%）的人均碳足迹为 1.9 t，这个数值低于地球能长期承载的人均碳排放量 2.2 t，因此，这部分人的碳排放量是地球可以承受的。而富裕阶层，如美国、日本、中国的富人人均碳足迹却达到了 26.3 t，这个数值约是地球可长期承担数值的 12 倍（图 4.2）。

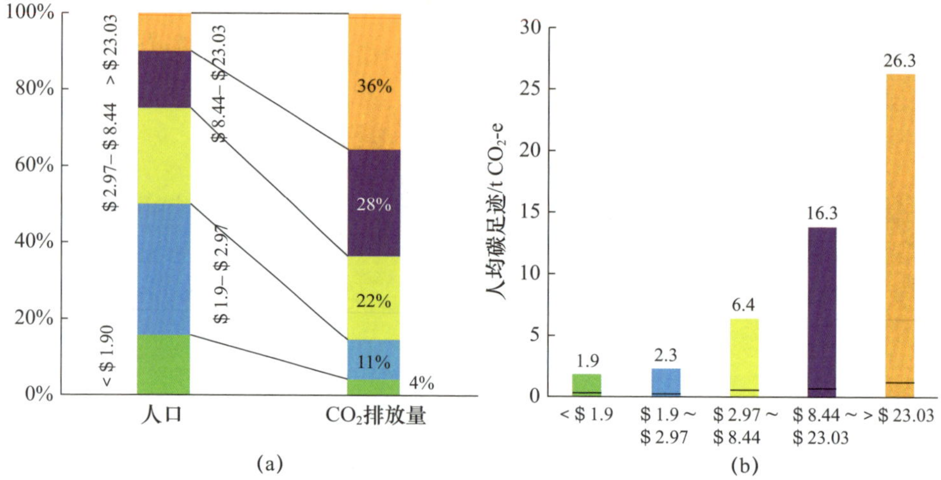

图 4.2　2016 年全球不同收入群体的碳足迹

图 4.3 显示了全球大部分国家的人均碳足迹，并描述了人均 GDP 和人均碳足迹之间的正比上升关系，即人均 GDP 越高，人均碳足迹越高。

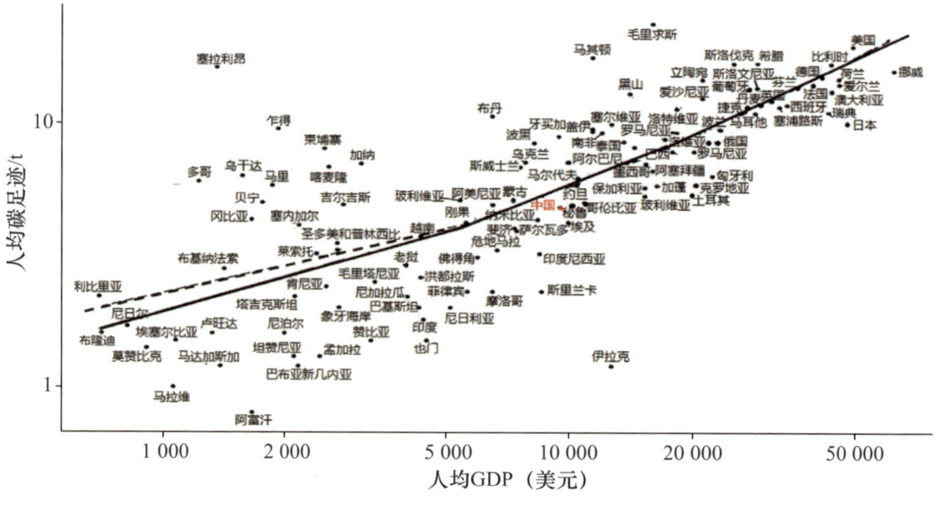

图 4.3　2016 年人均 GDP 与人均碳足迹

根据世界银行的消费数据库可以看出，从最贫困的国家——马达加斯加到最富裕的国家——挪威，都是收入越高的阶层碳足迹越高（图 4.4）。人们越富有，生活方式就越相似，碳足迹也随着收入的增加而趋同。

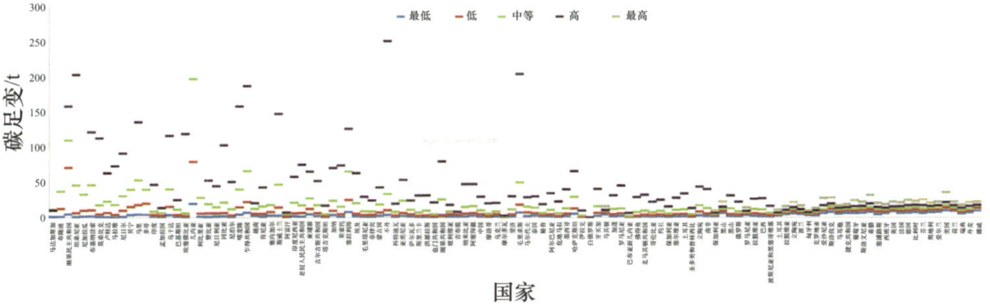

图 4.4　2016 年碳足迹随收入增加而趋同

4.2　影响碳排放的因素

中国被认为是世界上主要的碳生产国。中国人均碳排放指标是衡量区域碳排放状况的重要指标。分析影响中国人均碳排放量的因素主要结果如下：① 1997 年，中国东部、中部、西部地区人均碳排放量分别为第一、第二、第三位，2009 年，中国东部、西部、中部地区的碳排放量分别为第一、第二、第三位；② 1997—2009 年，中国三大经济区人均碳排放的主要驱动力是经济发展，在考虑其对抑制人均碳排放增加的作用后，能源效率远大于能源结构；③影响人均碳排放的因素表明，中部地区在其区域人均碳排放中具有最佳的能源结构弹性。因此，中部地区的能源效率弹性排名第一，西部地区的经济发展弹性排名第一。

4.2.1　城市化

农村人口与城市人口的碳足迹有着显著的不同。在中国，农村人口每年的二氧化碳排放量约为 1.8 t，而城市人口的排放量则接近 5.2 t，相当于农村人口的 3 倍（图 4.5）。虽然中国的城市人口占全国人口总数的 52%，但他们的二氧化碳排放量却占到了全国的 3/4。城市化进程一定程度上导致了碳排放量的增长。

此外，城市化进程也增加了水泥的消费，而水泥制造也是产生二氧化碳的一个主要来源。中国在 2011 年、2012 年和 2013 年的三年时间里使用了大约 64 亿 t 水泥，而美国在 2004—2013 年 10 年的水泥使用量大约是 39.6 亿 t，中国三年的水泥使用量甚至比美国十年的还要多。

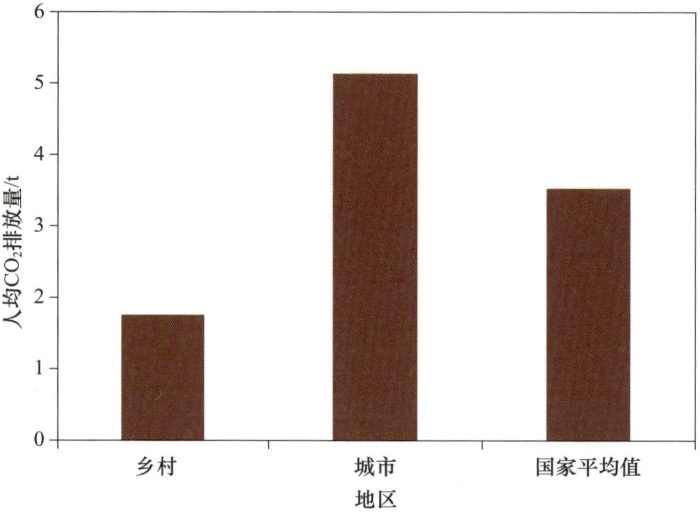

图 4.5　中国城市与农村人口的人均碳排放

4.2.2　家庭消费

造成城市人口与农村人口碳排放量明显不同的一个主要原因是家庭消费结构的不同。农村家庭的主要消费在于满足基本需求的商品及服务，而城市家庭关于此类的消费却只大约占到消费总额的 37%，他们将更多的钱用于购买一些较为奢侈的商品，比如拥有汽车后购买的机器设备与石油制品等，这些占到了中国城市家庭碳足迹的 10%。城市富裕阶层与城市中产阶级在交通方面的碳足迹占全国总量的 78%、商品方面占 74%、服务方面占 75%，尽管这两个阶层的人口只占全国人口总数的 42%；而占全国总人口 29.5% 的城市与乡村贫困人口在交通方面的碳足迹仅占全国总量的 7%、商品与服务方面仅占 10%。

由于收入的不均衡，占中国人口 5.3% 的富裕阶层在消费方面的人均碳足迹为 6.4 t，几乎相当于中国所有居民平均值的 4 倍；而占中国人口 58% 的农村人口与城市贫困阶层的碳足迹仅为总量的 31%，并且比国家平均值少 1.7 t。

中国的碳足迹中 17% 由家庭消费产生，在 2012 年平均是 1.7 t，将近是印度（0.9 t）的两倍，与巴西（1.5 t）相差不多。然而，中国家庭消费的碳足迹却仅仅是欧洲（6.7 t）的四分之一、美国（14 t）的 1/6（图 4.6）。

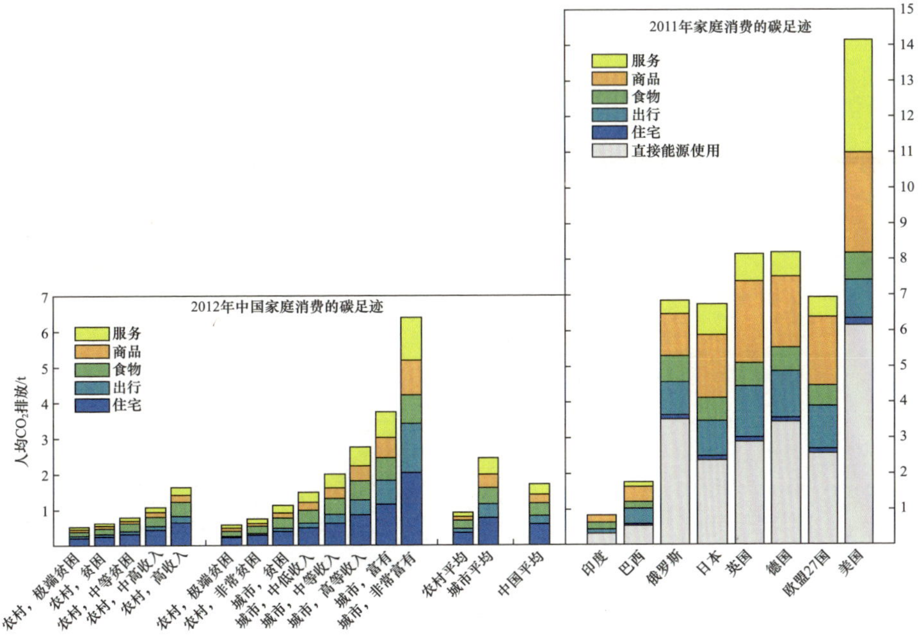

图 4.6　中国家庭消费碳足迹（2012 年）与世界家庭消费碳足迹（2011 年）

4.2.3　生活方式

生活方式是与收入同等重要的影响碳排放的变量，尤其是在消费排放方面产生了至关重要的影响。

制定减少家庭二氧化碳排放的策略需要理解不同生活方式群体做出的消费选择。根据消费者的社会经济变量（如收入、房屋大小、房屋位置、人口密度、房屋类型、通勤信息、教育水平和种族）将他们划分为 65 类生活方式群体。通过掌握这些群体的家庭能源使用的直接排放(如旅游、公用事业)，以及与家庭消费商品(如电子产品、汽车、玩具、食品和家具)生产供应链相关的间接排放(也称为隐含碳排放)的数据，准确统计每一种生活方式的二氧化碳排放。总体来说，生活方式的碳足迹根据收入、房屋大小、房屋位置而变化。高收入生活方式群体（如金银珠宝商、鉴赏家、郊区贵族、都市豪华别墅）位于碳排放量的顶端，即随着人均收入的显著增加，碳排放量在逐渐增加。然而根据图 4.7 所示，即使在收入水平相似的阶层中，不同生活方式的排放足迹也存在着一定差异（如中等收入家庭、城郊结合部、郊区）。

调查显示，低收入群体（如城市居民、中等收入家庭、城郊结合部）普遍居住在美国大城市边缘相对老旧的小型住宅中。这意味着除去收入因素外，房屋大小、房

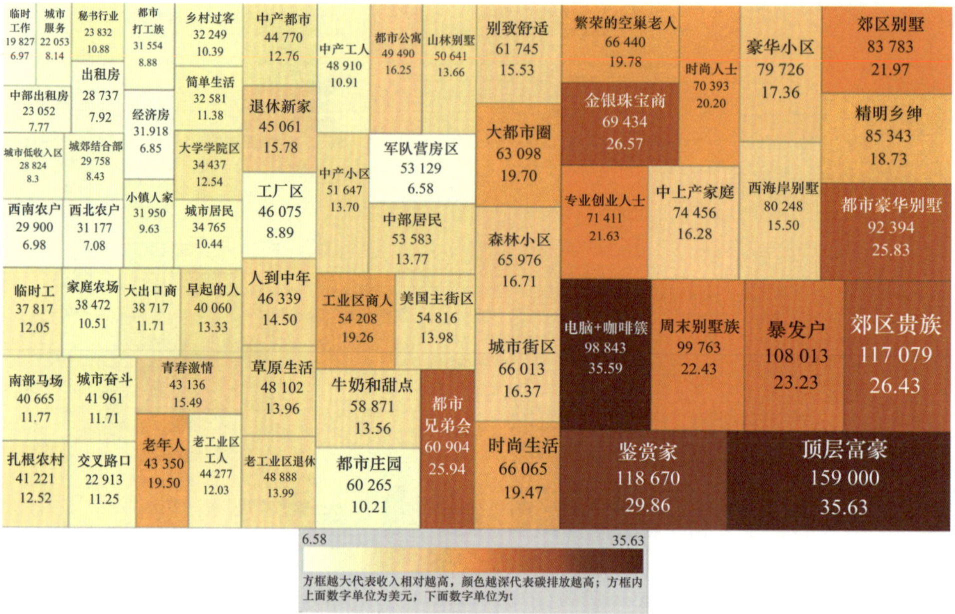

图 4.7　65 种生活方式群体的人均碳排放

屋位置、房屋条件也有可能是影响碳排放的潜在因素。经过进一步的研究发现，城市人口密集区的碳足迹较小，因为消费者有更近距离的就业单位、更高的生活花费和更小的居住空间需求；而郊区人口有着较高的碳足迹，因为他们的收入影响、更大的住宅和更远的通勤距离。图 4.8 反映了芝加哥的碳排放在空间上的规律，高收入群体居住在城市中心和郊区周边，低收入群体居住在围绕着市中心的城市边缘，相较而言，位于芝加哥郊区的生活方式群体会产生更多的二氧化碳排放。

收入是影响家庭二氧化碳排放的主要因素，而生活方式因为加入了对其他相关变量的考虑，可以更好地描述收入是如何通过生活方式的选择而被消费的。

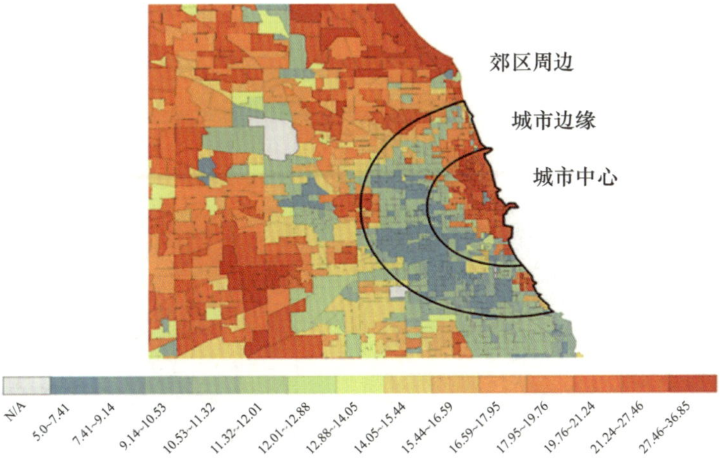

图 4.8　芝加哥人均碳排放的空间分布（t/a）

4.2.4　饮食改变

随着中国的快速发展与社会经济的转型，人们的饮食习惯也转变为更高比例地摄入非淀粉类食品。这种趋势转变了饮食健康风险，也潜在地导致了环境问题的加剧。

通过跟踪 1997—2011 年中国部分地区 15 年间的调查数据，发现了饮食选择对环境足迹的影响。研究表明，肉类、食用油等非淀粉类食品的消费增加导致了温室气体排放量、耗水量和土地占用量的上升。肉类和油类消费的增加对国民营养质量和环境质量两方面都造成了损失；而其他非淀粉食品的增加虽然改善了营养质量，却也带来了环境负担（图 4.9）。

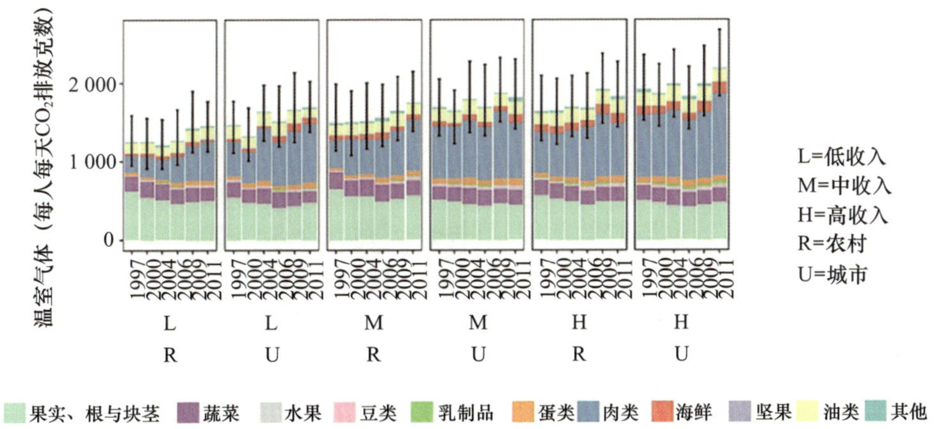

图 4.9　食品与环境影响

针对美国明尼苏达州的圣路易斯公园的一项研究同样也证实了这种情况。如图 4.10 所示，所有与肉类相关的产品碳排放量都较高（颜色越深代表碳排放越高），例如午餐肉的碳强度就高于饼干的碳强度。对非淀粉类食物摄入的增加在一定程度上会造成环境的负面影响。

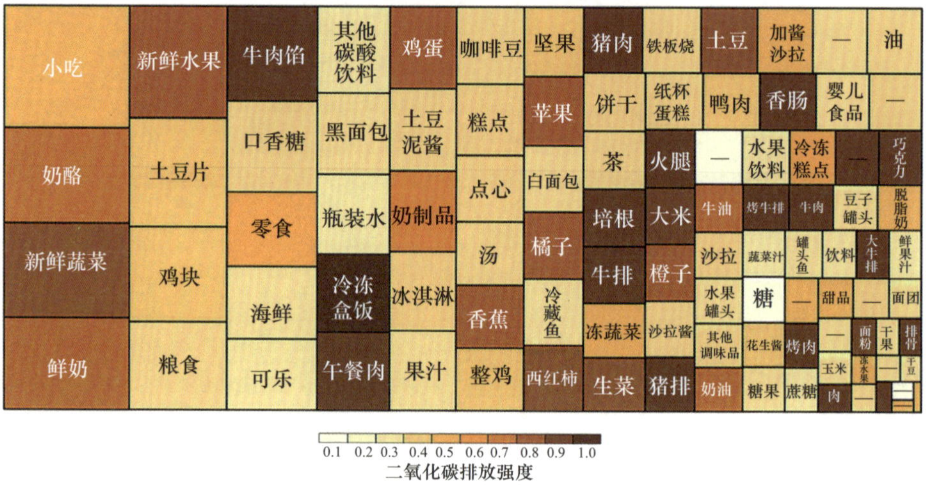

图 4.10　圣路易斯公园的各类食品消费及碳排放强度

4.2.5 人口结构的转型

除了饮食结构的改变，人口及社会结构的改变也增加了碳排放（图 4.11）。在中国欠发达地区，例如处于初级发展阶段的四川省，城乡人口差距大，大规模的城市化加剧了人口结构的转型。在未来的能源消耗和碳排放预测中，需要考虑到这种变化及其所带来的生活方式的改变。老龄化社会和小型家庭在采暖、烹饪、热水和交通服务方面的需求将有

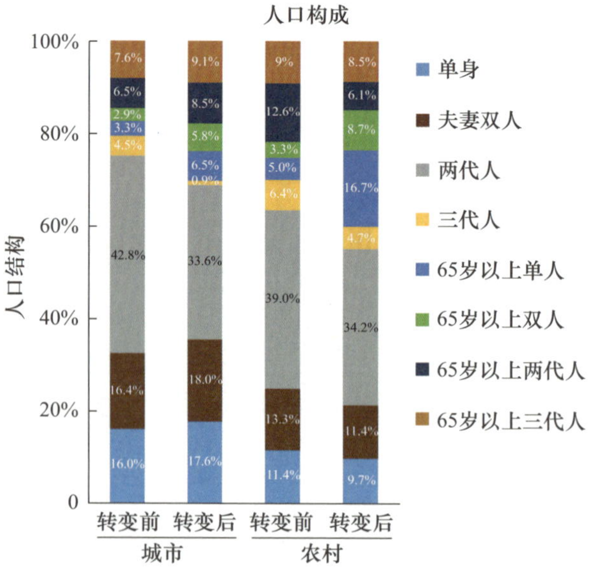

图 4.11　城市与乡村的人口结构

所增长；对制造业、住宿和餐饮业，以及医疗、教育、文化、娱乐等其他服务业的产品与需求也会有所增加。人口结构的转型将引起时间使用模式（工作时间和非工作时间）的变化，而这种变化带来的二氧化碳排放增加将达到 97 Mt，约占全社会排放总量的 12%。

4.3 消除极端贫困与减缓全球气候变暖

2015 年，联合国提出发展目标“到 2030 年，在世界所有人口中消除极端贫困”。物质水平的提升意味着生产活动的增加，这将导致能源消耗的上升与二氧化碳排放的增多，从而引起气温升高。而《巴黎协定》提出“将全球平均气温升高控制在工业化之前水平的 2 ℃之内，并且朝着不超过 1.5 ℃的目标努力”，这意味着需要减少能耗与节碳减排。为平衡“消除贫困”与“减少碳排放量”之间的矛盾关系，需要论证改善贫困对碳排放的影响以及因此而产生的气温变化。

通过一组气温评估模型可以看出，在现有的技术水平下，消除极端贫困，即将居民人均日收入提升到 1.9 美元以上，全球气温只会上升约 0.1 ℃（图 4.12）；如果再将标准提升到工业化国家水平，即居民人均日收入为 2.97 美元以上，全球气温也仅上升约 0.6 ℃（图 4.13）。由此证明，消除贫困几乎不会引起全球气温的上升，与《巴黎协定》的发展目标没有冲突之处。

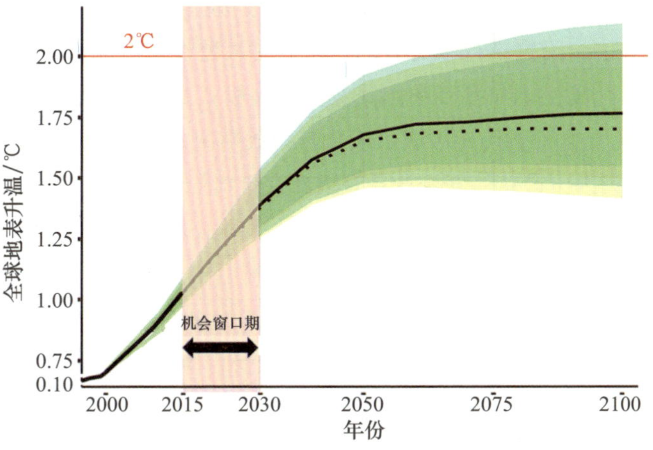

图 4.12　消除极端贫困的全球气温变化

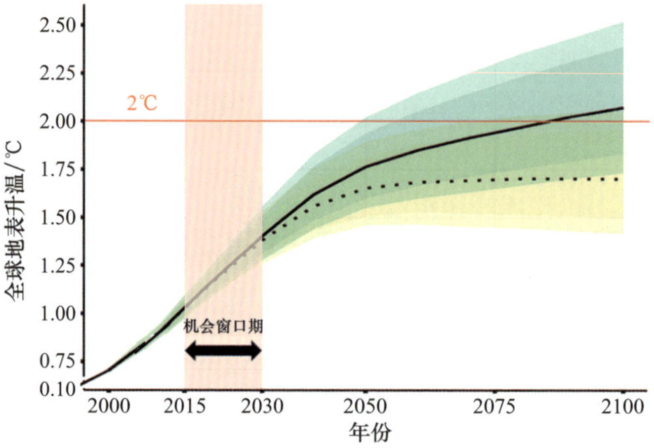

图 4.13　达到工业化国家水平的全球气温变化

在 2009 年 12 月于丹麦哥本哈根举行的《联合国气候变化框架公约》缔约方第十五次会议和《京都议定书》缔约方第五次会议上，中国政府郑重承诺，到 2020 年，单位国内生产总值碳排放量将比 2005 年下降 40% ～ 45%。根据哥本哈根气候大会商定的《京都议定书》，各方就如何减少温室气体排放、保持大气温度在合理水平达成共识。中国被认为是世界上碳排放量最高的国家，因此认为必须通过实施技术创新和制度创新来改变现状，从根本上摒弃旧的经济发展模式采取节能低碳的经济发展道路，提高能源利用效率，使人们的生活方式和消费方式合理化。

哥本哈根年会对各国碳减排义务提出了明确而具体的限制，但如何评价一个国家或地区的碳排放量，这些问题仍在讨论之中。对于哪些指标应用于科学测量，许多学者和专业人士对这一问题进行了有效的探索。有人建议每一能源单位的二氧化碳排放量可作为应对气候变化和发展中国家经济发展模式的主要评价标准。这一标准表明单位 GDP 能耗变化可能代表区域二氧化碳排放情况。也有人认为人均工业化累计碳排放量、单位国内生产总值碳排放量等最新评价指标更有可能坚持科学、公平、合理的原则。也有的表示，每单位 GDP 的二氧化碳排放量将是比较各国脱碳率的一个很好的指标。除上述指标外，人均碳排放指标是衡量区域碳排放水平和强度的重要指标。人均碳排放量指标出现在许多研究领域，因为许多学者认为它是反映区域公平规则的更好选择，从而保护发展中国家的利益。例如，有研究使用差异（difference in difference，DID）方法，估计了五个北欧国家的实际缓解效果，研究了二氧化碳排放量与人口规模之间的统计关系的区域和时间差异。另有人采用多重间歇时间序列法考虑了 16 个早期发达国家 1870—2028 年的人均碳排放趋势；也有人根据中国的重心计算了中国1995—2005年的人均碳排放量及其变化趋势、特征和解释，并基于广义费雪价格指数法（GFI）计算了中国人均碳排放分解因子分析模型；还有人开发了一个条件均衡校正模型（ECM），用于量化澳大利亚人均GDP和人均碳排放量之间的关系。也有使用似乎无关的回归增强迪基—福勒（SURADF）单位根检验来确定经合组织国家是否支持人均碳排放的随机收敛和β收敛；有根据区域公平的原则，以人均碳排放量作为衡量中国各省碳排放状况的指标，但各省的经济和环境状况差异很大。此外，近年来，数据包络分析（DEA）被广泛应用于环境或能源效率的研究，例如，利用不同的DEA模型评估OECD国家和其他地区在宏观层面上的二氧化碳排放性能，并提出了一种非参数前沿方法来模拟人口、GDP、能源消耗和二氧化碳排放之间的关系；也通过建立基于曼奎斯特指数的MCPI模型，并用它测量了全球碳排放量最高的18个国家的碳排放效率；以及利用含有非期望输出的DEA模型建立曼奎斯特指数，研究中国碳排放绩效的动态变化。

4.4 总结

消除极端贫困对碳排放的影响甚微，而富裕阶层的收入增长以及他们的生活方式才是影响碳排放量的主要因素。物质上的富足、城市化及相关生活方式的改变、基础设施的投资建设是产生环境问题的根本原因。人类应秉持乐观的态度应对未来的气候变化问题，通过研究碳排放的变化规律采取必要的行动减缓全球温度上升，在世界范围实现经济、社会和环境的可持续发展。我们建议：

（1）要加大产业结构优化力度，促进低碳产业发展。政府可以通过行政和经济手段，促进高耗能重工业的资源整合，限制高碳工业的发展。发展第三产业要有目标，因为第三产业国内生产总值的能源强度不到第二产业的四分之一。2012年，中国第三产业占总规模的44.6%，而发达国家占总规模的三分之二，因此，中国第三产业的发展仍然具有很大的潜力。要着力积极发展现代服务业和高新技术产业，利用金融手段支持信息产业、生态产业、新能源产业等绿色产业发展。

（2）要从根本上改变高投入、高能耗、高污染、低效率的增长方式，实行集约型增长方式，而不是粗放型增长方式。经济发展导致的人均碳排放增长的四分之一被能源效率的提高所抵消，因此节能和提高能源效率是最有效的减排途径。根据中国能源发展战略与政策研究小组的研究，高耗能产业单位产品能耗比世界先进水平高21%。这表明，未来中国在继续提高能源利用效率、降低单位国内生产总值碳排放量方面仍有很大潜力。减缓人均碳排放量的增长，中国应积极鼓励低碳技术的开发和应用，利用高科技手段改造钢铁、水泥等高碳产业，促进产业内的创新和升级，重点推广和应用先进的减排技术。中国还可以加强国际合作，从发达国家引进洁净煤技术等先进节能技术并加以推广，鼓励相关单位使用清洁发展机制（CDM）、碳捕获和储存技术（CSS）。此外，中国可以通过多种途径加强能源管理，提高能源利用效率。比如，可以制定和完善相关法律法规，通过制定各行业强制执行的碳强度标准，通过经济激励鼓励家庭采用低碳生活方式，促进低碳经济的发展。

（3）优化能源消费结构。分解结果表明，能源结构对人均碳排放量的增长有一定的抑制作用，但这是因为近 10 年来，以煤炭为主的能源消费结构没有发生明显变化。中国的煤炭能源消费结构意味着很难迅速改变，但是，积极增加油气进口，发展新能源和可再生能源，逐步降低煤炭在能源消费总量中的比重，是中国改善能源结构的长期目标。中国拥有丰富的水电、风能和太阳能资源，但目前制约可再生能源发展的主要因素是成本和技术。因此，政府需要通过贷款、税收和其他措施支持新能源。通过开发利用新能源和可再生能源，建立新的"低碳"甚至"零碳"能源体系，可以减缓人均碳排放量的增长。

各地区人均碳排放的现状和趋势存在显著差异，因此，缩小地区人均碳排放差距的努力将有助于降低其增长率。要实现中国的节能目标，必须消除流通壁垒，实现低碳技术在区域内的共享和资源的自由流动，保证低碳技术的优化配置。

参考文献

ANDRICH M A, IMBERGER J, OXBURGH E R, 2010. Raising utility and lowering risk through adaptive sustainability: society and wealth inequity in Western Australia[J]. Journal of sustainable development, 3(3): 14-35.

ARIKAN G, 2011. Economic individualism and government spending[J]. World values research, 4(3): 73-95.

BALAND J, BARDAN P, BOWLES S, 2007. Inequality, cooperation, and environmental sustainability[M]. Princeton: Princeton University Press.

BOYCE J K, NARAIN S, STANTON E A，2007. Reclaiming nature: environmental justice and ecological restoration[M]. London: Athem Press.

BREZNAU N，2010. Economic equality and social welfare: policy preferences in five nations[J]. International journal of public opinion research, 22(4): 458-484.

BUTLER C D, 2002. Inequality and sustainability[D/OL]. Canberra: Australian National

University. https://digitalcollections.anu.edu.au/handle/1885/46233.

COBURN D,2004. Beyond the income inequality hypothesis: class, neo-liberalism, and health inequalities[J]. Social science & medicine, 58(2004): 41–56.

CONSTATINI V, MARTINI C, 2006. A Modified Environmental Kuznets Curve for sustainable development assessment using panel data[J]. Int. J. global environmental issues, 10(1/2): 84-122.

DORLING D, 2010a. Is more equal more green? [M] London: University of Sheffield.

DORLING D, 2010b. Social inequality and environmental justice[J]. Environmental scientist, 19(3): 9-13.

DULAL H B, FOA R, KNOWLES S,2011. Social capital and cross-country environmental performance[J]. Journal of environment & development, 20(2): 121–144.

EMERSON J, LEVY M, ESTY D C, et al., 2010. 2010 environmental performance index[M]. New Haven: Yale Center for Environmental Law and Policy.

GALLI A, KITZES J, WERMER P, et al.,2007. An exploration of the mathematics behind the ecological footprint[J]. Ecodynamics: the prigogine legacy, 2(4):249–256.

HAUPT J, 2012. Unexpected connections: income inequality and environmental degradation[EB/OL].(2012-2-13). Http://www.shapingtomorrowsworld.org/hauptInequality.html.

HEATH Y, GIFFORD R, 2006. Free-market ideology and environmental degradation: the case of belief in global climate change[J]. Environment and behaviour, 38(1): 48-71.

HOLLAND T, PETERSON G D, GONZALEZ A, 2009. A cross-national analysis of how economic inequality predicts biodiversity loss[J]. Conservation biology, 23(5): 1304-13013.

LAWN P, CLARKE M, 2010. The end of economic growth? A contracting threshold hypothesis[J]. Ecological economics, 69(11): 2213–2223.

MAGNANI E, 2000. The Environmental Kuznets Curve, environmental protection policy and income distribution[J]. Ecological Economics, 32(3): 431-443.

MIKKELSON G M, GONZALEZ A, PETERSON G D, 2007. Economic inequality predicts biodiversity loss[J]. PLoS ONE, 2(5): e444. Doi: 10.1371/journal.pone.0000444.

MORAN D, WACKERNAGEL M, KITZES J A, et al., 2008. Measuring sustainable development — nation by nation[J]. Ecological economics, 64(3): 470-474.

PAPANYOTOU T,1993. Empirical tests and policy analysis of environmental degradation at different stages of economic development[J]. Pacific and Asian journal of energy, 4(1): 23-42.

SHAFIK N,1994. Economic development and environmental quality: an econometric analysis[J]. Oxford economic papers, 46: 757-773.

STEG L, SIEVERS I, 2000. Cultural theory and individual perceptions of environmental risks[J]. Environment and behaviour, 32(2): 250-269.

WILKINSON R, PICKETT K, 2010. The spirit level: why equality is better for everyone[M]. New York: Penguin Books Ltd.

WWF, 2010. Living planet report 2010[R/OL]. Gland: WWF International. [2021-9-29]. Http://wwf.panda.org/about_our_earth/all_publications/living_planet_report/.

YANG J, YANG Z, SHENG P, 2011. Income distribution, human capital and environmental quality: empirical study in China[J]. Energy procedia, 5: 1689–1696.

5

联合国可持续发展目标与可持续福祉的模拟检测

罗伯特·科斯坦萨

联合国共制定了 17 个可持续发展目标。我们使用定量工具将可持续发展目标纳入经济规划，包括各种指标和目标，涵盖一系列社会、经济、治理和环境问题。分析和评估目标之间的复杂关系表明，可持续发展目标与其他社会、财政、经济和环境变量有关。然而，尽管可持续发展目标与上述变量之间存在着巨大的相互联系，但并非所有可持续发展目标都是正相关的，事实上，有些可持续发展目标可能对其他可持续发展目标产生负面影响，这迫使政府和政策决策者在不同的目标之间进行仲裁。例如，制造业增加值可能导致化石燃料消耗量的增加，从而导致化石燃料补贴的减少。此外，我们建议采用一个原型模型来分析政策对可持续发展目标的影响。可持续发展目标之间复杂而牢固的关系可能导致其相互影响，甚至产生负面影响，从而相互干扰。因此，政策和决策者必须有一个量化工具。

2015年联合国所有会员国通过的《2030年可持续发展议程》，为人类和地球现在乃至未来的和平与繁荣提供了共同蓝图，其核心是17项可持续发展目标，这是所有国家——发达国家和发展中国家——在全球伙伴关系中采取行动的紧急呼吁。人类认识到，消除贫困和其他剥削必须与改善健康和教育、减少不平等及刺激经济增长的战略齐头并进，并应该同时应对气候变化，努力保护我们的海洋和森林。《2030年可持续发展议程》宣布了17个可持续发展目标（SDGs）和169个分目标，展现了这个新全球议程的规模和雄心。这些SDGs解决了可持续发展中的一些系统性障碍，要让所有人享有人权，实现性别平等，增强所有妇女和女童的权能。它们是一个不可分割的整体，并且覆盖和平衡可持续发展的三个方面——社会、经济和环境。此外，可持续发展目标适用于所有国家，而不仅仅是发展中国家，是全球化的目标。可持续发展目标议程提供了触发系统性的机会，改变以建立一个日益相互联系的可持续未来世界。

从地质、地理的角度来说，这属于一个新的年代。人类对地球系统的影响是如此之大，以至于一个新的地质时代——人类世已经开始（图5.1）。我们现在生活在“人类世”。我们需要更多地考虑现在地球所受到的影响，同时采取更加智慧、有效的行

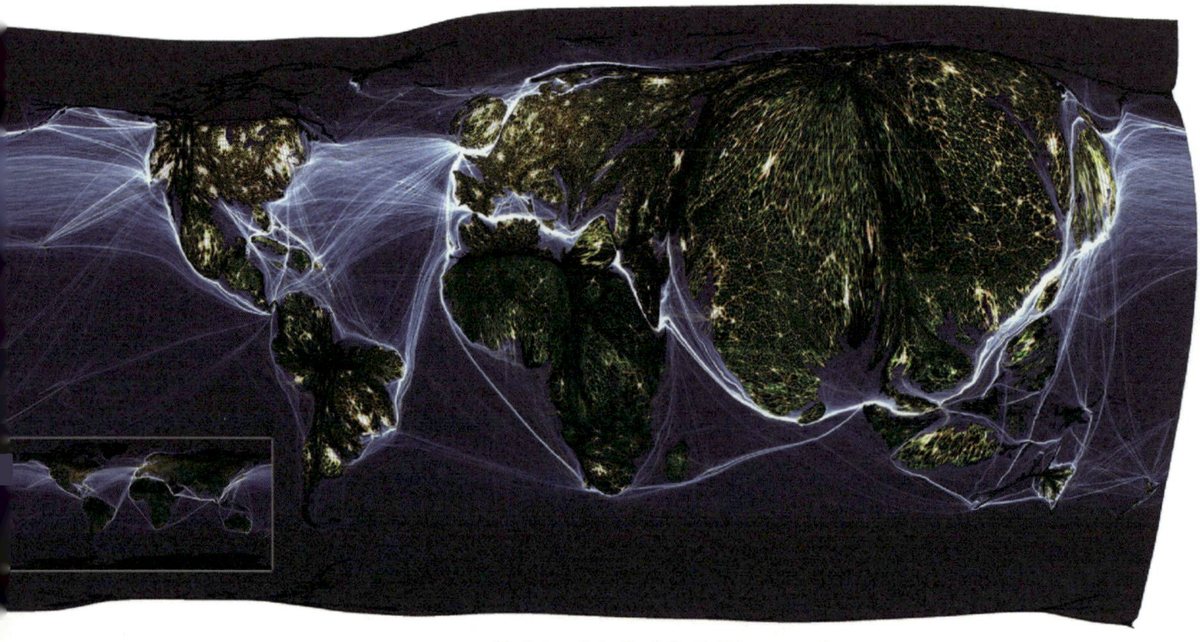

图5.1 “人类世”地图

注：本图由本杰明·D·海宁（Benjamin D. Hennig）与GLobaia. org网站合作完成。

动。要获得可持续健康的人类环境和生活，我们将会面对一系列的挑战，重要的是发展更加综合性的系统，并且思考这样一些问题：我们希望世界是什么样的？我们如何设计未来？从分析角度来说，会有不同的系统分析和系统考虑，又由于社会的不同，部门的不同，要多元化、系统地解决人类社会的问题，并从制度上相信这些解决方案是可以实现的。

5.1　联合国可持续发展目标

可持续发展目标建立在各国和联合国，包括联合国经济和社会事务部，几十年工作的基础上。其历程可以简述如下：

1992 年 6 月，在巴西里约热内卢举行的全球首脑会议上，178 个国家通过了《21 世纪议程》，这是一项建立全球可持续发展伙伴关系以改善人类生活和保护环境的全面行动计划。

2000 年 9 月，在纽约联合国总部举行的千年首脑会议上，会员国一致通过了《千年宣言》，首脑会议制定了八项千年发展目标，以便到 2015 年减少赤贫。

2002 年南非可持续发展问题世界首脑会议通过的《约翰内斯堡可持续发展宣言》和《执行计划》，重申了国际社会对消除贫穷和保护环境的承诺，并在《21 世纪议程》和《千年宣言》的基础上进一步强调多边伙伴关系。

2012 年 6 月，在巴西里约热内卢举行的联合国可持续发展会议（“里约 +20”）上，会员国通过了成果文件《我们希望的未来》，其中决定启动一个进程，制定一套以千年发展目标为基础的可持续发展目标，并设立联合国可持续发展问题高级别政治论坛。“里约 +20”会议的成果还载有执行可持续发展的其他措施，包括今后发展筹资工作方案、小岛屿发展中国家等方面的任务规定。

2013 年，大会成立了一个由 30 名成员组成的公开工作组，就可持续发展目标提出建议。

2015 年 1 月，大会开始了 2015 年后发展议程的谈判进程，这一进程的高潮是随后在 2015 年 9 月的联合国可持续发展峰会上通过了以 17 个可持续发展目标（SDGs）为核心的《2030 年可持续发展议程》。

2015 年是多边主义和国际政策形成的里程碑式的一年，通过了几项主要协定：《2015—2030 年仙台减少灾害风险框架》（2015 年 3 月），《亚的斯亚贝巴行动议程》（2015 年 7 月），《2030 年可持续发展议程》及其 17 项可持续发展目标，《巴黎气候变化协定》（2015 年 12 月）。

现在，一年一度的可持续发展问题高级别政治论坛是联合国落实和审查可持续发展目标的中心平台。

今天，联合国经济和社会事务部（经社部）可持续发展议程被视为可持续发展目标，包括水、能源、气候、海洋、城市化、运输、科学和技术，提供实质性资助建设全球可持续发展、伙伴关系和小岛屿发展中国家。经社部在评价联合国全系统执行2030年议程以及与可持续发展目标有关的宣传和外联活动方面发挥着关键作用，为了使2030年议程成为现实，可持续发展目标必须转化为所有利益攸关方执行全球目标的坚定承诺。经社部的目标是帮助促进这种参与。

联合国可持续发展目标不仅是指经济的增长，还要解决平等、保护自然环境、改善气候问题、提高优质教育等问题。这是人类社会第一次所有国家都同意的一个共同目标，近几年的发展就是如何实现这些目标（图5.2）。

经济和社会如何发展变化有三个主要目标和问题：经济可持续规模、社会公平分配、经济有效分配。经济分配不仅仅是市场分配，还包括资源分配，包括我们地球的界线、气候的变化，还有其他的界线。遵循可持续发展，我们就要尊重这些界线。

图5.2　2030年可持续发展目标

5.2 可持续发展模型的建立

5.2.1 模型如何建立

首先我们要开发综合、有活力的分析模型，利用模型制作社会生态系统，我们在不同领域需要做不同规模的工作，需要综合考虑经济、社会、生态系统。同时还需要测量可持续健康状况，包括 GDP。实际上 GDP 现在已经不是一个非常全面的测量指标，GDP 在经济方面已经过时了。以前人们只关注市场和经济发展，但是这是不全面的，思考一个经济社会的发展状态，现在人们称作“实证经济学”，这种经济学的运用才能让整个社会健康发展。

很多消费并没有为人们的健康做出重要贡献，人们需要更多地了解我们的未来：我们想要什么样的未来、需要什么样的社会、需要创造一个什么样的世界，通过调研、研究、规划等为未来定下目标。

实现这些目标将会面临巨大的挑战，因为目标之间存在着千丝万缕的关联，在完成主要目标时，次要目标和小目标有可能会妥协，但是他们之间又相互联系。因此，为了更好地了解他们的关联，就要做很多工作，做不同的建模任务。怎样建立更加细化的建模版本？如何了解那些复杂的东西是如何关联的？这就需要将他们集合起来，综合评估，这正是挑战所在。其次，运用计算机能力，建立这样的模型（图 5.3）还需要比较强大的集成能力去保证完成任务，这是更难的工作，超过计算机的计算能力，也是中国科学家需要做的工作。

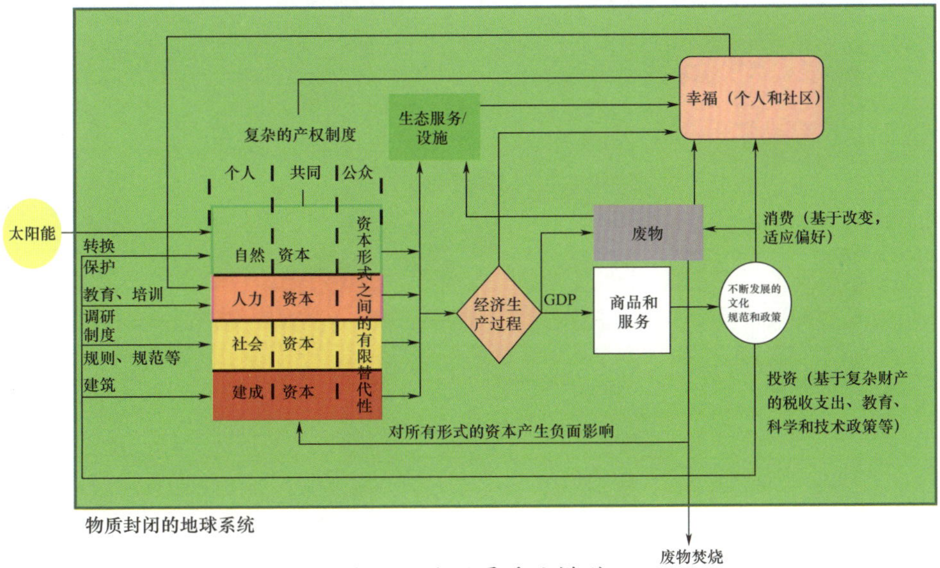

图 5.3 全世界系统模型

综合模型的建立需要更加智能、多元化，从不同维度考虑，同时也需要建立公共意识。由于很多问题有许多不确定性，比较难预测，也有可能一些模型是错误的，但是它们又接近真实，这时就需要看到问题的本质，意识到它们的价值，这很重要，也将是长期出现的一个现象，所以要从建模角度了解整个系统。

5.2.2 模型建立与生态关系

建立模型更需要考虑生态服务的价值，各个维度、各种因素都需要考虑。例如，人类活动圈和生物圈，对比一下可知，历史发展过程都是相互联系的，模型有世界三型，图 5.4 是岩石圈，它能覆盖各种各样的角度，能够在更大程度上保持精度。同时以

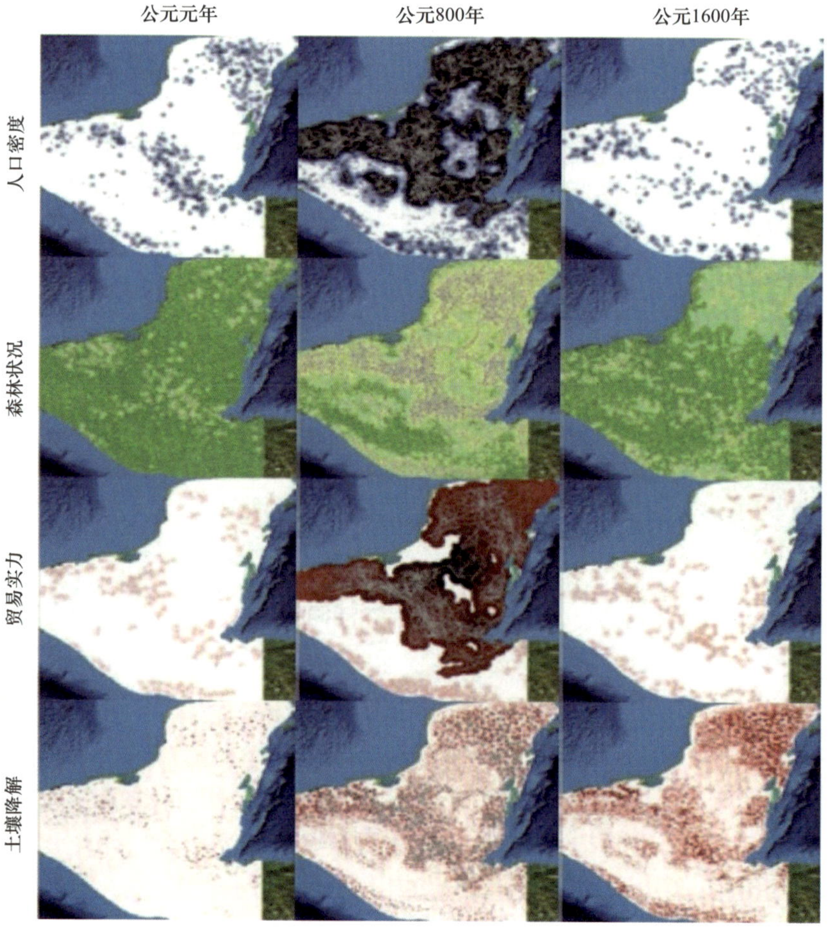

图 5.4　人口密度、森林状况、贸易实力和土壤降解，间隔 800 年

这种方式可以做区域尺度分析，或者从时间角度分析不同的模型。

5.2.3 流程分析法

对于玛雅文化（图 5.5）兴衰的分析，从历史角度来看，它为什么会衰落，为什么会带来那样的结果，对可持续发展有什么影响，这都是基于流程分析法的。虽然它们跨越了 600 多年的分析尺度，但对于人类来说应该是比较容易掌握的，并且可以操控。

图 5.5 玛雅文化图腾

5.2.4 多角度综合模型

这种建模方式是基于不同的、独立的变因，在同样的时间或空间维度里面会有不同的表现，我们要研究的是如何把各种参数加入到这个模型里，并且做出更好的预测。它是一个多角度综合模型，能把不同系统元素都考虑进去，研究其如何产生影响，跨越不同的时空范围，这就是研究方向（Dearing et al.，2012；图 5.6）。

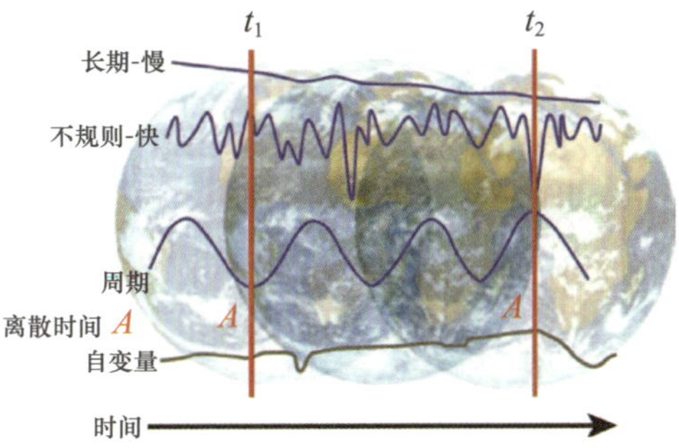

图 5.6 多角度建模

5.2.5 综合模型

《2030年可持续发展议程》指出，可持续发展目标是综合的、不可分割的，应当平衡可持续发展的经济、社会和环境层面。综合模型要求加强财政、货币、贸易和发展政策目标之间的协调和一致，这也意味着制定相互加强的政策，使政策共同努力实现国家目标，同时避免或尽量减少其他政策领域的负面影响。

联合国经社部一直在研究新的模式和工具，以支持政府官员分析旨在制定连贯政策的政策协同作用和权衡。联合国开发计划署（开发计划署）和联合国经社部支持各国政府在气候、土地、能源和水系统方面从部门决策过渡到综合决策。综合模型是同时考虑粮食、能源和水安全的工具，这些模型旨在评估这些资源的生产和使用可能对气候变化做出何种贡献，以及气候变化可能对资源系统产生何种影响。利用综合建模工具，可为可持续发展政策提供信息，并建立一个系统，支持联合国各部门在综合评估和评价气候、土地、能源和水系统之间的相互作用和相互影响的模拟研究和决策。

5.3 幸福指数

5.3.1 幸福指数和国民幸福总值

国民幸福总值是不丹第四代国王吉格梅·辛格耶·旺查克（Jigme Singye Wangcuck）在20世纪70年代提出的一个术语，这个概念意味着可持续发展应该对进步的概念采取全面的方法，对福祉的非经济方面给予同等的重视。国民总幸福指数是一个单一的数字指数，由9个领域的33个指标发展而来，国民幸福总值（GNH）索引是基于一种被称为“Alkire-Foster”方法的稳健多维方法构建的。

国民幸福总值的概念常常由其四大支柱来解释：善政、可持续的社会经济发展、文化保护和环境保护。最近，这四大支柱被进一步划分为9个领域，以便广泛了解国民生产总值，并反映国民生产总值的整体范围。这9个领域是：心理健康、身体健康、教育、时间利用、文化多样性和复原力、善政、社区活力、生态多样性和复原力以及生活水平。这些领域代表不丹人民福祉的每一个组成部分，这里的“福祉”一词是指按照国民幸福总值概念所规定的价值观和原则，满足“美好生活”的条件。

5.3.2 “GDP”不是唯一标准

目前各个国家喜欢用GDP作为主要指标来评判一个国家的发展，这其实是错误的，GDP的发明人也在警告人们不能过度使用这个评判标准，GDP只测量经济活动和市场活动，它只是一个狭义的指标，但是它现在已经成为发展的代名词。人们逐渐意识到生态环境的保护是人类共同的目标，它关系到人们的幸福指数，习近平主席说“绿水青山就是金山银山”，中国也逐渐意识到生态环境的重要性，它关系到人们的幸福指数。

发展和生态环境是相辅相成的，生态文明的创建基于人们的幸福感、生活质量、生活环境，而不只是 GDP 发展。生活质量与幸福是比较复杂的关系，并不是人们消费越多就越幸福，需要从多角度思考相互间的关系：消费安全、消费感觉、参与度等方面，以及主观的幸福感如何联系到个人的具体生活，有机会将这样的需求与人们的幸福感联系在一起，如何排序人们目前的资产，如何看待人们的资本，如何使用资产，这些都是相关的因素。

5.3.3 生态系统与幸福感

评估世界生态系统服务和自然资本的价值，就是要评估生态系统是怎样贡献给人们幸福感。1997 年的研究表明，总服务的价值能够服务大家，并且也能够超过当时世界 GDP 数据的总和，但是如何对地球进行定价，如何进行估值，这其中有一些重大的区别，很多数据并没有考虑到市场变化。

怎样管理好自然资本的价值，这需要不同的研究机构做出贡献，中国在这方面做出了很多贡献。过去，人们占用公共产品变为私人产品，对生态环境造成了很大的破坏，人们也失去了资源带给人类的福利。因此，对社会来说最好的投资收益就是保护好、维护好环境。自然资本是最好的投资，现在应该是中国比较活跃的阶段，并且已经投入了不少的资本。

5.3.4 GDP 与 GPI

我们评估了目前全球生态服务价值是如何变化的，在 1997 年到 2011 年间，美国政府花费了 20 亿美元治理沙漠化和环境问题，人类在发展中因牺牲自然环境而付出了巨大的代价。因此，不能以 GDP 作为唯一的目标，人们应该成熟地看待问题，考虑多种指标。目前，世界上出现了很多指标参数和技术，可以测量人们的幸福感，评估人们的满意度，比如真实发展指数 GPI，可以评估一个国家的真实情况。

传统 GDP 统计只强调生产和市场总值，而忽略随着经济的发展所带来的资源、人力和环保等方面的负面问题。如果一味追求每年 GDP 的增长百分比又不注意 GDP 的增长带来的环境资源的过度消耗、对人力不合理使用以及生态环境的破坏等问题，那么必然会对社会经济产生负面冲击。以美国为例，其 GPI 指数从 1950 年到 1980 年有一个稳步持续的增长，但是到 80 年代之后，GPI 增长就一直处在停滞状态，一直没有什么变化（图 5.7）。

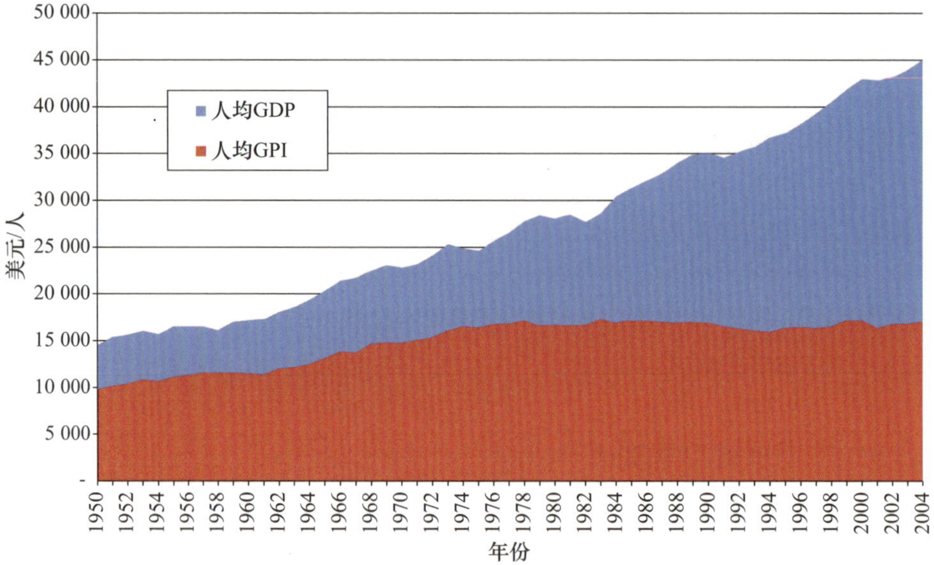

图 5.7 美国 GDP 数值和 GPI 数值

从另一个角度看美国的状态，在 20 世纪 50 年代，其 GDP 和 GPI 基本上持续同步增长，在 80 年代一定程度上相交，但在 1980 年之后，GDP 迅速上涨，而人们的生活满意度却一直在下降，这就是美国的现状（Kubiszewski et al.，2013，图 5.8）

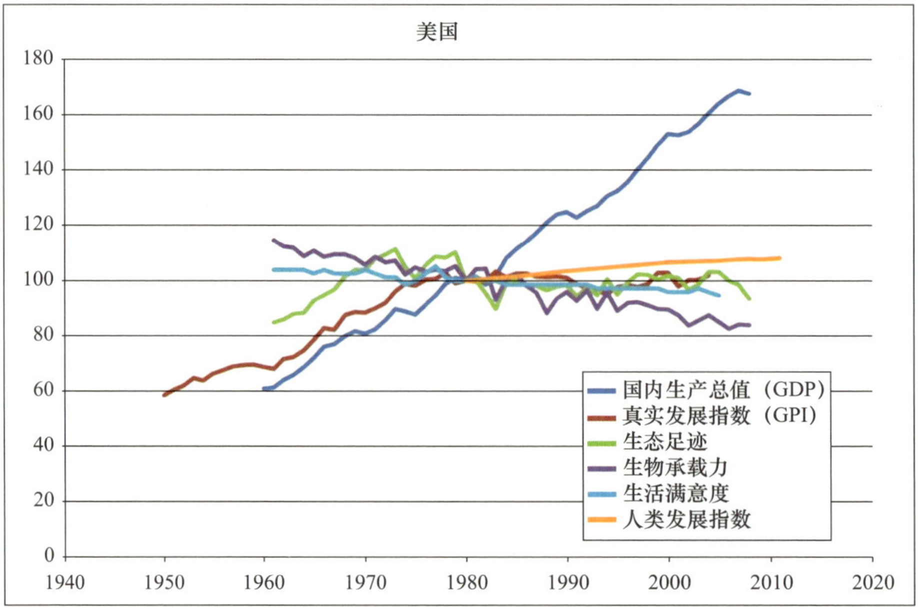

图 5.8 美国各项指标对比

5.3.5 中国的现状

中国的 GDP 一直快速增长，增长速度远远超过了美国，但 GPI 增长到一定程度，增速就开始放平缓（Kubiszewski et al.，2013，图 5.9），原因是人们的生活环境不断被破坏——水污染、空气污染、土壤污染等，这些环境因素影响着 GPI 数值。所以不能只考虑 GDP，GDP 没有考虑到技术层面的变化，不是真实的表现，GPI 的上升才能更好地代表国家的发展水平。

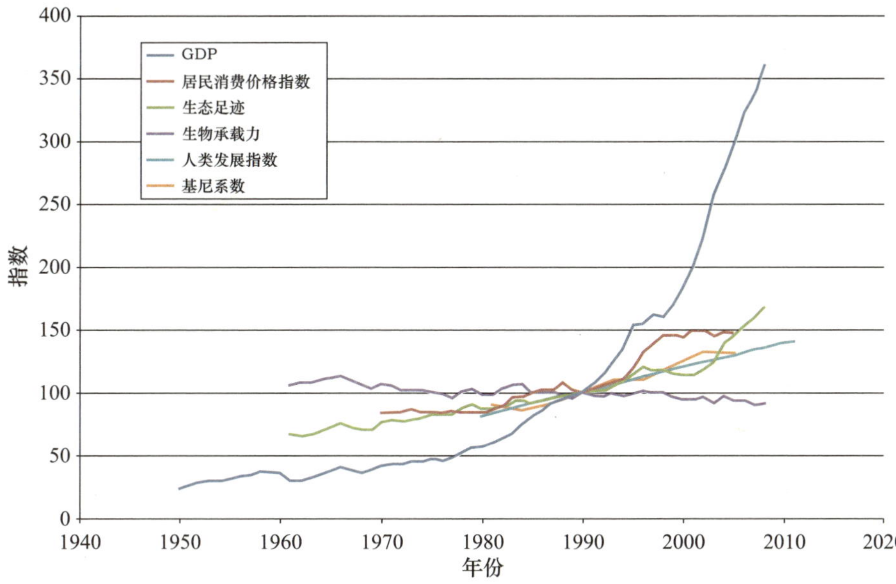

图 5.9　中国各项指标对比

发展只保证了基础的 GPI 得到满足，并没有考虑到一些积极因素，比如说自然资本、生态服务，以及其他的一些积极作用，如人类或者社会资本方面的贡献。人们通常只考虑成本，但是没有关注效益。这也是近几年研究的方向——怎么创造更加全面、更加综合的指标，包括一些比较主观的指标，如满意度和幸福感，也包括生态服务方面的评估，它是来自不同方面的内容。

5.4 未来世界是什么样的?

未来世界是什么样的，需要对未来进行发展评估，这是一个非常有效的方式，可以讨论出下一年的趋势：GPI应该达到什么程度，应该有哪些方面的变革和发展，研究当下的一些情况，考虑一直按照一个方针发展会有什么成果等，这些问题之间都是相互关联的，都需要在可持续发展的机制下进行。

未来是什么样子，艺术家可以通过电影、电视剧等多种演绎形式对未来生活进行想象，创造一个比较积极、令人向往的未来。

生态服务的未来是什么，有什么意义，对不同的生活因素有什么影响，要从生态服务角度去看问题。通过网上调查，让公众进行讨论，问公众想要一个什么样的未来，公众给出的答案往往都是希望社区能够幸福，人们可以平等，环境可以得到改善，对于国家政策的制定，民众可以参与，可以表达个人的意见。像这样创造共识，创造共同的目标，才可以获得人们理想中的未来。

在SDGs的目标和指标中，我们提出了一个极其雄心勃勃和变革性的愿景：我们设想一个没有贫穷、饥饿、疾病和匮乏的世界，在那里所有的生命都能茁壮成长，我们设想一个没有恐惧和暴力的世界，一个普及文化的世界，一个公平和普遍获得各种优质教育、保健和社会保护的世界，在这个世界里，人们的身体、精神和社会福利都得到保障。在这个世界里，我们重申我们对享有安全饮用水和卫生设施的人权的承诺，并改善卫生状况；在这个世界里，粮食是充足、安全、负担得起和有营养的；在这个世界里，人类的栖息地是安全的、有弹性的和可持续的，并且普遍能够获得负担得起的、可靠的和可持续的能源。

SDGs为我们设想了一个普遍尊重人权和人的尊严，法治，正义，平等和不歧视，尊重种族、族裔和文化多样性，机会平等的世界，使人的潜力得以充分发挥，并有助于共同繁荣；一个为儿童投资的世界，在这个世界里，每个儿童都在没有暴力和剥削的环境中成长；在这个世界上，每个妇女和女孩都享有充分的两性平等，并消除了赋予她们权力的所有法律、社会和经济障碍。一个公正、公平、宽容、开放和社会包容的世界，在这个世界里，最脆弱者的需求得到满足。

SDGs还为我们设想了这样一个世界，在这个世界里，每个国家都享有持续、包容和可持续的经济增长以及人人都享有体面工作；在这个世界里，从空气到陆地、从河流、湖泊和含水层到海洋的所有自然资源的消费和生产模式以及使用都是可持续的。其中民主、善政和法治以及国家和国际一级的有利环境对于可持续发展，包括持续和包容性的经济增长、社会发展、环境保护以及消除贫穷和饥饿至关重要。一种技术的开发和应用都会对生境和气候产生一定的影响，人类应该更多地关注开发和应用尊重生物多样性并具有弹性的技术，确保人与自然的和谐共处，以及野生动物和它们的生境受到保护。

SDGs成为我们的共同原则和承诺，遵循《联合国宪章》的宗旨和原则，包括充分尊重国际法，它以《世界人权宣言》、国际人权条约、《千年宣言》和 2005 年世界首脑会议成果文件为基础，《发展权利宣言》以及《里约环境与发展宣言》的所有原则，除其他外，包括原则 7 所载的共同但有区别的责任原则。这些挑战和承诺是相互关联的，需要综合解决。为了有效地解决这些问题，需要一种新的方法。可持续发展认识到，消除一切形式和层面的贫穷、消除国家内部和国家之间的不平等，保护地球，创造持续、包容和可持续的经济增长以及促进社会包容的世界。

5.5 幸福经济“WE”与幸福经济联盟“WEA”

人类的生命支持系统正在以当前经济结构的名义退化。与此同时，全球不平等问题愈发严重，孤独、抑郁、慢性疾病、过度劳累的人口、失业等，这样的例子不胜枚举。需要一个新的经济系统，一个可以带给人很高的幸福指数，可以将彼此重新连接起来，一个安全、健康、幸福的世界（图 5.10）。

WELLBEING
ECONOMY
ALLIANCE

图 5.10　幸福经济联盟（WEA）标志

世界各地有很多人在考虑类似的问题，但他们往往是孤立和脱节的，没有得到很好的协调，所以需要创造一个可以相互联系的空间，从有效的东西中学习，收集连贯的故事，创造有灵感的平台，并建立一个理论和实践的体系。这需要各方面的人团结起来，包括一些政府力量。在苏格兰举办过一个会议，有五个国家参加会议，哥斯达黎加、斯洛文尼亚、新西兰、英国、瑞典，这些国家的政府贡献一定的力量并且讨论他们共同关心的问题，如何建立一个联盟，解决共同的问题。未来 WEA 五国组织的集团，需要转移重点，不要只关注 GDP，更加要关注人们的幸福感，幸福才是实现可持续发展的主要目标。同时，通过该组织分享在制定福利政策方面的良好做法，将维护福利作为发展目标。随着时间的推移，希望这一联盟可以成为八国集团（G8）或二十国集团（G20）等传统集团的替代品。这项倡议得到了一个广泛的全球福利经济联盟的支持，该联盟汇集了许多组织：网络上、学术界、企业界、非政府组织和已经在研究新经济要素的个人。我们所有人的目的都是为了协调和促进围绕创造可持续的福利经济这一共同目标正在进行的广泛努力。

一场全球性的运动正在许多个人和组织中凝聚，围绕着将经济从狭隘地关注市场商品和服务（即 GDP）转变为更广泛地关注“可持续福祉”的需要。联合国可持续发展目标是朝着这个方向迈出的一步，包括一系列远远超出国内生产总值增长的 17 个目标，其中包括消除饥饿和贫穷、减少性别和总体不平等、就气候变化采取紧急行动以及恢复海洋和陆地生态系统。以 GDP 衡量，我们目前的经济体系已经沉迷于“不惜一切代价的增长”。人们认为，GDP 增长是幸福和繁荣的同义词。然而，这种做法导致了日益严重的不平等、不断升级的气候危机以及自然和社会资本的枯竭。我们不再产生真正的发展，我们的经济和发展方针需要根本性转变。许多国家参加了新的福利经济联盟，以帮助促进这一转变。

那么什么是幸福经济呢？幸福经济的根本目标是实现人类和自然其他部分的有尊严和公平的可持续幸福，这与当前的经济体形成了鲜明的对比，这些经济体固守着非常狭隘的发展观，不分青红皂白地增长 GDP。幸福经济认识到经济植根于社会和自然之中，必须把它理解为一个综合的、相互依存的系统并加以管理。幸福感是多种因素共同作用的结果，包括人类良好的身心健康、更大的公平和公正、良好的社会关系和繁荣的自然环境。只有全面地实现繁荣，才能实现和维持福祉。因此，一个旨在促进福祉的经济治理体系将需要考虑经济活动的所有影响（积极和消极），这包括对来自健康社会（社会资本）和繁荣生物圈（自然资本）的商品和服务的估价，社会资本和自然资本是公共资源的一部分，它们不是（也不应该）由任何人特别拥有，而应对可持续福祉做出重大贡献。真正的自由和成功取决于一个繁荣的世界，当制度在增强我们的相互联系、培养我们的个人尊严时，它为人类服务得最好。为了繁荣，所有机构（包括企业）和社会都必须朝着一个新的目标前进：在一个健康的星球上共享幸福。

为了实现幸福经济，我们需要对世界观、社会和经济进行重大变革，以便：① 保持在行星生物物理学的界限内——在我们的生态生命支持系统内，经济的可持续规模。② 满足人类的所有基本需要，包括食物、住所、尊严、尊重、教育、健康、安全、声音和宗旨等。③ 创造并保持资源、收入和财富的公平分配——在国家内部和国家之间，在人类的当代和后代之间。④ 有效配置资源，包括共同的自然和社会资本，实现包容性繁荣、人的发展和繁荣。一个幸福的经济体应该认识到，幸福、意义和繁荣不仅仅取决于物质消费。⑤ 创建公平、公正和负责的治理体系。几十年来，有许多个人和团体支持这些基本思想。他们可能使用了不同的方式和语言，但都有共同的理念，最重要的是，有一个共同的目标。重要的是，许多个人和团体已经将幸福经济的理念付诸实践，其中包括来自世界各地的数百万活动家和各类社会企业家。我们面临的挑战是承认这些不同的倡议并协调这些声音，同时允许不同的语言与不同的受众交流。我们所有人从根本上都在努力做到这一点——推动建立一个合作、协调和统一的方式来创造一个幸福的经济。

一个以 GDP 增长为首要目标的经济体不可避免地会突破全球产能的界限。由于对未开发的资源和资产没有评估，也没有对生产和消费的质量、意义或后果做出判断，其增长与自然和社会平衡相冲突。

与这种破坏性路径相反，福利经济模式在促进人类发展的同时，特别强化了社会资本和自然资本，一个“良性循环”可以被创造出来，在这个循环中，以幸福为衡量标准的价值可以促进价值创造所依赖的人力资本和自然资本的改善。随着资源循环利用的“循环经济”模式和上行循环系统融入主流商业模式，对环境的负面影响将大大降低。GDP 模型认为免费的生态系统服务将成为全社会基础设施的重要组成部分，由新的共同资产治理机构提供支持，这些机构将人们与自然生态系统更紧密地联系起来。这种模式中的经济“增长”不在于开发自然、社会和人力资源，而在于提高人与人和人与生态系统相互作用的质量和效率，并得到适当的扶持技术的支持。

要实现向我们大家都希望的新经济、新社会的转变，需要我们作为统一战线共同努力。新的幸福经济联盟（我们大家）旨在帮助促进这一转变。

参考文献

DEARING J A, BULLOCK S, COSTANZA R, et al., 2012. Navigating the perfect storm: research strategies for social-ecological systems in a rapidly evolving world[J]. Environmental management, 49: 767-775.

KUBISZEWSKI I, COSTANZA R, FRANCO C, et al., 2013. Beyond GDP: measuring and achieving global genuine progress[J]. Ecological economics, 93: 57-68.

6

生态流域与水生态系统修复

王浩　蔡其华　蒋云钟　邵薇薇

流域生态系统在很大程度上管理不善。流域生态系统管理的目标是使水资源管理过程更有效（行政上的更有效，并符合基本生态原则）和更公平（提高管理决策的一致性）。生态流域方法是一个决策过程，反映了信息收集和分析的战略，以及对流域内所有利益相关者的角色、优先事项和责任的理解。水生态系统修复方法基于这样一个概念，即许多水质问题，如污染物的积累，最好在生态流域一级得到解决。此外，以流域为重点有助于确定最具成本效益的污染控制战略，以实现清洁水目标。生态流域适合作为组织单元，因为它们具有可识别的景观特征，具有易于识别的边界，这些边界集成了陆地、水生和地质特征。以整个流域为重点，有助于在控制点源污染和污染径流、保护饮用水资源和湿地等敏感自然资源方面达到最佳平衡。

流域是以水系为纽带形成的相对独立、不可分割的自然地理系统，是生态文明建设的重要载体。现代流域综合治理面临的问题包括水安全、水资源、水环境、水生态、水景观、水文化、水产业及水经济等各个方面，是流域水循环及其伴生过程受到气候变化和人类社会快速发展双重影响的结果，亟待创新流域治理模式（Wang et al.，2013）。

6.1 生态流域的基本概念

水是生命之源，生产之要，生态之基，是生态系统中最活跃的控制要素。在流域层面上，生态系统可以分为四个基本形态：湿地、森林、草原和荒漠，湿地的水分若不断减少，就将依次退化为森林、草原和荒漠；反过来，如果荒漠有足够的水分支撑，就会依次进化为草原、森林和湿地。因此，要想保护好生态，就要在流域层面调节合理的水分，保证生态系统不退化，维护好绿水青山。

流域是以分水岭为界所覆盖的区域，以及由水系构成的集水区。完整的流域是水问题研究和治水的基本单元。流域方法的四个主要特点是：① 确定和优先考虑流域内的水质挑战；② 增加公众参与；③ 与其他机构协调活动；④ 通过增加和更有效的监测和其他数据收集来衡量成功与否。流域方法的另一个特点是它补充和协调其他环境活动。这允许与当地公民团体、地方政府和其他机构密切合作。当所有允许的排放者都被考虑在一起时，各机构就能够更好地集中精力进行必要的控制，以产生可测量的水质改善。这也产生了一个更有效的过程：它鼓励各机构将工作人员和财政资源集中在优先的地理位置上，并使有兴趣解决水质问题的机构和个人之间的协调更加容易（Wang et al.，2009）。

当前面对的水资源、水环境和水生态问题，是流域水循环及其伴生过程受到气候变化和人类社会快速发展双重影响的结果。在气候变化和高强度人类活动的双重驱动下，现实的流域已经不再是单纯的自然水循环，而是“自然—社会”二元水循环的复合流域。其中，自然水循环是一个“产流—汇流—自净”的过程，流域大扇面的降水，通过流域地形反馈，形成河流支流、干流，湖泊湿地，整个过程能量高度集中，并具有一定的自净能力。社会水循环正好相反，是一个“分散—耗散—污染”的过程。为满足生产生活需要，人类从水源地取水后，分散到人类活动的广阔地域，是一个耗散过程，并且随着人类活动的用水排水，或多或少给水体带入了污染物（Wang et al.，2006）。

面对“自然—社会”二元水循环的新形态，迫切需要提出“生态流域”的新概念，即在发展理念上把流域的山水林田湖作为一个生命共同体，统筹考虑自然生态各要素，打通山上山下，地表地下，以及流域上下游、左右岸之间的联系，对流域进行整体保护、系统修复、综合治理和合理开发，增强生态系统循环能力，促进流域海绵体对降水的自行积存、渗透、净化，最大限度地减少人类水土资源开发对生态环境的破坏，最大限度地降低水灾害对经济社会发展的影响，维护健康流域，促进人水和谐。

健康流域不仅具有重要的生态功能，而且具有重要的服务功能，应当是生态和服务功能的辩证统一。建设生态流域，不仅应维持其生态功能，而且要可持续地满足人类经济社会发展对其服务功能的需求。

推进生态流域建设，就是要以流域水循环多过程为主线，以充分发挥流域对水循环的天然调节作用为基础，以规范人类水土资源开发活动减少对自然水循环的扰动为宗旨，以系统布局绿色基础设施（森林、草地、湿地等）与灰色基础设施（水库、堤防、渠系、泵站、水井等），以建设海绵田和海绵城市为措施，以流域地表—土壤—地下多过程、水量—水质—泥沙—水生态联合调控为手段，最大限度实现“去极值化”，系统解决流域水问题，建设健康生态流域。

对自然水循环而言，建设生态流域，一要退耕还林、封山育林，提高森林覆盖率，加大流域内部的蒸腾蒸发和水汽循环通量，增加枯水流量与生态基流，消纳污染物，减少碳排放，为人类生活提供生产要素。二要把自然水循环在产汇流过程中过度集中的能量适当加以分散，通过滞流蓄流，平坦化水文的极值过程，延长洪水过程和降低洪峰值，缓解洪水和干旱影响，更好地服务经济社会发展。三要通过建设大、中、小、微并举的灰色设施，如水库、山塘、蓄水池等，与森林等绿色设施相结合，调节流域洪水期和枯水期水量。

对社会水循环而言，建设生态流域，要提倡自律式、高效集约式用水，合理削减取水量和排污量，增强雨洪资源利用，促进流域水资源清洁循环，将社会水循环对自然水循环的影响控制在流域可接受的阈值之内，减少社会水循环对自然水循环的干扰和损害（Wang and You，2008）。

建设生态流域，要遵循自然水循环的基本规律，构建新的目标体系，即促进天然河湖水域空间保护修复，建设“源头分散、慢排缓释”的区域排水体系，形成布局合理、蓄排得当、自行净化、自行渗透、综合利用的流域立体循环系统，确保社会水循环利用不影响自然水系的水体功能，不切断植物营养素的循环通路，不产生超出流域自净能力的污染物，维系或恢复全流域的良好水生态，形成生产空间集约高效、生活空间宜居适度、生态空间健康稳定的流域体系，为实现流域经济发展、社会文明、资源再生、环境良好和生态多样提供有效支撑和可靠保障。

6.2 “去极值化”和“系统治理”是生态流域建设的重要思路

当前，我国水循环极值化及影响凸显。旱涝灾害仍是我国主要自然灾害，干旱尤其是农业干旱问题凸显，城市内涝问题愈演愈烈，山洪灾害异军突起，旱涝急转事件频发，未来旱涝形势依然严峻。水循环极值化和多种水问题交织，迫切需要充分发挥流域的自然调节能力，整体提升流域的综合调节性能。治水需建设健全流域的综合服务功能，保育“山水林田湖”生命体功能，自然与社会相协调。多种水问题交织需进行水循环过程、水生态过程、水化学过程和水沙过程等多过程的综合调控。

生态流域建设以尊重自然、顺应自然、保护自然的生态文明理念为指导，立足二元水循环原理及其伴生过程，推进对全流域的系统治理，着力解决防洪抗旱减灾、水资源开发利用、生态环境保护等方面的突出问题，充分发挥水对生态系统修复改善的基础性支撑作用，提高流域的生态承载能力，形成节约资源和保护环境的空间格局，从源头上扭转流域生态环境恶化趋势，实现绿色发展、循环发展、低碳发展（Wang et al.，2004a）。

生态流域建设应坚持“节水优先、空间均衡、系统治理、两手发力”。一是节水优先，从观念、意识、措施等各方面都要把节水放在优先位置，切实把节水贯穿于经济社会发展和群众生产生活全过程，提倡一水多用，循环利用，分质利用，全面建设节水型社会。二是空间均衡，紧扣国家主体功能区规划，坚持人口经济与资源环境相均衡的原则，加强需求管理，把水资源、水生态、水环境承载能力作为刚性约束，以水资源的可持续利用保障经济社会的可持续发展（王浩等，2003）。三是系统治理，坚持山、水、林、田、湖是一个生命共同体，用系统论的思想、方法看问题，统筹自然生态各个要素，统筹治水和治山、治水和治林、治水和治田，统筹治水、兴水、节水、管水各项工作。四是两手发力，充分发挥市场和政府的作用，明确和落实政府职能，利用市场力量优化配置水资源，建设生态流域，实现“绿水青山”与“金山银山”的双赢（Wang et al.，2004b）。

生态流域建设是一个循序渐进的过程，要采用“层层剥笋”的方式，从“绿色”到“灰色”，从坡面到河道，对全流域的水循环调节能力进行再配置、再建设。从绿色到灰色是指：依次对绿色基础设施、土壤水库、地下水库调节水量和水质的潜力进行评价，结合流域水安全和生态安全对水循环调节能力的需求，对各建设路径的调节能力进行配置，进而提出针对性的建设模式与措施。从坡面到河道是指：遵循流域产汇流规律、泥沙与污染物的产生与迁移转化规律，先对坡面调节能力进行配置与建设，实现层层拦截、利用或调节；进而结合河湖自然演变规律，进行水系整治与调节能力建设（Wang et al.，2006）。

目前，中国生态流域综合治理面临七大挑战：

（1）水安全——从 1950 年到 2013 年的 63 年间，每年旱涝灾害受灾率在 18.3% 左右波动，并每年按 0.18% 比例增长；而每年成灾率则在 6.3% 左右波动，同样每年以 0.14% 比例增长（图 6.1）。旱涝灾害是我国最主要的两大自然灾害。中国历年受灾县数最高时超过 580 个，受灾面积最高时可达 2 500 万 hm^2（图 6.2）。另外，自 2000 年以来，旱涝急转事件逐渐呈现出频发态势，淮河流域旱涝急转事件的平均笼罩范围为 17.35%。值得注意的是，雨带会北移，但“南涝北旱”的大格局不会改变。同时，干旱程度总体上在加重，干旱中心向西和南推移。整体洪涝风险、城市与城市群的内涝风险进一步加大，新型旱涝灾害风险与沿海地区同时发生海潮的概率加大。

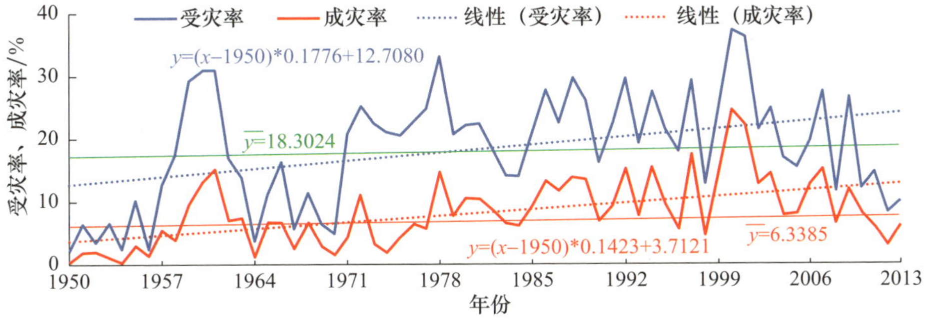

图 6.1　中国历年自然灾害受灾率及成灾率

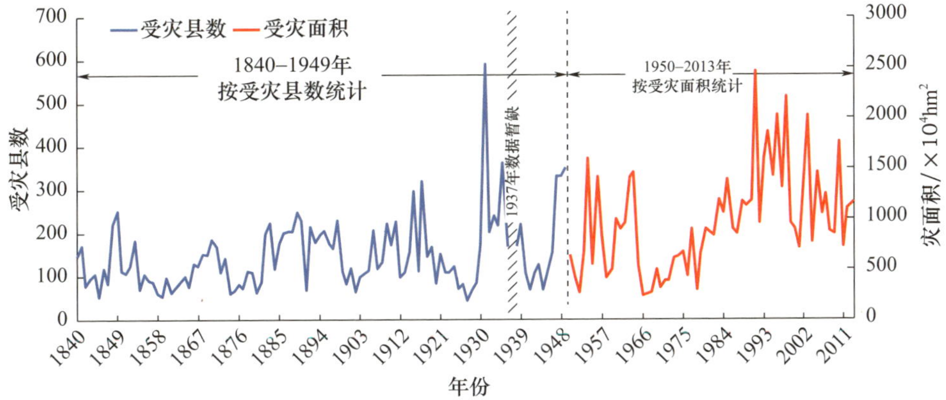

图 6.2　中国历年受灾县数量及面积

（2）水资源——供水：2007 年 6 月，江南北部、江淮大部、华北北部、东北大部及海南、云南西北部、新疆、西藏部分地区降水量偏少，其中辽宁东部，吉林中部、东部，黑龙江东南部，内蒙古东南部等降水量地偏少 5 成以上。同年 7 月，江南、华南大部、华北、东北大部及宁夏、内蒙古中部、东部降水量偏少，其中江南中部、南部与华南中部、东部及黑龙江北部，内蒙古东北部，宁夏等地降水量偏少 5 ～ 8 成。2011 年，长江中下游地区 6 省发生了严重的春夏连旱，受旱区域十分集中，旱情发生在该地区的主汛期，又是春播、春插的关键期，给粮食作物生长带来极大影响，由于抗旱水源短缺，旱情影响范围逐步从农业发展到人畜饮水。

（3）水环境——治污：全国 423 条主要河流、62 个重点湖泊（水库）的 968 个国控地表水监测断面（点位）、4 896 个地下水监测点位中，劣于Ⅲ类水水质位点占到 35.1%；Ⅲ类水占 24.3%，Ⅱ类水 36.0%，Ⅰ类水仅占 4.6%（图 6.3）。

（4）水生态——河湖健康：全国 2461 个县域中，生态环境质量为“优”“良”“一般”“较差”和“差”的县域分别有 558 个、1 051 个、641 个、196 个和 15 个；其中“一般”及以下的县域占 34.6%。水问题不论其表现形式如何，都可归结为流域水循环分项或伴生过程导致的失衡问题。以增温为背景的气候变化和以竞争性用水、用地为特征的人类活动影响，水循环及其伴生过程中的多向反馈作用发生了显著变化，是水资源、水环境与水生态问题形成演化的共同根源（王浩等，2005）。

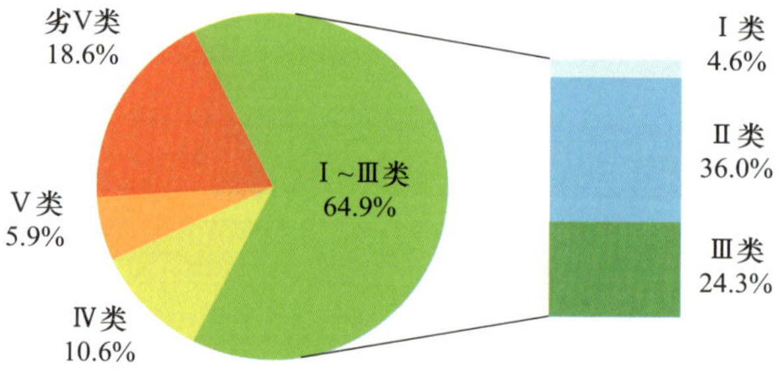

图 6.3　2014 年全国省界断面水质状况

（5）水景观——人居环境：全国 62% 的城市发生过城市内涝，内涝灾害一年超过 3 次以上的城市有 137 个。城市内涝基本覆盖所有 31 个省（自治区、直辖市），全国城乡年均受灾人口在 1 亿人左右，全国因山洪灾害死亡人数约为 1 000 人 / 年，占洪涝总死亡人数的 73.6%。因山洪灾害死亡的人数在减少，但占洪涝总死亡人数的比例却在升高。

（6）水文化——历史积淀和未来发展：随着人类活动影响的加深，自然与社会水循环在循环通量上此消彼长，在循环过程上深度耦合，在循环功能上竞争融合，影响着自然生态系统和经济社会系统，产生了洪涝灾害、河道断流、黑臭水体、生态退化等一系列水问题。

（7）水产业和水经济——提升国土价值：其核心是维持自然与社会水循环的平衡。在现代人类活动强烈作用下，水循环呈现“自然—社会”二元特征，生态海绵流域建设的核心就是调控社会水循环过程，维持自然与社会水循环的平衡。

6.3　生态流域建设主要措施

生态流域建设是以流域水循环多过程为主线，充分发挥流域对水循环的天然调节作用；规范人类水土资源开发活动，减少对自然水循环的扰动；系统布局地表灰色基础设施（水库、堤防、渠系、泵站、水井等）与绿色基础设施（森林、草地、湿地等），建设土壤水库和地下水水库；融合现代信息技术的新进展，实现地表—土壤—地下多过程、水量—水质—泥沙—水生态的联合调控，最大程度实现“去极值化”，系统解决流域水问题。生态流域建设是个系统工程，要从工程建设、非工程措施及科学管理等各方面统筹安排，综合施策。主要包括：

（1）加强科学调度。时至 2018 年，全国已建堤防总长度超过 41 万 km，各类水库大坝超过 9.8 万座，总库容超过 9 300 亿 m^3，水利工程体系已初步形成，迫切需要做好水利工程的联合调度管理，更好地发挥防洪、供水、发电、航运、生态等水资源综合效益。

（2）实施综合管理。加强对自然、社会水循环的监测，从径流管理扩展到降水、下渗等全过程。推广基本农田等海绵田建设，坦化洪水过程，使大水分散、小水滞流。加强水质调节，促进水体自净、降解和减排，实现水资源节约、保护、配置、调度、管理、核算的全链条管理。

（3）推进生态修复。强化生态保护区、水源涵养区、江河源头区和湿地保护区，加快水土流失综合治理，加快实施江河湖库连通、生态需水保障、湿地生态修复、重要生境恢复、小流域综合治理等措施，完善生态系统结构和功能，促进水生生物资源休养生息，维护水生态系统健康（Wang et al.，2011）。

（4）完善制度建设。深入落实最严格水资源管理制度，发挥“三条红线”的刚性约束作用。建立健全以空间规划为基础、以用途管制为手段的流域开发保护制度，运用经济杠杆建立体现自然价值和代际公平的生态补偿制度，探索建立反映资源消耗、环境损害和生态效益的综合评价考核制度。

（5）强化科技支撑。完善各流域水文、水环境、水生态、水土保持、河道采沙等综合站网建设，全面准确监测、采集各类水信息。加强水利信息化建设，促进信息技术与管理业务深度融合，深化智慧流域和虚拟水战略研究。

（6）强调因地制宜。生态流域建设，应针对长江经济带、京津冀、东中西部等不同地区的基本水情与经济社会发展需求，探索不同的建设模式。

（7）生态海绵流域建设。以流域水循环多过程为主线，充分发挥流域对水循环的天然调节作用；规范人类水土资源开发活动，减少对自然水循环的扰动；系统布局地表灰色基础设施（水库、堤防、渠系、泵站、水井等）与绿色基础设施（森林、草地、湿地等），建设土壤水库和地下水水库；融合现代信息技术的新进展，实现地表—土壤—地下多过程、水量—水质—泥沙—水生态的联合调控，最大限度实现“去极值化”，系统解决流域水问题。

6.4 生态流域的评判

生态流域建设目标，就是要构建健康的自然—社会水循环系统，包括社会水循环利用不影响河湖水域的水体功能，水的社会循环不损害自然水循环的客观规律；社会物质循环中不切断、不损害植物营养素的自然循环、不产生营养素物质的流失、不积累于自然水系而损害水生态；维系或恢复全流域的良好水环境。生态流域的评判标准分为五维，即生态多样、资源再生、经济发达、社会文明、环境良好。

资源维度的评判方向是水土资源系统的可再生性维持（数量和质量）。关注焦点在于人类活动对水循环的各环节不能过度干扰，以水资源的可持续利用支撑社会经济的可持续发展。评判准则是流域水循环稳定和可再生性维持。评判指标是地表水开发利用率、地下水超采量、灌溉用水效率、森林覆盖率。

经济维度的评判方向是以效率提升促进经济发展。关注焦点是在当前的基本社会伦理和哲学框架下，追求用水效率和效益最大化。评判准则是使水土资源由低效率、低效益行业向高效率、高效益行业流转。评判指标是人均 GDP、人均纯收入、单位 GDP 用水量。

社会维度的评判方向是社会系统文明。关注焦点包括生存和发展的平衡，地区之间的公平，国民经济行业之间的公平，城乡之间的公平，代际之间的公平。评判准则是确保弱势群体和公益性行业的基本用水。评判指标是人口密度、人均粮食产量。

生态维度的评判方向是生态系统稳定健康。关注焦点是寻求水循环的生态服务功能和经济社会服务功能达到共赢的平衡点。评判准则是维持河流形态多样性和生态多样性。评判指标是沟道形态近自然度、生物多样性指数、河道连续性、土壤侵蚀强度。

环境维度的评判方向是流域水环境质量良好。关注焦点在于避免水资源利用造成危害健康、产生危害生物生态系统和破坏人类审美观的后果。评判准则是水功能区废、污水达标排放。评判指标为水环境质量、污水处理率、水功能区达标率。

生态流域评判的核心是维持自然与社会水循环的平衡（图 6.4）。比如，洪涝事件是气候变化下的自然水循环过程演变，缺水问题是自然水循环—社会水循环演变失衡，水污染则是与水循环伴生的水化学过程演变失衡，生态退化是与水循环伴生的生态过程演变失衡。

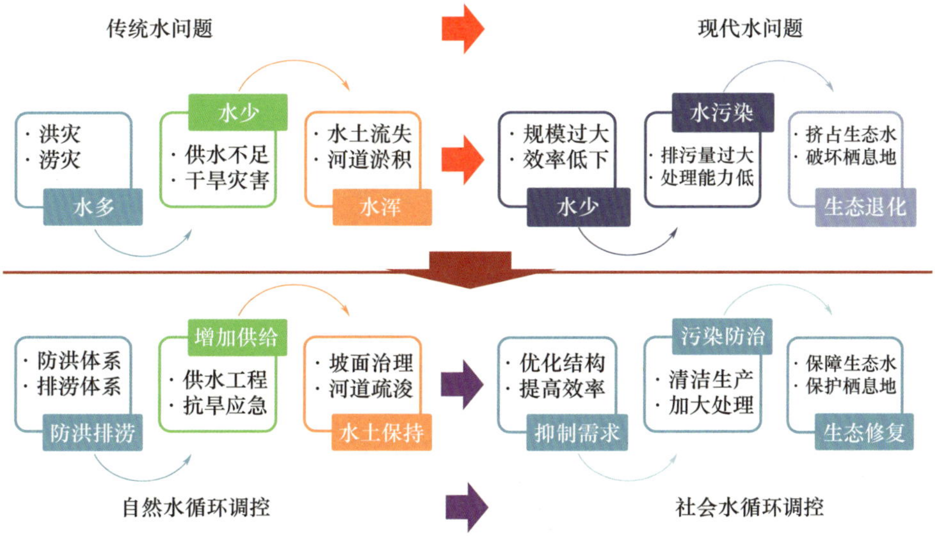

图 6.4　生态流域评判核心

6.5　生态流域建设理念的沿革

美国和欧洲等发达国家和地区的城市化进程要早于中国 50 年以上，出现城市水问题也较我们早得多，因此提出城市水问题治理的思路和方法也较早和成熟，有许多有益经验值得我们借鉴。美国先后提出了最佳管理措施（BMPs）及低影响开发理念 (LID)，英国提出了可持续城市排水管理理念 (SUDS)，澳大利亚提出了水敏性城市设计理念 (WSUD)，新西兰提出了低影响城市设计与开发理念（LIUDD)，新加坡提出了 ABC 计划等。从国际城市水问题治理和管理理念发展的历程来看，总体上都走过了一条从“重排放”到“重自然”再到“综合管理”的发展路子，这对中国城市有借鉴意义。

中国生态流域建设是作为流域推进生态文明建设的战略举措，是淡水生态系统功能恢复优化的治本之策，是众多海绵城市建设的综合集成和高级阶段，是国内外流域管理经验和治理经验的总结和升华。

从国家的战略部署看，建设生态流域是流域推进生态文明建设的战略举措。国家强调“坚持绿色发展，推进美丽中国建设”，推动生产方式绿色化，推进空间格局绿色化，并将加强生态文明制度建设列入国家“十三五”规划，提出要高度重视生态环境保护，强调既要绿水青山，也要金山银山，宁要绿水青山，不要金山银山，而且绿水青山就是金山银山；良好生态环境是最公平的公共产品，是最普惠的民生福祉；要像保护眼睛一样保护生态环境，像对待生命一样对待生态环境，推动形成绿色发展方式和生活方式。提出加快建立系统完整的生态文明制度体系，增强生态文明体制改革的系统性、整体性、协同性。建设生态流域为流域层面推进生态文明建设、贯彻节约资源和保护环境的基本国策提供了重要抓手和实现途径，应当作为一项战略举措切实抓紧、抓好。

从中国水情基本特点看，建设生态流域是淡水生态系统功能恢复优化的治本之策。中国面临新老水问题交织的严峻形势，水资源短缺、水灾害频发、水生态损害、水环境污染等在部分流域愈加凸显，已成为制约经济社会发展的突出瓶颈。全国三分之二的城市供水不足，正常年份缺水约 500 亿 m^3；2014 年全国废污水排放量 716.2 亿 m^3，地表水水功能区达标率仅为 51.8%；河流水网、湖泊和河口近岸海域普遍存在水质污染、湿地减少等问题；淡水生态系统功能总体呈现“整体改善、局部退化”态势。只有建设生态流域，降低自然水循环的极值过程，促进自然水循环与社会水循环相匹配，减少社会水循环过程对自然水循环的干扰，实现自然水循环和社会水循环融洽互补，才能从根本上扭转淡水生态系统功能退化的被动局面。

从中国海绵城市建设进程看，建设生态流域是众多海绵城市建设的综合集成和高级阶段。国家已将海绵型城市作为新型城镇化建设的重要内容，强调要建设“自然积存、自然渗透、自然净化的‘海绵城市’”。但是中国人口众多，城市土地开发强度大，绿化率相对较低，缺少足够空间来消纳城市开发后径流的增量和水体的污染，且流域外洪顶托、水土流失等会对城市内涝、水体污染带来直接影响。仅从城市入手，忽视城市周边大环境的改善，将难以从根本上解决城市内涝、污染等问题。必须运用空间均衡和系统治理思维，在推进海绵城市建设的同时，通过流域的植被系统修复、降水径流控制、工程生态调度、环境污染防控等措施，建设生态健康流域。

从中国流域管理实践看，建设生态流域是流域治理经验的总结和升华。随着流域经济社会的不断发展和全球气候变化影响加剧，流域水文情势发生了新的变化，防洪保安任务艰巨，开发保护矛盾突出，局部缺水问题凸显，环境恶化趋势明显，生态系统受损严重。应对流域防洪新形势、水资源条件的新变化，统筹开发与保护，兼顾兴利与除害，完善流域综合防洪、水资源合理利用和生态环境保护体系，做到“在保护中促进开发，在开发中落实保护”，推动流域资源、环境和经济社会的协调发展，已成为流域治理的大势所趋。2005 年发表的《保护与发展——长江宣言》，形成了以“维护健康长江、促进人水和谐”为基本理念和“在保护中开发、在开发中保护”为基本原则的治江思路。珠江流域也于 2011 年制定了《绿色珠江建设规划》，以“环保、高效、协调”为核心，提出了流域治理、开发与保护的整体思路，以期实现“人水和谐、山清水秀、生机盎然”的绿色珠江蓝图。在总结经验的基础上，应当把流域治理提升到生态流域建设的更高阶段。

从国际流域管理实践看，建设生态流域也已进入逐渐形成共识的新阶段。20 世纪 60 年代以来，美国提出了低影响开发、最佳管理措施、绿色基础设施、多目标洪泛区管理等概念，英国提出了可持续排水系统管理，澳大利亚提出了水敏感城市设计，日本提出了城市泄洪系统和雨水地下储存系统等技术方法。此外，国外还提出了可持续基础设施、精明增长、保护性设计、水环境精明设计等一系列涉及环境保护和低碳发展的城市设计概念。近年来，国外流域管理机构特别是全球水伙伴作为政府间国际组织，一直倡导以更谦逊和综合的方式来处理环境、水和人类之间的关系，促进流域管理由以水资源开发利用、水污染综合防治、水生态环境恢复为目的的管理，转变为可持续性的流域水资源—环境—生态的综合管理，从专门解决流域水资源问题演变为统筹考虑流域内所有环境资源要素和生态系统整体功能，强调流域生态保护与经济社会发展的关系，并提升到流域的保育、健康等更高层次。这与生态流域的理念在内涵上是相通的（王浩等，2004）。

国际城市水问题治理的经验值得我国借鉴，但我国面临着自身的特殊问题。立足自身实际，中国提出的要“建设自然积存、自然渗透、自然净化的海绵城市”，体现了综合性、系统性，包含水量、水质、雨水利用三大方面。体现了城市水治理的综合性和系统性，同时，兼顾了水量、水质、雨水利用三大方面的考量，也考虑到中国城市水治理的困境——包含其复杂性和特殊性（图 6.5）。

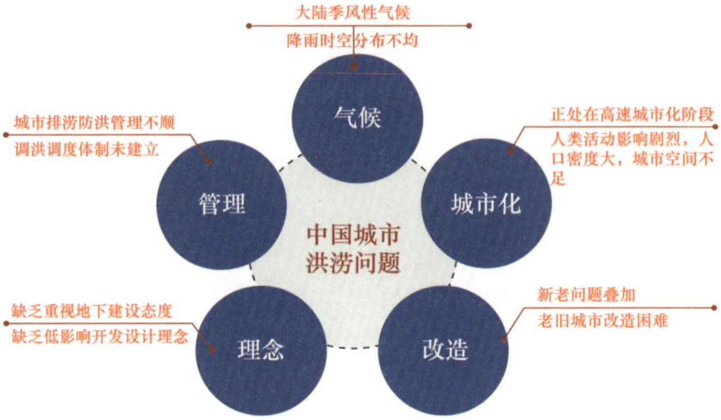

图 6.5　中国城市水问题治理的困境——复杂性和特殊性

总之，随着经济社会发展，人们对生态环境问题日益重视，对生态文明建设的认识逐步深化，从关注问题较为凸显的点（城市）和线（河流），到运用空间均衡思维考虑整个面上（流域、区域）的布局；从重点解决防洪、污染等具体问题，到从系统治理角度考虑整个流域、区域的自然、社会水循环耦合等问题，统筹人、社会与生态的关系。在当前面临经济社会发展和生态环境保护双重压力下，不失时机地开展生态流域建设，是对自然—社会二元水循环规律再认识的重要成果，是流域生态环境绿色健康发展的必然选择，是生态文明在流域层面的具体体现和高级形态，也是保持经济社会可持续发展和建设美丽健康中国的必由之路。

6.6　结语

生态文明是人类文明发展的一个崭新阶段，是人、自然（水、土、气、生态等）、社会和谐发展而取得的物质与精神成果的总和。生态流域重点关注“人 - 水 - 生态”的相互关系与协同进化。生态流域建设不是回到原始状态，而是在新的发展阶段，运用绿色发展理念和绿色生活方式探索、创新技术，实现健康、和谐、高效的“新的生态平衡”和绿水青山。

中国城市水问题治理的智慧是“海绵城市”，海绵城市有三大内涵：

（1）地表径流水量上要削峰：城市洪涝的自然属性是大量降雨径流难以排除导致积水，社会属性是积水对生产、生活产生影响而致灾。因此，要降低城市洪涝灾害损失，核心就是要降低城市雨洪积水量，坦化并延缓洪峰极值，本质是要降低由洪水蓄积而给人类带来的损失。这是各国城市雨洪管理理念的核心要义，也是海绵城市科学内涵的要点之一。

（2）水质上要减污：海绵城市建设，水质上要减污，主要遵循“源头减排、过程阻断、末端治理”的系统思维。对于城市污水的净化，主要有两类方法：一是自然生态净化系统，如城市的各种自然水体、生态滞留池、植草沟、雨水花园等；二是人工污水处理系统，包括社区中水循环利用和城市集中污水处理厂等。

（3）雨水资源要利用：海绵城市强调雨水资源的再利用，对于不同区域的城市有不同的方案，例如对于武汉这样的南方丰水城市，对城市雨水的利用不做强制要求；而对于北方缺水城市，特别是西北地区，城市雨水回收利用则十分必要。

根据海绵城市的三大内涵，对海绵城市的“量”“质”“用”三大问题进行系统诊断，对各部分存在的问题做出总体估计，为海绵城市建设提供基本认识。三大问题系统诊断表现为：

（1）城市洪涝积水诊断：城市雨洪管理的重点就是要通过行之有效的措施减少城市内洪涝损失，需要通过模型模拟的方法，提前预知超标准降雨条件下（如大型城市200年一遇、100年一遇，中小城市50年一遇）城市内涝积水情况，通过情景模拟，进行风险分析，提前制定预案，安排相应的工程和非工程措施（图6.6）。

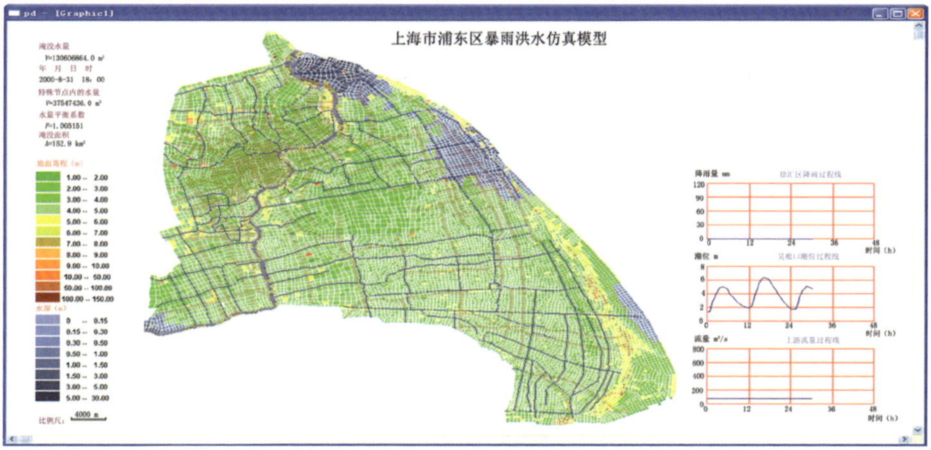

图6.6 上海市城市雨洪模拟（浦东区）

（2）污染物来源与累积诊断：通过分布式城市水文模型对水质、水量联合模拟，从整体上估计城市水体中污染物的来源，分析不同污染负荷的来源，如大气干湿沉降污染负荷量、管网溢流污染负荷量、初雨冲刷污染负荷量等分别占总污染负荷量的比例，从而为城市黑臭水体等环境污染的分类施策、综合整治打下科学基础。通过污染源分析，对点源和面源污染分别提出针对性的控制策略：通过完善污水管网，加快污水处理厂建设，杜绝污水直接排放，控制点源污染物；通过布置低影响开发措施，削减面源污染；最后，通过布置人工湿地和河滨缓冲带，将面源污染物的排放控制在环境容量允许范围内，从而使得雨水径流污染、合流制管渠溢流污染得到有效控制。

（3）雨水控制与利用诊断：对于雨水的控制和利用，应该遵循“区别对待，一城一策”的原则，并不是所有的城市都需要将雨水资源回收再利用，因此，需要对城市雨水控制与利用进行系统地诊断。首先是对城市缺水状态进行识别，分析雨水资源化利用的必要性和需求量，其次是对城市降雨规律进行研究，分析雨水利用的匹配性，必要的情况下，应该对城市雨水资源利用进行经济合理性分析和优化配置，最终才能确定城市到底有多少雨水需要回用，多少雨水应被直接排走，使雨水资源化的利用与需求总体达到平衡。

从海绵城市的三大内涵出发，利用分布式城市水文模型对海绵城市的三大问题进行系统诊断，其根本解决出路是在片区尺度和城市尺度实现三大平衡：水量下泄与分散滞流平衡，污染产生与削减平衡，雨水控制与需求平衡。实现海绵城市三大系统平衡的基本思想是：一片天对一片地。关键要点为：① 分类施策：对不同地区不同类型城市分别诊断问题。② 立体分置：从建筑屋顶到地下蓄水空间立体分层蓄、滞、流。③ 耦合平衡：“量”“质”“用”三大系统耦合平衡。④ 天地协同：天上降水与地面城市管理及需求协同作用。

对于有雨水资源化需求，而且内涝问题突出的地区，可以建设一批地下蓄水空间，一方面可以对暴雨洪水进行调蓄，减少积水；另一方面可在雨洪过后实现雨水资源化再利用（Wang et al.，2008），以实现海绵城市三大系统平衡，它包括：

（1）城市降水量与“分散滞流消耗 + 排放”平衡（图 6.7）：比如，北京“国家奥林匹克体育中心”屋顶、地面和绿地全部建设雨水设施，年可收集雨水 105 万 m^3，20 年一遇的暴雨可全部蓄集园内。

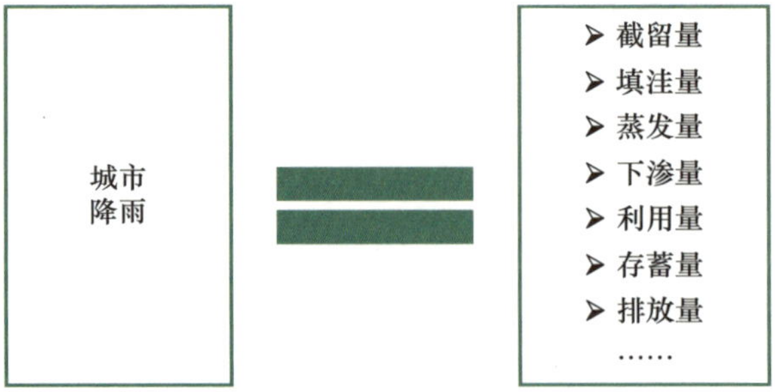

图 6.7　城市降水量与“分散滞流消耗 + 排放”平衡

（2）污染产生与削减平衡（图 6.8）：污染物产生与削减平衡是指城市各种途径产生的污染物最终都能够通过人工和自然的方式得以削减，不致于在城市水体中累积而产生黑臭水体等污染事件而造成损失，削减污染物的方式主要有两种，一是人工建造的污水处理厂，二是各种人工绿色基础设施和自然生态环境的生物净化。

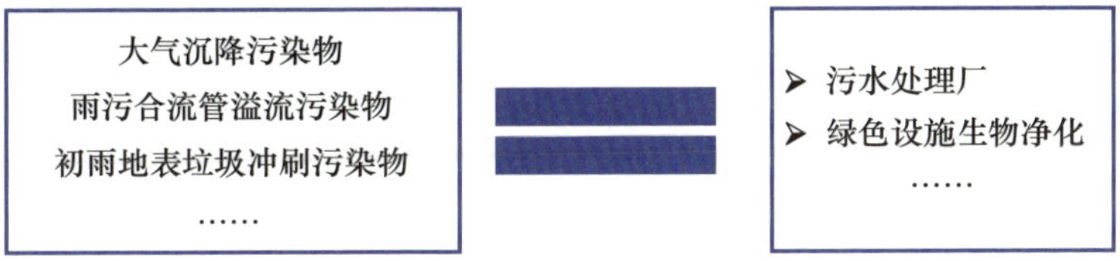

图 6.8　污染产生与削减平衡

（3）雨水控制与需求平衡（图 6.9）：是指城市降雨被绿色基础设施及土壤下垫面以蓝水的形式蓄存的水量和地下蓄水空间蓄存的水量被生态环境用水和社会经济用水所消耗，该过程体现了海绵城市三大内涵之“回用”，是广义的用水。

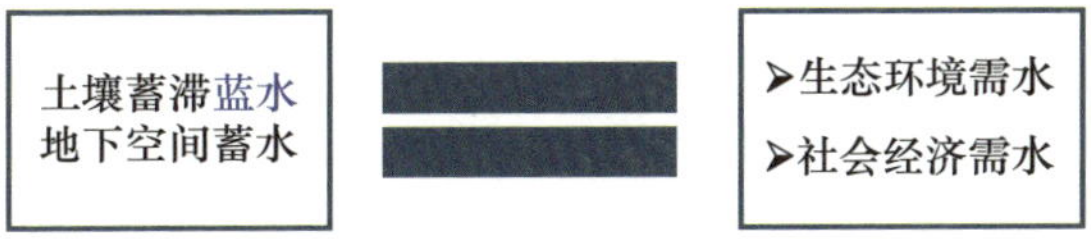

图 6.9　雨水控制与需求平衡

生态海绵流域建设，充分融合“山、水、林、田、湖”基本理念，充分遵循生态演变规律和土地适宜性特征，建立健全流域整体生态服务功能，进行国土空间优化，优化绿色基础设施建设。相对流域来说，海绵城市建设是“点”尺度的调控，海绵田建设是“斑块”尺度的调控。生态海绵流域则以流域为基本单元，通过“面”尺度的地表、土壤和地下联合调控，构建生态清洁流域，从根本上解决水问题。生态海绵流域建设符合人类文明发展史，将进一步丰富治水内涵。

参考文献

王浩，陈敏建，唐克旺，2004. 水生态环境价值和保护对策 [M]. 北京：清华大学出版社，北京交通大学出版社 .

王浩，陈敏建，秦大庸，2003. 西北地区水资源合理配置和承载能力研究 [M]. 郑州：黄河水利出版社 .

王浩，贾仰文，王建华，2005. 人类活动影响下的黄河流域水资源演化规律初探 [J], 自然资源学报，20(3):157-162.

WANG H, JIA Y W, YANG G Y, et al., 2013. Integrated simulation of the dualistic water cycle and its associated processes in the Haihe River Basin[J]. Chinese science bulletin, 58(27)：1064-1077.

WANG H, LONG A H, YU F L, et al., 2011. Study on theoretical method of social water cycle Ⅰ: definition and dynamical mechanism [J]. Journal of hydraulic engineering, 42(4): 379-387.

WANG H, WANG C M, WANG J H, et al., 2004a. Theory of annual runoff evolution under natural-artificial dual mode and case study of Wuding River basin on the middle Yellow River[J]. Science in China series E: technological sciences, 47(1): 51-59.

WANG H, WANG C M, WANG J H, et al., 2004b. Theory and practice of runoff space-time distribution[J]. Science in China series E: technologicalsciences, 47(1): 90-105.

WANG H, WANG J H, QIN D Y, et al., 2006. Theory and methodology of water resources assessment based on dualistic water cycle model[J]. Journal of hydraulic engineering, 37(12): 1496-1502.

WANG H, YANG G Y, JIA Y W, et al., 2008. Study on consumption efficiency of soil water resources in the Yellow River Basin based on regional ET structure[J]. Science in China series D: earth sciences, 51(3): 456-468.

WANG H, YANG G Y, JIA Y W, et al., 2009. Necessity and feasibility for an ET-based modern water resources management strategy: a case study of soil water resources in the Yellow River Basin[J]. Science in China series E: technological sciences, 52(10): 3004-3016.

WANG H, YOU J J, 2008. Research process and advances of rational water resources allocation [J]. Journal of hydraulic engineering, 39(10): 1168-1175. http://jhe.ches.org.cn/jhe/ch/reader/view_abstract.aspx?file_no=200810003&flag=1.

7

新能源与未来交通

吴建平

未来交通出现在智能物联技术得到充分体现和应用的时代。一方面，今天人们面临的交通拥堵、环境污染、交通安全事故以及化石能源枯竭等问题亟待解决；另一方面，人工智能、无线通讯、云计算、大数据等先进科学技术已发展到非常高的水平。一边有需求，一边有技术储备，未来交通应运而生。未来交通让人类充满了遐想和期待。

7.1 中国和世界新能源汽车市场的发展趋势

7.1.1 中国新能源汽车市场发展趋势

（1）纯电动汽车是市场增长的主要动力，占据了新能源汽车近 80% 的市场份额（图 7.1），符合此前新能源汽车产业发展政策，即以纯电力为主。

（2）插电式混合动力汽车有稳定的增长速度，成熟的产品不断增加。

（3）燃料电池电动汽车也从实验室的研发阶段进入推广和商业化阶段。

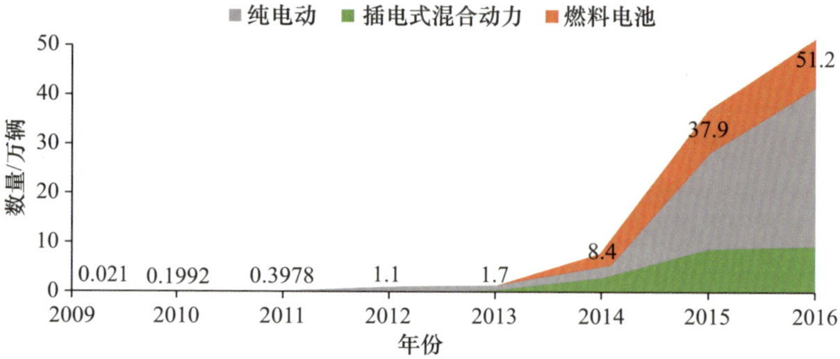

图 7.1 中国历年新能源汽车产量

（数据来源：根据机动车整车出厂合格证数据统计）

7.1.2 世界新能源汽车市场发展趋势［根据国际能源机构（IEA）的预测］

（1）自 2015 年以来，全球常规车辆的销售量逐渐降低。

（2）混合动力汽车（包含插电式混动和汽油混动）和电池电力汽车将呈现快速增长。

（3）虽然氢燃料电池汽车起步较晚，但预计在 2050 年左右将达到市场份额的 1/3。

从图 7.2 中可以看出，传统燃油驱动的交通工具正在全球范围内逐渐淘汰，预计

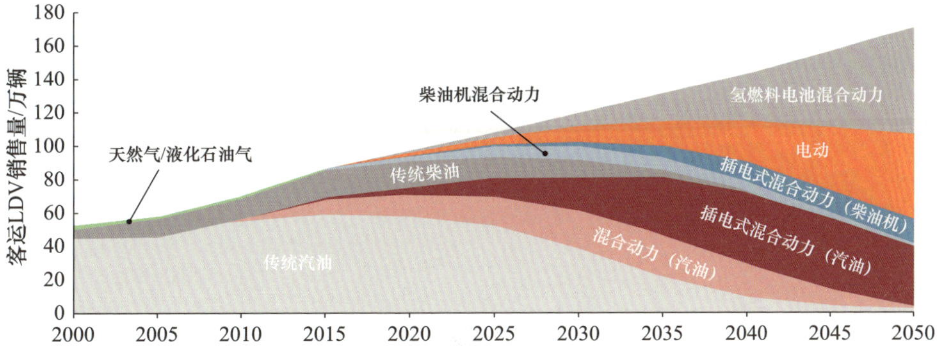

图 7.2　世界新能源汽车市场发展趋势

本世纪内将会消失，而混合动力汽车、纯电动汽车将逐渐成为主流。下面具体介绍几类突出的具有代表性的新能源汽车类型及其各自优劣势、发展趋势。

7.2　三类新能源汽车

7.2.1　纯电动汽车

纯电动汽车（图 7.3）是一款以电池为动力源的交通工具，也是中国主要的新能源汽车类型之一。由于国家政策的扶持，在过去的几年里，纯电动汽车的销售增长非常快，在中国的市场中，本土品牌的电动汽车占有 94% 的份额，处于绝对领先地位，比如比亚迪等国产品牌，而且中国生产了

图 7.3　纯电动汽车代表：特斯拉

这些车辆的主要零部件。目前中国电动汽车的销售量已与欧洲和美国的总和相当。

（1）纯电动汽车的优势：①生态友好。纯电动汽车在运行过程中可实现零污染，不排放污染大气的有害气体，更加环保。②节能。纯电动汽车的耗电量为每 100 千米 15 ～ 20 kW · h，即使算上发电厂和电动机的损耗，仍然比燃油汽车节能。③结构简单，易于维护。纯电动汽车不再需要占用大量空间的复杂驱动机构和排气系统，比燃油车的结构更加简单（图 7.4，图 7.5）。

图 7.4　纯电动汽车配置

图 7.5　纯电动汽车模式

（2）纯电动汽车的劣势：①充电问题。慢速充电会耗费大量时间，而快速充电会导致电池退化和栅极压力问题，对电池的寿命影响较大。而且，在中国充电站建设远不能满足需求，特别是在广大农村地区，充电站太少，制约了纯电动汽车的需求。②续航里程有限。受电池容量限制，目前大多数纯电动汽车的续航里程在 200 ～ 300 km。如果进行长途自驾游，因行驶距离远，电动汽车必须中途找地方充电，慢充需要 1 ～ 2 h，快充则对电池寿命影响较大，这些不足正是影响纯电动汽车推广的重要原因之一。③维修困难。虽然电动汽车结构简单，但由于系统电气化程度高，目前仍缺乏足量的专业维修人员。

其他的不利因素还包括电池如何销毁、如何处理，这都是未来要面对的问题。

（3）纯电动汽车的发展趋势：下一代车型将广泛应用集成电动底盘、轻质材料和智能技术，同时动力电池也将朝着更高的能量密度、更长的寿命、更低的成本和更安全的目标发展。

7.2.2 混合动力汽车

另外一种在中国使用更加广泛的新能源汽车是混合动力汽车（图 7.6）。所谓混合动力汽车一般指由电动机作为发动机辅助动力源驱动的汽车。混合动力传动系统按动力传递路线可分为串联式（仅由电动机提供车辆驱动力）、并联式（由电动机和发动机同时或单独提供车辆驱动力）和混合式（串联式和并联式兼有）。过去几年，混合动力汽车的增长速度可能比纯电动汽车的增长速度更快，这主要得益于混合动力汽车使用起来更加灵活，可兼用汽油和电能两种能源。

图 7.6 混合动力汽车代表：比亚迪 - 秦

（1）混合动力汽车的优势：①节能环保。混合动力汽车在减速和下坡时可以非常方便地进行动能回收。特别是在拥挤的城市地区，车辆可以关闭内燃机仅由电池驱动，从而提高能源效率。②远程行驶。由于混合动力汽车可由两种能源组合驱使，当电能耗完时，可以使用汽油继续行驶，而且即使充电也无须长期充电。③电池寿命长。在操作期间，电池可以维持良好的工作状态，并且不会暴露于过充和过放电状态，从而延长自身使用寿命。

（2）混合动力汽车的劣势：①结构复杂。与燃油汽车和纯电动汽车相比，混合动力汽车是两种或多种动力的组合，因而结构更加复杂（图 7.7），同时也更重。②动力输出较弱。混合动力汽车比其他燃油汽车和纯电动汽车加速要慢。③维护困难。目前授权服务的商店数量相对较少，维护和维修相当困难。

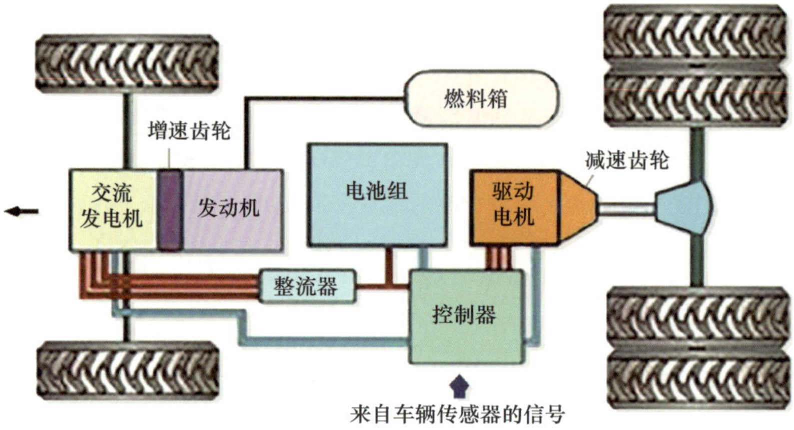

图 7.7　混合动力汽车配置

（3）混合动力汽车的发展趋势：类似于纯电动汽车，集成电动底盘、轻量化技术、车辆智能化技术已成为插入式混合动力汽车的发展方向。插电式混合动力汽车也是欧美豪华车品牌推广的主要车型。（图 7.8）。

图 7.8　混合动力汽车主要国际品牌

7.2.3　燃料电池汽车

燃料电池汽车是另外一种新能源车，目前在中国的市场占有比例非常低。中国对燃料电池汽车的研究和制造不如汽车制造强国快，也未达到这些国家的水平。

所谓燃料电池汽车，是以燃料电池为动力来源的汽车。燃料电池的化学反应过程不会产生有害物质，因此，燃料电池汽车是一种无污染的汽车且燃料电池能量转换效率比内燃机高 2 ～ 3 倍，所以从能源使用和环境保护的角度来看，燃料电池汽车是一种理想的交通工具（图 7.9）。

图 7.9　燃料电池汽车代表：丰田 Mirai

（1）燃料电池汽车的优势：①零排放。燃料电池汽车从氢和氧的化学反应中获取能量，产生水并排放，不会污染环境（图 7.10）。②资源丰富。氢可以从水中产生，也可以从其他生物和其他化工产物中产生。③效率高。燃烧热值高，燃烧相同质量的氢产生的热量是汽油的 3 倍、酒精的 3.9 倍、焦炭的 4.5 倍。

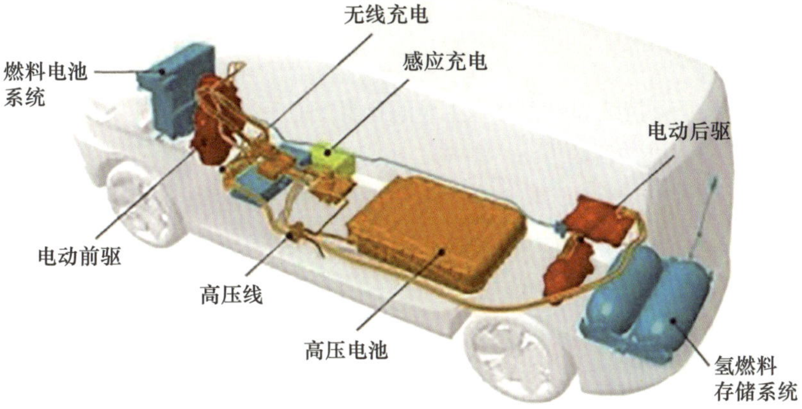

图 7.10　燃料电池汽车配置

（2）燃料电池汽车的劣势：①制氢很困难。氢气的生产技术当前还不够成熟。电解水虽是环保的，但会消耗更多的电力。现在正在研究利用太阳能制氢，以实现真正的清洁能源（图 7.11）。②成本高。在氢燃料电池的发电过程中，需要采用金属铂作为催化剂，由于其稀缺性，金属铂价格昂贵。③氢储存困难。目前日本能生产 70 MP 的储氢罐，我国只能生产 35 MP 的储氢罐且储氢罐的成本也相对较高，但目前正在研究液氢存储及储氢材料。④消费者的安全感不强。消费者感觉汽车后面像带着一个炸弹，如果发生事故，很难想象会产生怎样的后果。

图 7.11　氢燃料电池模型

（3）燃料电池汽车的发展趋势：新一代燃料电池动力系统的集成化已是大势所趋，燃料电池耐久性和安全性测试平台将逐步建立。同时，需要政策协同、产业协同和市场协同一起促进氢能和燃料电池产业的全面发展。

7.3　未来交通

未来交通将是可持续和自主技术主导的智慧交通系统。自古以来，人类就一直在寻找使旅行更快、更方便的方法。首先，我们发明了轮子，然后是手推车和自行车，之后是以蒸汽动力和内燃机为核心的交通工具。现在，电动汽车和自动驾驶汽车继续创新，似乎只属于科幻小说领域的想法正在变成现实。未来交通的发展将转向清洁的能源、智能交通方式和基础设施，以及城市大脑支持的交通系统。未来交通创新的三个主题是：①智能化。②电动化。③自主化。自动驾驶的电动卡车是下一代物流解决方案新的交通创新，自主飞行器 (AAV) 公共交通可能很快会飞上天空成为现实。自主飞行器（AAV）的成功示范飞行已经进行。虽然类似于无人机，通常是无人驾驶的，但 AAV 是不同的。AAV 本质上是自动载人无人机，专为运送乘客而设计。这些飞行器的大多数配置通过水平旋翼使用垂直起降 (VTOL)，不需要跑道。这个目的是让通勤者乘坐自动驾驶飞行器，让他们离开拥挤的道路，直接到达目的地，从而大大缩短旅行时间。自主飞行器（AAV）是一个 5G 连接的城市空中交通物联网的概念，通过智慧城市交通大脑指挥中心进行控制，并将成为世界上未来空中出租车。

7.3.1　社会变革和社会公平性得到充分体现

在未来交通世界里，即便你是残疾人或者不会开车都没有关系，如果你想出门，只要预约，车就会准时来到你的家门口接你。你也不用担心因身体不便或者有残疾上不了车，车到你跟前，人性化、个性化设计的自动伸缩踏板或者轮椅会帮助你顺利上车踏上行程。

在未来的无人驾驶时代和汽车共享时代，车会随叫随到，无人驾驶的汽车可以直接到家门口，把乘客送到目的地，接受远程指挥。在畅谈未来的出行场景时，人们眼睛里充满了憧憬，但是研究人员仍然非常严谨地分析当前交通发展面临的具体问题。

从近期来看，未来交通发展主要是为应对交通拥堵、安全和能源污染等问题；从长远和更宏观的角度来讲，未来交通就是一种可持续的、适合人类社会发展和未来城镇发展的综合交通体系。可以预见，未来的交通方式将是绿色的、智能的和共享的。

作为走在交通科技发展前沿的无人驾驶技术，应该是交通智能化最好的阐释。随着共享经济和智能技术的发展，未来整个城市，包括人的出行方式、出行行为都会发生深刻的变化。也就是说，未来交通的绿色智能共享，带来的将是由社会提供服务的交通模式。今天家家户户买车养车，但平均每天开车的时间屈指可数，汽车的使用效率极低，造成巨大浪费。除此之外，还要考虑车库、出行停车等一系列问题。如果改由社会提供交通服务，将会带来非常大的社会变革，不仅体现在交通的便捷性和改变人类的出行方式上面，还将改变整个社会的公平性、城市形态和出行方式。

比如现在有很多老人或者身有残疾的人，因为出门不方便而难以跟社会进行更多的接触和交流，从而成为被封闭在自己狭小世界里的弱势群体。在无人驾驶和共享交通的全智能化时代，社会提供交通出行服务，这个问题就会迎刃而解。无论是谁，也不管其身体状况如何，只要有出行意愿，车就能够自动开到家门口，带其去任何想去的地方，这将大大提高社会的公平性。

7.3.2 拥堵和出行安全等问题将得到有效解决

现在很多涉及交通安全性问题多数是人为造成的，比如酒驾、驾车接电话、违章停靠、疲劳驾驶，超速、超载行驶等问题。到了无人驾驶时代，百分之八十以上的交通事故都可以避免，因为机器不会犯人类犯的错误。

当前，无人驾驶是热门话题，应该说，这是未来人类社会的需要，能够满足未来交通发展需求，它有以下特点：第一，无人驾驶系统的反应非常快，人类驾驶汽车的最快反应时间是 0.5 s 左右，而无人驾驶汽车将可以达到 0.01 s 乃至 0.001 s，是人类反应速度的 50 ～ 500 倍。因此将来无人驾驶汽车的车与车之间的距离可以保持很短，而不像现在高速公路上的车距必须保持在十几米到几十米以上。这是因为人类反应较慢，当前车做了紧急制动时，驾驶后车的人有一个反应时间和过程，如果间隔太短就容易撞在一起，比如现在出现的很多追尾和连环撞车事故就是这个原因造成的。未来无人驾驶因为反应时间很快，车头间距短，同样宽的道路将可以比今天多跑三至五倍的汽车。换句话说，今天的交通拥堵问题，在无人驾驶的未来交通时代就不会再出现了，无人驾驶技术将为解决交通拥堵问题找到一个新途径。

伴随着新能源汽车的出现，交通新能源的研究和利用，未来交通的绿色和能源问题将得到有效解决。比如，当前新能源汽车的使用和光伏公路技术的研究应用前景。

为什么现今电动汽车的普及率仍然较低，即使有政府补贴，也不是所有人都去买呢？这是因为目前大多数电动汽车充电一次只能连续跑 200 ～ 300 千米，如果你今天打算从北京开车到太原或郑州，你就必须在途中找地方充电，而且充电往往需要 1 ～ 2 个小时，虽然也有快速充电可以选择，但是对电池寿命影响较大。这些不足，就是现在电动汽车销量上不去的重要原因之一。

随着新能源技术在交通上日益广泛的应用，这些问题将有新的解决方案。比如清洁能源光伏公路的研究与应用，或将成为未来交通新能源的主要模式。加上非接触式充电技术的发展，汽车可以在路上边走边充电，可以不停止地跑下去。即便你出行的路上没有阳光，也不用担心没有电源可供充电，因为地下有联网的不停车充电系统，不下雨的地方产生的电能可以通过网络调剂过来。如果实现了不停车充电，那么对汽车电池的要求就没有那么高了。绿色、智能、共享的未来交通既解决了能源问题也解决了交通拥堵和交通安全问题。

7.3.3 将带来社会分工和财富的重大变革

未来，无人驾驶和智能技术将充溢社会的方方面面，由此推动未来社会的不断变革和完善。那时不再是家家户户买汽车，意味着将来卖汽车的也没有了，这个变革带来的是一系列产业性的变革。像现在的汽车厂，未来将直接转化功能和社会角色定位，生产出来的汽车也会直接从产业链下游提交给社会提供服务，或者提供社会服务衔接功能，当然汽车经营的商业模式可以有多种形式，至少家家户户买车的模式会慢慢减少，而由社会提供的模式将增多。

今天，滴滴打车给人们的出行提供了便利，但今天的滴滴打车是有人驾驶的，成本比较高，但是到了未来，汽车是无人驾驶的，成本会大大降低。未来，这种共享的无人驾驶交通系统不仅随叫随到，还经济安全。从另外一个角度来说，交通出行由社会提供服务，将大大提高车辆的使用效率，未来一辆车一天会用七八个小时。而且未来用车普遍采用预约的方式，各个环节都可以统筹安排，效率极大提升，从而使社会资源得到更充分的利用。

未来总是让人充满期待和惶惑，虽然美好的前景吸引着我们勇往直前，但是未知的问题也会让人充满担忧，比如人工智能和未来交通取代了很多人工操作，那么现在的出租车司机、货车司机、快递小哥、物流仓储人员等职业都将随之慢慢消失，那么这些人赖以生存的工作又将如何解决呢？

面对人们的疑虑，我们认为未来交通带来的将是彻底的社会变革和整个社会财富的重新分配。比如未来的汽车厂，原来要几千人，将来只要几个人巡视检查一下机器人工作就可以了。几个人就能代替上百人、上千人的工作，这意味着整个社会将发生重大变革，人们的工作方式、生活方式都会有巨大的变化，这应该是个新的财富分配的问题，值得研究和期待。

用智能取代人工，如果企业不这么做，企业在国际、国内市场就会因为成本太高而失去竞争力，最终被淘汰，于是企业必须走这条路。可以说，像那些简单、可以程序化的事务，将来都会由机器全部替代，只有这样企业才有竞争力生存下去。所以说，无人驾驶是个趋势，使得未来交通更趋向于智能化和集成化，而集成化的交通模式，使得交通的组织更加智慧化、更加安全和更加高效。

那么未来到底有哪些行业需要人？未来像记者、护士、科学研究者等职业的需求将会有增无减，因为做这些事情需要沟通，需要带有情感、带有创新思维，而这些事情机器学习相对较难，特别是人类的灵感和创造力，机器一时半会还不具备。相反，那些重复性、操作性强、创造性较弱的工作以及劳动密集且重复多的工作更容易被机器替代。要对现在的生产劳动体系进行重新组织，让人们可以用更少的时间进行重复劳动，用更多时间从事创造性、服务性和带情感的工作。当然，未来的人可以用更少的时间工作，用更多时间休闲和创新，这是一件很好的事。

对无人驾驶、光伏路面等未来交通技术的研究，我们国家目前与世界发达国家差不多时间起步，不少研究成果位于世界前列。比如，未来交通将通过“一带一路”把这个地域的人以及经济、建设更紧密地联系在一起，成为命运共同体。将更新的技术，更高效、便捷、安全的未来交通系统带到“一带一路”的区域里，让“一带一路”沿线各国人民都能享受未来智能交通带来的美好生活红利（图 7.12）。

图 7.12　未来交通与无人驾驶

7.4　未来发展的研究热点

目前正在开展研究的一些能够为汽车提供动力的技术研发包括：EV 电池（电动汽车电池）、太阳能板、太阳能与无线充电公路。

7.4.1　EV 电池

总体而言，电动汽车越来越受欢迎，但确实存在一些问题需要关注，比如充电时间长、行驶距离比较短、电池组巨大且昂贵等（图 7.13）。具体特点如下：

图 7.13 电动汽车充电模型

① 续航里程：200 ～ 300 km，很少的车型可以达到 320 ～ 480 km；② 充电时间：满充电需要 4 ～ 8 h，快速充电 30 分钟可充到 80%；③ 电池成本：电池组昂贵，需要更换；④ 体积和重量：重，且占用相当大的空间。

7.4.2 太阳能智慧道路

因为 EV 电池具有上述问题，所以无线充电技术在静态充电方面会凸显更大的潜力。目前无线充电技术已经具备了一些新的能量源，比如太阳能，这些新能源都是未来交通可以应用的。

太阳能智慧道路正是利用了太阳能这一新能源。利用太阳能板，把太阳能转化成电能，储存在电池中以供电动汽车、道路通讯设备等使用（图 7.14）。例如在道路沿途设置一些依靠太阳能供电的道路标识，它会帮助提示前方有动物横穿马路，驾驶员就可以提前知道前方动物运动状况并做好准备（图 7.15）；还可以在路面上设置依靠太阳能供电的电子道路标线，运用传感系统把远处的路况信息提供给驾驶员，比如前方行人横穿马路的情况、路面结冰情况、事故拥堵情况、危险情况等，给驾驶员提供相应的安全技术指导。这些技术研发都是基于使用需求的路标设计（图 7.16）。当然，在初期阶段，太阳能能源可能尚不足以提供车辆所需的能量，但它确是未来智慧道路可以采用的形式，或将成为未来交通新能源的主要方式。

图 7.14　太阳能电池板的 LED

图 7.15　动物横穿马路警示

图 7.16　基于需求的道路标线设计

7.4.3　太阳能与无线充电公路

太阳能与无线充电公路（图 7.17）的设计理念是利用太阳能供电，加以无线充电技术，使电动汽车可以在路上边行驶边充电，摆脱充电桩的束缚得以不停止地跑下去。即使是下雨了，也不需要担心没有电源可供充电，因为地下是联网的，可以从周边不下雨的地区通过网络把电力调剂过来。同时，如果不停车充电得以实现，那么对汽车电池的要求也就得以降低，充电桩也将不再需要。

举个例子，政府要修一条从杭州到宁波的长约 400 km 的智慧道路，希望以此来测试太阳能系统能不能在道路中进行部分应用，并搭载无线充电系统。虽然目前技术方面的问题可能尚无法满足这个要求，但是相关研究工作正在进行中。目前有研发团队采取的方法是利用太阳能屋顶板把太阳能转化为电能，将电能储存在电池里面，再供应给路面，借助路面下面的线圈对车辆进行充电（图 7.18）。目前此项技术尚在研究和测试阶段。

期待在不远的将来，我们中国在政府和企业的大力推动下，能使用太阳能技术为车辆提供电能，促使未来交通朝着绿色、智能、共享的方向发展。希望未来会出现更多的技术来改善中国的交通拥堵、交通安全、能源短缺和环境污染等问题，逐步探索出一种可持续的、适合人类社会发展和未来出行需求的综合交通系统。

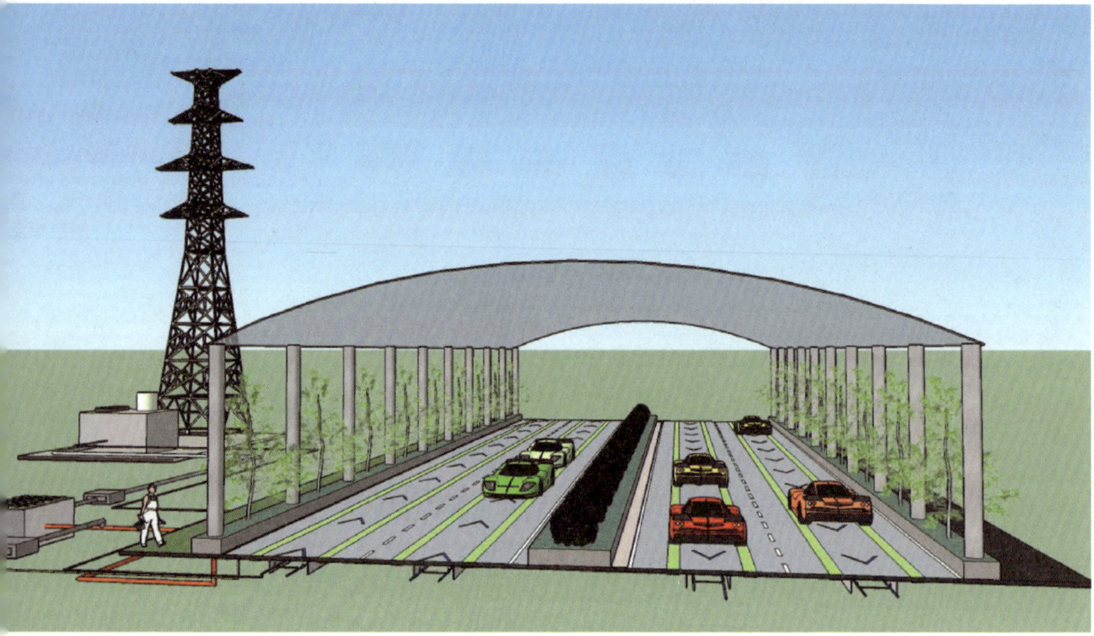

图 7.17　太阳能无线充电公路

图 7.18　移动线圈及其发动机

8

城市化及其对区域生态系统的影响：城市可持续发展的转型

吕永龙

城市，通俗地说，就是人口高度集聚的地方，而城市化则是指人口由农村向城市集聚的过程。联合国对“城市”没有自己的定义，而是遵循各国使用的定义，这些定义可能有很大的不同。例如，美国通常用“城市”来指超过千万人口居住的任何地方；在秘鲁，这一术语适用于拥有 100 万个或更多住房的人口中心。很明显，无论数字的定义是什么，人类历史的进程是以加速城市化进程为标志的。直到大约公元前 10 000 年开始的新石器时代，人类才能够形成小型的永久定居点；超过 10 万人口的城市直到古典时代才存在。在过去三个世纪持续的人口暴涨之前，这些城市并不常见。在 1800 年，不到 3% 的世界人口居住在 2 万或 2 万以上的城镇；到 20 世纪 60 年代中期，这一比例已上升到约四分之一；到 21 世纪初，世界人口的一半以上居住在城市中心。

城市化是中国经济社会发展的非常重要的目标，也是中国可持续发展的目标之一。城市化进程中，人口向城市聚集，城市规模扩张，社会结构发生极大的变化，城市生产生活方式向更加广泛的地区扩散。然而，随着人口的过度密集和城市的日益扩张，交通拥堵、空气污染、废物堆积、流行病肆虐等“城市病”频发。城市通过大量汲取和消耗自然资源，向周围环境排放大量污染物，改变了区域生态系统的原有结构和功能，产生了严峻的生态风险，进而制约城市生态系统的可持续发展。城市化及其对区域生态系统的影响引起了一系列生态环境问题，其中最关键的问题是：如何实现城市化与区域生态系统的融合和一体化发展，推进城市可持续发展的转型，这可能是我们面临的重大任务，也是我们需要采取一系列举措的根本所在。对于实现城市可持续发展的目标而言，我们要搞清楚如何实现变革，这最为关键。

8.1 城市化的主要挑战

城市化不仅表现为人口向城市集中和城市面积的扩张，还表现为农业活动向非农业活动转换和城市生产生活方式的扩散，它是一个经济、社会、文化等多种因素综合发展的过程。改革开放以来，中国城市化水平飞速上升，甚至呈指数级的增长，由1978年的17.9%上升到2010年的52.6%（图8.1）。预计到2030年中国城市人口将达到总人口的68.7%。为什么会出现如此快的增长速度？有一个非常有趣的现象，胡焕

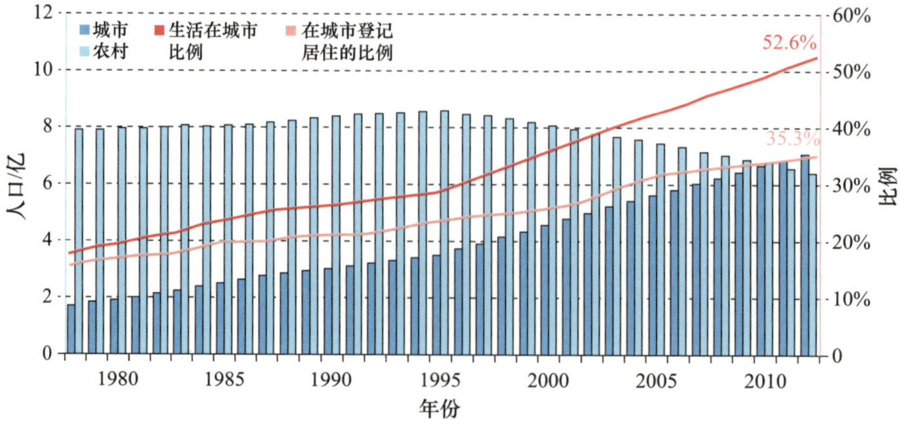

图8.1　中国城市人口迁移趋势（Bai et al.，2014）

庸线[①]的两侧，在中国不到 30% 的土地上，生活了 70% ～ 90% 的人口，并且集中在整个国土的东部。城市化在东部地区的飞速提升肯定是有积极意义的，但同时也存在消极影响，尤其是对能源的消耗，从图 8.2 中可以看出，城市化过程中的能源消耗量也在不断增长，能源消耗的增速超过了城市化发展的加速水平。

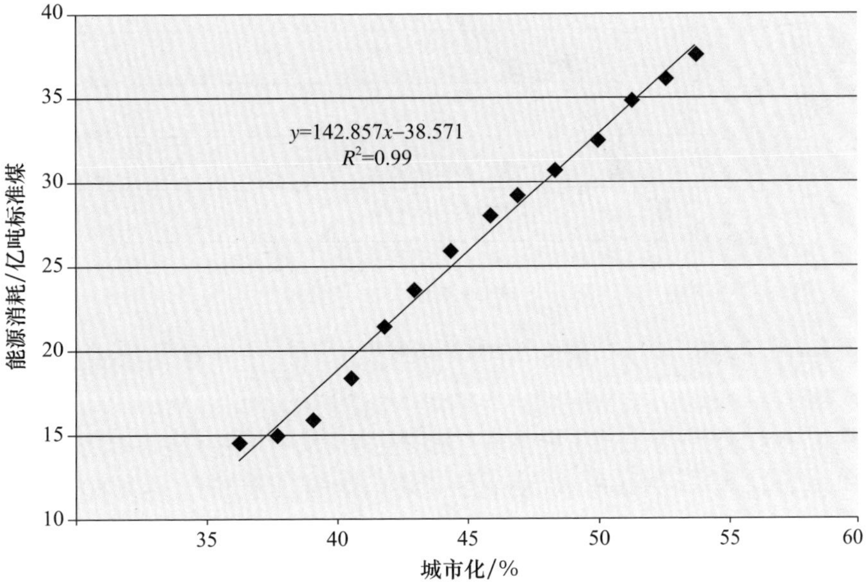

图 8.2　2000—2013 年中国城市化和能源消费格局的变化

（数据来源：《国家统计年鉴 2000—2013》）

随着城市化和工业化的快速推进，流域土地的利用类型发生了剧烈的变化，城市总用水量和人均水消耗量不断增加（图 8.3），快速城市化地区的许多河道淤积或被填埋，河流水系数量明显降低，水位和水质明显下降，导致全球 60% 的河流水系的形态参数发生不良变化。我国东部河网水系演化受自然因素与人类活动的共同影响，近 30 年来该地区河网水系受人类活动干扰强烈，长三角、珠三角、海河流域及太湖地区的河流水系的数量锐减、结构简化和功能下降，永定河京津段河道长度缩短 20.5%，河道数量减少 36.4%，水系结构简单化以及河网连通性较差。这些变化使得河流水系的生态完整性遭到严重破坏，导致其生态系统服务功能急剧退化甚至丧失，并引发了水环境恶化和生物多样性降低等众多生态环境问题，从一定程度上制约了区域的可持续发展。

① 中国地理学家胡焕庸（1901—1998）在 1935 年提出的划分我国人口密度的对比线，最初称“瑷珲—腾冲一线”，后因地名变迁，先后改称“爱辉—腾冲一线”“黑河—腾冲一线”。

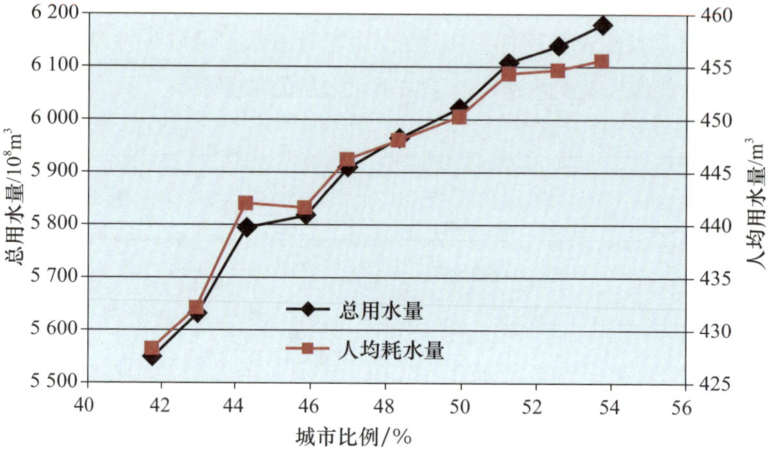

图 8.3　2004—2013 年总用水量城市比例和人均用水量随城市化变化趋势

（数据来源：《国家统计年鉴 2005—2014》）

城市化过程激化了城市土地需求、农田土地需求和生态土地需求之间的矛盾。2000 年至 2016 年，中国耕地由 1.85 亿 hm^2 减少到了 1.28 亿 hm^2，主要原因是城镇建设用地的侵占，其中大部分省市并未实现耕地占补平衡，这使得全国耕地占补平衡存在着巨大的生态风险，极大地影响着粮食安全。

以陕北地区为例，1990 年至 2010 年间，由于城市建设所致的耕地侵占使该地区农田初级生产力总体下降了 41.90%。不仅如此，被转为城镇建设用地的农田大部分为良田，而增补的耕地绝大多数不适宜耕作，致使农田生态系统的整体质量下降。其中由建设用地转为耕地和绿地的土壤中通常积累了大量建筑垃圾和污染物，包括重金属和有机污染物等，这些污染物能通过不同暴露途径对生物和人类健康造成风险。同时，由于土地表面长期硬化，其土壤有机质和水分含量低，不适宜植物和作物生长。城市建设用地的无节制扩张还可能为区域环境增加了额外的污染物输入，影响了其原有的环境过程，进而造成生态服务功能的退化。从景观格局的角度来说，城市土地的扩张和农田的减少造成了生态环境的破碎化，增加了区域景观的脆弱性和敏感性，使得区域景观生态风险显著升高。

8.2 案例研究：北京及其周边区域生态系统

以北京官厅水库为例，官厅水库位于永定河上游，在北京靠近河北的地方，离北京 100 km，蓄水量为 41.6 亿 m^3，曾是北京饮水的来源。而洋河流域（图 8.4）又作为官厅水库的水源，其中 70% 的水最终流入官厅水库，如何管理好跨界地区的水质量，控制好它对生态的影响，这是关键的一步。北京市政府一直希望官厅水库能够恢复水源地的功能，因此，我们一直在研究官厅水库周边的污染情况。1950 年，官厅水库建造时便作为北京的水源地，但在 20 世纪 70 年代之后，由于水库周边的污染严重，因此停止了作为北京水源地的功能。多年以来，北京政府一直希望能够恢复官厅水库水源地的功能，但是存在一个重要问题，那就是跨域的问题，要想恢复水源地的功能，就要对周边产业进行转型，要给周边居民做好经济补偿工作，所以当时做的一个工作就是在官厅水库周边建湿地，从而增大缓冲区和增加植被覆盖率（图 8.5），目的就是能够对周边的污染进行最大程度地净化和削减。但是很遗憾，过了若干年，由

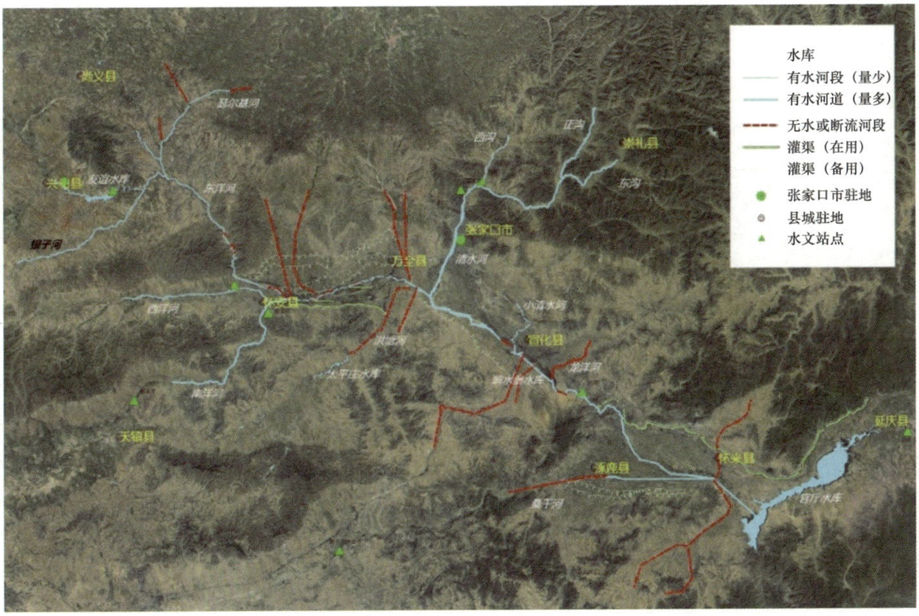

图 8.4 洋河流域分布

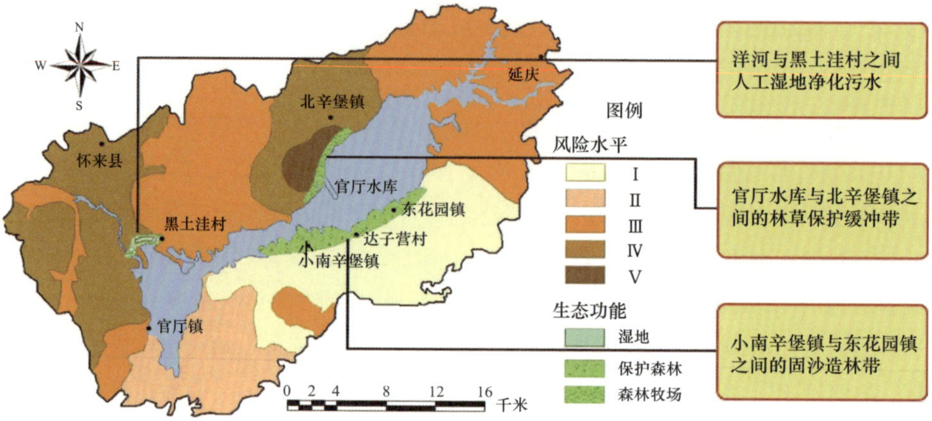

图 8.5 官厅水库污染治理生态工程

于没有得到相应的补偿，当地居民又开始继续种植或开发。经调查研究发现，虽然原有的污染物每年都在降解，但是同时又有新的污染物输入，因为当地居民为了开发经济、发展产业，居然在周边开发了别墅区，建设农家乐等（图 8.6）。这些虽满足了北京市居民的部分需求，但也导致新的污染注入，所以这是一个新的结构调整和选择性的问题。

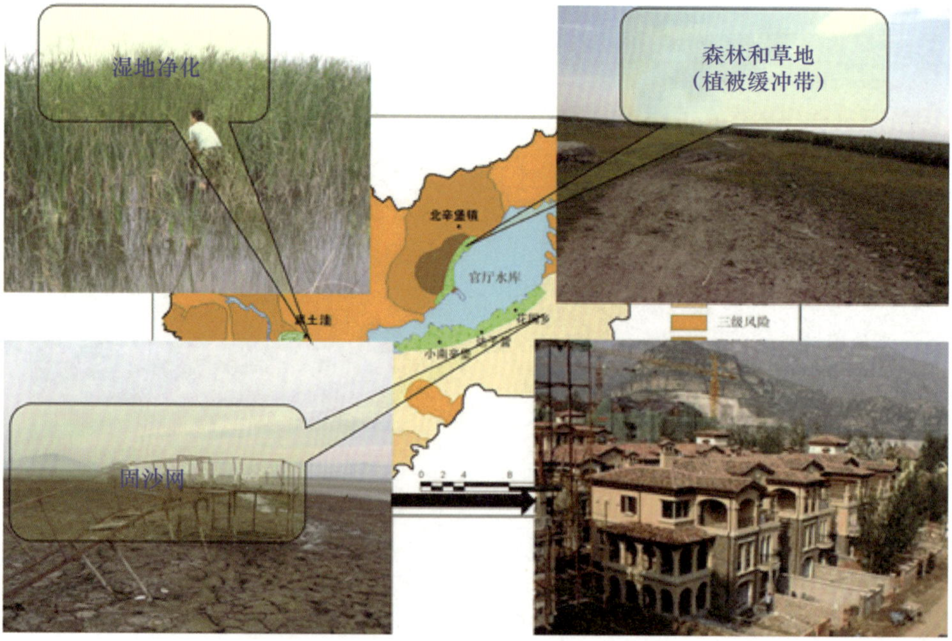

图 8.6 生态敏感区的保护与再开发

北京要与河北张家口共同举办 2022 年冬季奥林匹克运动会，而为冬奥会所做的基础设施建设会为周围环境带来或多或少的影响。现在建造工程正在进行中，如图 8.7、图 8.8、图 8.9 所示，那么在建设的过程中就要考虑如何在这个脆弱的生态系统上进行修复和保护，因为任何人都不知道它在生态上是不是适合造这样的公路、酒店和青年旅馆来接待运动员和游客，如果人口接纳度高过当地生态可承受范围，如何解决这个矛盾？

图 8.7 施工现场 1

图 8.8　施工现场 2

图 8.9　施工现场 3

为了改善北京的环境质量，政府要把北京城内的工业进行转移和外迁。通常，工业基地都布局在小城镇，为满足水资源需求，大多都布局在河岸地区。以北京周边洋河流域为例，图 8.10 可以看出，周边工厂排放的污染物进入到洋河后，对农业的影响非常巨大，对洋河周边的农作物进行取样分析发现离洋河越近的农田，农作物受到的污染就越严重，包括水稻、大豆、玉米等。洋河流域历史上一直以种植水稻为主，以前也是鱼米之乡，是非常重要的粮食产地，但现在要么干枯，要么受污染的影响，因此必须改变农作物的种植和生产结构，找到好的种植方法来改善水质，仅依赖于水的自身净化是不可取的。

图 8.10　不同污染程度（轻、中、重）污水灌溉对农作物（水稻、大豆、玉米）的影响

8.3 转型为城市可持续发展

城市化应该是可持续发展目标中最重要的目标之一，在中国，城市化是新的增长极。虽然有了新的城市化战略规划，比如，国家战略提出的“三纵两横”，以陆桥通道、沿长江通道为两条横轴；以沿海、京哈京广、包昆通道为三条纵轴的全国城市化战略格局，其中，陆桥通道为东起连云港、西至阿拉山口的运输大通道，是亚欧大陆桥的组成部分，但是，新的城市规划是否可满足城市可持续发展的目标值得深入研究。对于未来的城市化而言，要找到比较合理的城市化策略，并且保证它不影响周边地区的环境。2017 年，我们做了一个关于城市化与区域生态系统耦合的研究设计（图 8.11），分析了城市变革的趋势，包括城市群、特大城市等，它们的扩展机制是什么，发展动力在哪，为什么会有城市化；分析是否有策略来保证它和区域之间的协调，尤其是城市发展和农村发展之间的协调。

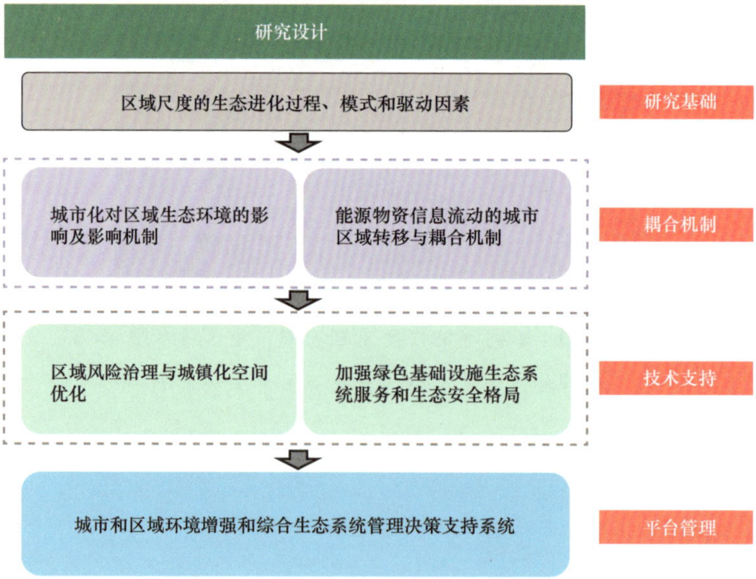

图 8.11　城市化和区域生态系统的研究

可以看到，主要的环境影响包括工业、农业、材料和人口的流动等，对于不同的农村地区，可能会对整个区域生态系统结构和功能产生不同的影响，那么，我们要考虑什么样的地方最适合建设城市，不能什么地方都建城市，如何把城市建设在生态环境合适的区域，如何为城市提供绿色基础设施，合理利用政策改善城市健康，这些都需要科学的支持，只有这样才能够更好地协调城乡发展。

在不同的城市、不同的社区以及复杂的人类城市系统变量之间的相互作用下，通过识别城市内部的互动关系，经过合理的规划设计，减少居民区和办公区之间的交通距离，把居住区和工作区有机地结合起来，让大家在区域中既能工作又能居住（图 8.12）。

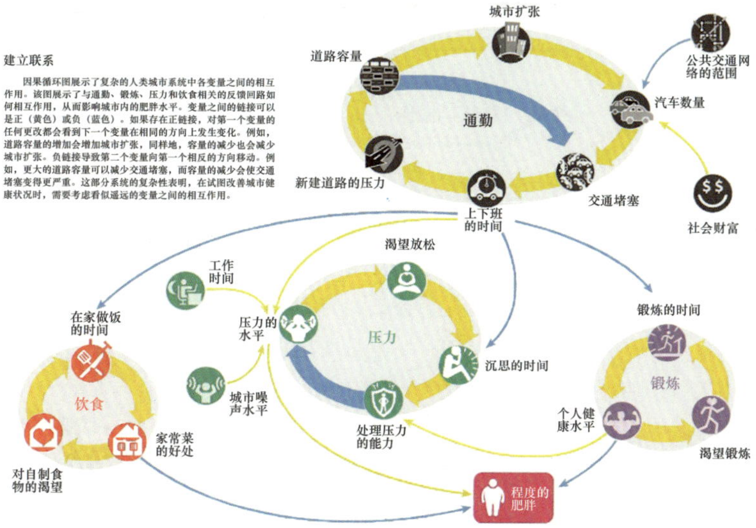

图 8.12　复杂的人类城市系统中变量之间的相互作用（Pollock，2016）

城市的生产、生活过程中产生的工业污水和生活污水等都应进入污水处理厂进行分类达标处理后再排放进行二次利用。对于污水的处理，应该根据城市实际污水情况进行合理的污水处理厂规划，而不是只做集中化的污水处理系统，应该采用集中式和分散式相结合的管理方案（图 8.13 ～图 8.15），来提高城市污水处理效率。

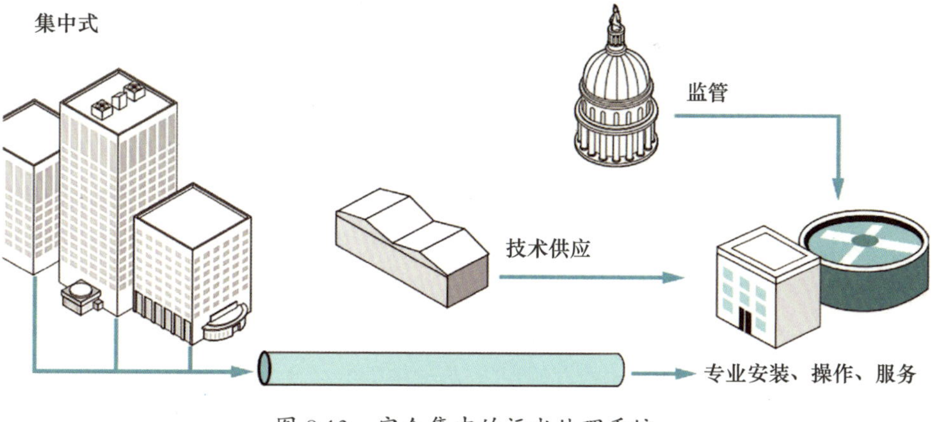

图 8.13　完全集中的污水处理系统

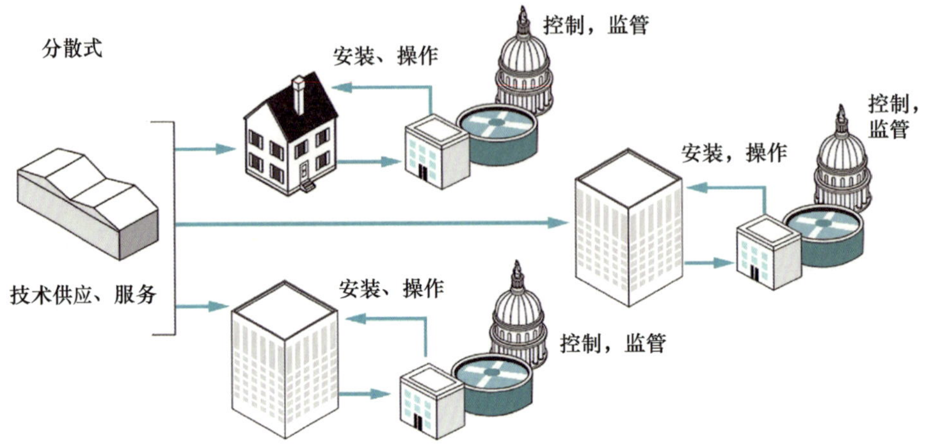

图 8.14　完全分散的污水处理系统

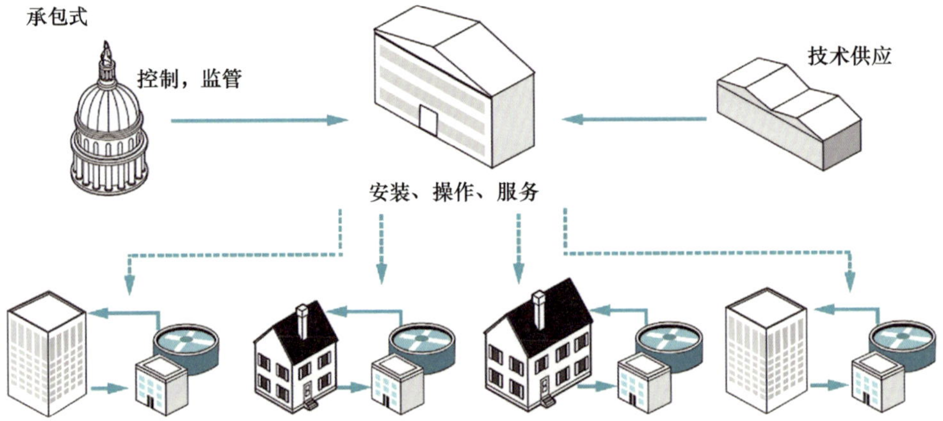

图 8.15　集中与分散相结合的污水处理系统（Larsen.，2016）

在中国，我们都在谈如何建海绵城市。什么是真正的海绵城市？我们如何从生态学的角度来做海绵城市，而不只是为了提升政绩而做海绵城市？城市可持续发展具有的一些鲜明特点，包括城市的规划，可持续的交通系统，生态保育与恢复，废水与废物的处理等。对于政府来说，社会的公平性也是需要考量的一个重要指标，如何在不同的领域和部门、在每一个社区或者组织当中都能够实现公平性，这也是我们面临的一个主要问题。

如何使一个城市可持续发展，可从以下 6 个方面进行概括（图 8.16）。

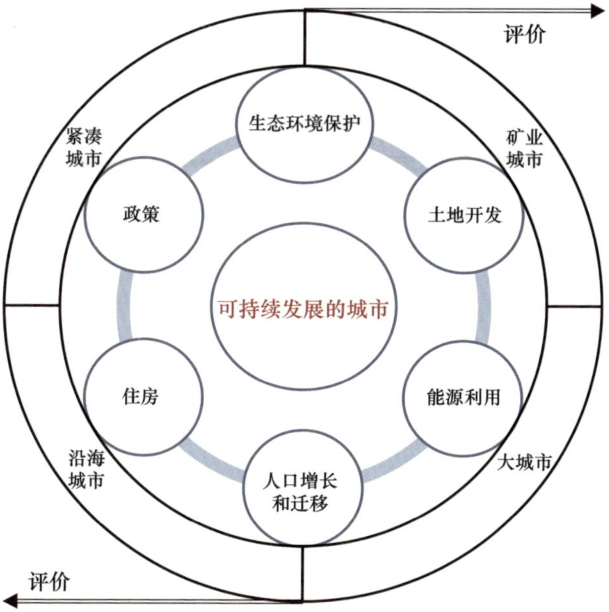

图 8.16　可持续发展的城市框架示意（Tan et al.，2016；Dizdaroglu，2015）

（1）可再生能源和废物管理对发展可持续的城市生态系统至关重要。可再生能源技术可以概括为：水电，生物质能，地热能源，风力发电，太阳能，光伏技术，生物处理，“零浪费”，以循环经济为导向的生态工业园，环境税收、法律和政策。

（2）创造可持续发展的经济：清洁技术，可再生能源，绿色商业和就业，绿色税收政策，绿色基础设施，适合步行、多用途、以通畅交通为导向的房地产开发。

（3）通过公平的自然资源管理来维持公共卫生和福利，实现环境正义和社会公平。

（4）可持续的土地利用和城市设计：通过提供社会互动和更容易获得广泛的服务来提高生活质量，通过绿色建筑设计技术降低能耗，减少自主发展，减少温室气体排放，建立环境敏感地区，恢复公园和绿道系统。

（5）通过以下途径促进节能和环保的运输选择，实现可持续运输：提供和维护自行车道，改善行人通道及其连通性，促进公共交通的便利性，通过实施收取拥堵费、道路使用费或停车费、车辆税等措施，降低交通道路使用率。

（6）通过保护城市现有的物种、生境和生态系统，通过创造具有生态价值的绿色空间来保护和恢复环境：花园，公园，绿色小巷，绿色屋顶，绿色缓冲区，如绿化带、绿色道路等。

中国经济的三个支柱包括社会发展、环境治理和资源效率，我们需要通过科学的可持续城市指标，将这三者结合起来，来建设生态城市、生态系统和生态经济，这样才能有更好的城市生活。

8.4 生态城市与绿色建筑

生态城市的定义较为宽泛，是生态健康城市、可持续发展城市、节能城市、低碳城市、智慧能源城市，是一个结构和功能自我维持、具有弹性的生态系统。世界银行将生态城市定义为“通过综合城市规划和管理，利用生态系统的利益，保护和培育后代的自然资产，提高公民和社会福祉的城市”（WORLD BANK，2018）。对于生态城市的发展，中国承诺采取两大行动：一是生态文明建设，二是“海绵城市设计”，将城市景观视为吸水的海绵，目的是为了保水和防止地面塌陷（Ecocity Builders，2018；Wu，2016）。

1982 年，中国开始接受城市生态学的概念，中国的生态城市发展始于 20 世纪 80 年代末，笔者在中国科学院生态环境研究中心协助王如松先生推动天津市的生态城市建设，承担了“天津市可持续发展的生态对策研究”工作，这个项目得到了联合国教科文组织（UNESCO）生态学合作研究计划（CERP）的支持。2002 年 8 月 18 日至 8 月 23 日，在中国深圳召开的第五届国际生态城市会议上，来自国际环境问题科学委员会或国际科学联合会（SCOPE/ICSU）、人类生态学学会（SHE）、国际生态工程学会（IEES）、国际生态学协会（INTECOL）、生态城市建设者（Ecocity Builder）和国际城市与区域规划师学会（ISOCARP）的代表联合发起成立国际生态城市建设理事会（INTECOPOLIS）计划。国际生态城市建设理事会自 2006 年 9 月正式成立以来，一直将生态学观点应用到城市化及与其相关的环境问题上。2015 年，该理事会从中国 284 个地级以上城市中遴选出十大生态城市：珠海、厦门、舟山、三亚、天津、惠州、广州、福州、南宁和威海。预计到 2030 年，中国城市化率将达到 10 亿人；约 70%（图 8.17，Holmes, 2012），生态城市建设必须稳步推进。生态城市是中国城市化发展的最优模式，它将经济和社会问题与自然、信息、能源和物质资源的有效利用、宜居和优质生活有机结合起来。作为生态城市发展的领军国家，中国启动了“森林城市”“生态城市”的设计和开发，将充分利用可再生能源，利用广泛的植被覆盖吸收二氧化碳和净化污染（Lant, 2017）。

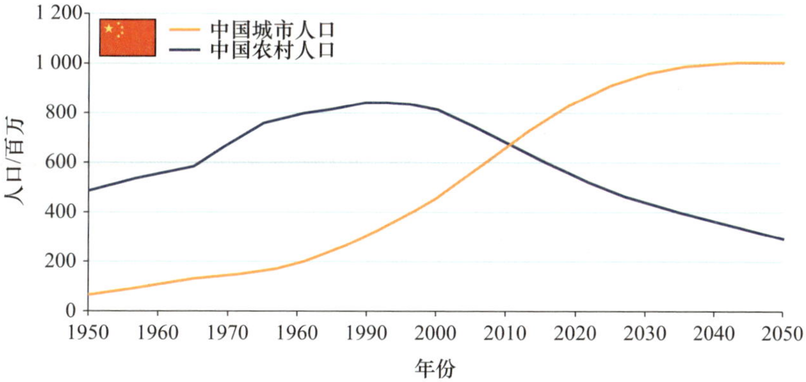

图 8.17　中国城市化进程

（数据来源：联合国）

生态城市的重要组成部分是生态建筑，又称“绿色建筑”“可持续建筑”。“绿色建筑”也可以称为“生态可持续建筑”，在不污染环境的前提下为人类提供现代的生活和工作空间。绿色建筑不仅可以降低能耗，还可以减少浪费，净化空气、保护自然环境，提高居民的生活质量（百度数据，2014）。生态建筑不仅巧妙地利用了自然资源，而且给我们带来了一种新的生活理念，这是设计与自然融合的重要内容。除了传统的建筑元素外，可持续发展和节能将成为生态建筑设计或绿色设计的重要内容。生态建筑设计的理论、方法和风格应贯穿于整个建设过程，指导工程可行性论证、环境影响评价、施工、建筑运营管理、建材循环利用等。

第一个生态建筑被认为是在 20 世纪 70 年代美国明尼苏达州能源危机期间建造的，那个“大毒蛇建筑”是按照环境友好原则建造的，最大限度地减少了其组件的排放对环境造成的危害（Terranova et al.，2016）。1990 年，英国建立了第一套绿色建筑环境评价方法。美国随后在能源和环境设计领域逐渐领先，并于 1998 年建立了一个评级体系。随着我国城市的快速扩张，2006 年后我国开始建立生态建筑评价体系，生态建筑在设计、建设、使用、拆迁等方面应达到无害化的标准。2020 年，中国的绿色建筑面积预计将达到 15 亿 m^2。为实现这一目标，建筑业将致力于实现高效率，节能，生产和使用天然、可回收、无污染的建筑材料。生态建筑给我们带来了新的绿色生活理念，体现了对自然的美好憧憬。

参考文献

BAI X, SHI P, LIU Y, 2014. Realizing China's urban dream[J]. Nature, 509: 158-160.

BAIDU DATA, 2014. Green buildings: history and challenges[R/OL].(2014-4-1) https://wenku.baidu.com/view/2d75a3bf770bf78a65295493.html.

DIZDAROGLU D, 2015. Developing micro-level urban ecosystem indicators for sustainability assessment[J]. Environmental impact assessment review, 54: 119-124.

ECOCITY BUILDERS, 2018. What is an ecocity? [R/OL]. [2018-12-09]. https://ecocitybuilders.org/what-is-an-ecocity/.

HOLMES F, 2012. 5 amazing global consumer trends[R/OL]. (2012-11-23). https://www.usfunds.com/investor-library/investor-alert/5-amazing-global-consumer-trends/#.YFo0KmhKiMo.

LANT K, 2017. China has officially started construction on the world's first "Forest City" [R/OL].(2017-6-28) https://futurism.com/china-has-officially-started-construction-on-the-worlds-first-forest-city.

LARSEN T A, HOFFMANN S, LUTHI C, et al., 2016. Emerging solutions to the water challenges of an urbanizing world[J]. Science, 352 (6288): 928-933.

POLLOCK K, 2016. Urban physics[J]. Nature, 531: S64-S66.

TAN Y T, XU H, ZHANG X L,2016. Sustainable urbanization in China: a comprehensive literature review[J]. Cities, 55: 82-93.

TERRANOVA C N, TROMBLE M, 2016. The rout ledge companion to biology in art and architecture[M]. New York: Routledge.

WORLD BANK, 2018. World bank eco-city definition[R/OL].[2018-12-10].https://siteresources.worldbank.org.

WU Y G, 2016. Sponge city design: concept, technology & case study[M]. Nanjing: Jiangsu phoenix science and technology press.

9

未来能源系统展望：从资源能源到智慧能源

严晋跃

2017 年全球可再生能源投资趋势是：以更低的成本增加了创纪录的新可再生能源发电能力。联合国环境署（UN Environment）、法兰克福商学院环境署（Frankfurt School UNEP）合作中心和彭博新能源金融（Bloomberg New Energy Finance）于 2017 年 4 月 6 日公布的《2017 年全球可再生能源投资趋势报告》（*Global Trends in Renewable Energy Investment 2017*）发现，所有可再生能源投资总额达 2 416 亿美元（不包括大型水电设施）。这些投资在 2016 年为全球电力容量增加了 138.5 GW，比前一年增加的 127.5 GW 增长 9%。可再生能源发电量的投资大约是化石燃料发电量的两倍；相应的可再生能源新发电量相当于所有新发电量的 55%，是迄今为止最高的。除大型水电外，来自可再生能源的电力比例从 10.3% 上升至 11.3%，这阻止了大约 1.7 亿吨二氧化碳的排放。

目前，全球能源系统处于转型期，发展智慧能源对于中国乃至全球经济社会可持续与协调发展都具有重要意义。对于未来能源系统将如何发展，本文将从“WHEN、WHY、HOW、WHAT”4个方面进行分析，详细阐述能源系统目前处于转型期的原因、能源转型的主要驱动因素、未来能源系统多维性的特征以及对未来能源系统技术的展望与憧憬，了解从资源能源到智慧能源的转变与创新过程。

能源是人类活动的物质基础，推动了人类文明的演进与社会的发展。化石能源消费为全球带来工业文明巨大进步的同时，也带来了环境问题加剧、气候变化异常、能源安全问题凸显等负面影响，是生态失衡的原因之一。实现能源生产、流通、消费等全过程的绿色低碳化，是解决环境和气候变化问题的关键。当前，全球能源系统处于转型期，发展清洁低碳能源对于中国乃至全球经济社会可持续协调发展都具有重要意义。

2017年11月国际能源署发布的《世界能源展望》指出，到2040年，全球能源将逐步向低碳化和清洁化转型，分布式能源将引领能源发展，智能化也将对能源的发展起到革命性的作用。

9.1 WHEN：能源系统正处于转型期

能源转型是指能源体系中结构发生根本性的改变，并对人类社会发展产生深远的影响。纵观能源发展历程，能源系统已经历过两次转型阶段：第一次是从木柴转向煤炭阶段，煤炭取代木柴成为主导能源；第二次是从煤炭转向石油阶段，石油取代煤炭成为第一大能源。目前，能源系统正处在第三次转型初期——由化石能源向可再生能源的转型，能源正在向低碳清洁化、分散化、智能化方向推进。

能源系统发展至今，每次转型不仅遵循着共同的发展规律，同时还有着各不相同的特征。目前阶段，能源系统的转型特征涉及多个方面，包括资源转变、技术创新、投资与市场、能源供需关系和能源负荷等。

9.1.1 资源转变

随着非再生矿产资源逐渐枯竭，能源危机迫在眉睫，世界主要国家和各大经济体都在加快推进可再生能源的发展。欧洲能源公司已宣布在2020年之后，欧盟将不再建造新的燃煤电厂。澳大利亚南部最后一个燃煤发电站已于2016年5月关闭，促使该国走上脱碳电网的新道路，同时也意味着煤炭将退出历史舞台（图9.1）。

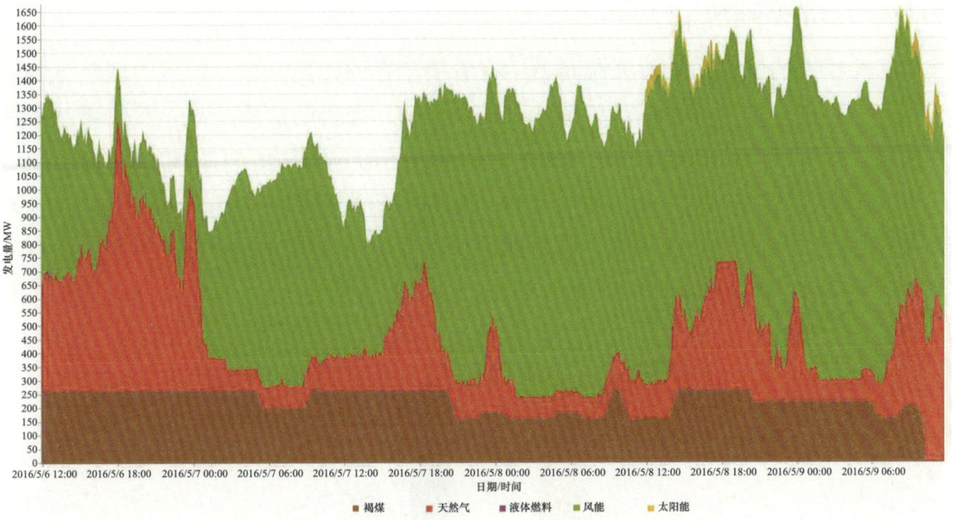

图 9.1　澳大利亚南部地区各燃料类型 5 分钟发电量对比（Department of the envinonment and energy，2019）

丹麦对于可再生能源的研究一直处于世界前沿，积极推动实现能源转型的措施，降低能源消耗，增加分布式能源系统的数量，提高可再生能源的产能和利用率，为丹麦能源系统转向低碳化、清洁化奠定了坚实的基础（图 9.2）。

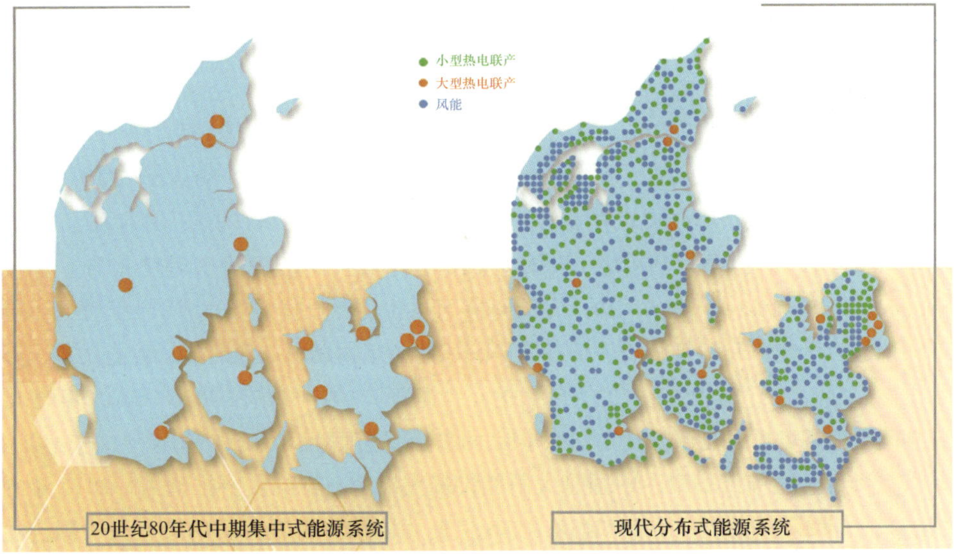

图 9.2　丹麦过去 20 年能源发展分布（Danish energy agency, 2019）

9.1.2 技术创新

能源技术的创新在能源系统转型中有着决定性的作用。核心技术的创新与进步有利于大幅度降低可再生能源的成本，提供清洁、廉价的能源产品，实现绿色能源规模化。据报道，太阳能光伏发电成本已从十年前的 600 美元 /（MW·h）降低到现在不到 100 美元 /（MW·h），每度电价与化石燃料发电的电价几乎相当，约为 100 美元 /（MW·h）。预计在未来，随着能源技术的不断发展，可再生能源成本逐步降低，能源格局将会发生革命性的变化（图 9.3）。

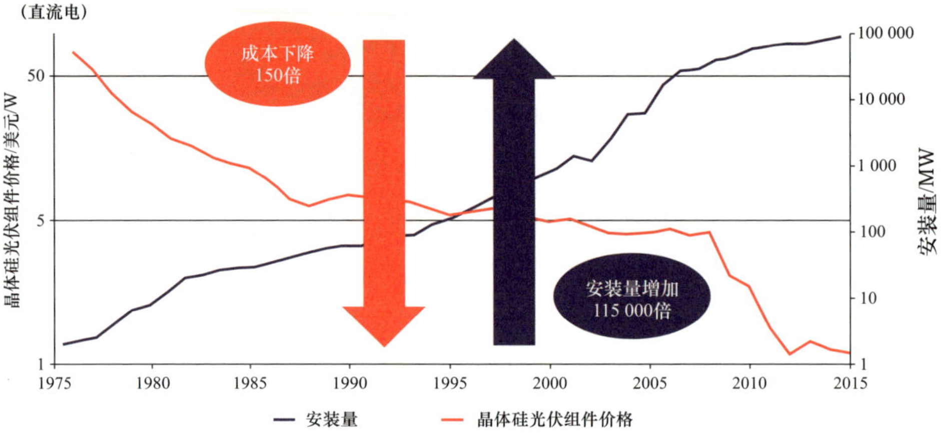

图 9.3 太阳能光伏发电成本对比（O'Boyle，2016）

9.1.3 投资与市场

根据《Asktraders 2020》发布，2019 年全球可再生能源总量达到 7 000 TWh，其中，水能为 4 150 TWh、风能为 1 550 TWh、太阳能为 700 TWh、其他可再生能源为 600 TWh（图 9.4）。同时，根据《2018 全球可再生能源投资趋势报告》和《BloombergNEF 2020 》发布，2019 年全球在可再生能源投资总额达 3 610 亿美元（包括太阳能、生物质和垃圾焚烧、低碳服务、风能、生物燃料、地热能、智能技术、小水电站、潮汐能），比 2005 年的 920 亿美元，提高了 292.4%。在 2005—2019 年的 15 年期间全球在可再生能源投资平均每年以 10.3% 的速度增长（图 9.5）。

在可再生能源市场中，中国是太阳能投资大幅度上升的主要推动力，2017 年的投资额比前一年增长了 31%，高达 1 266 亿美元，成为名副其实的最大投资国。随着清洁能源技术的持续发展，能源成本大幅降低，其优势和竞争力凸显，再加上国家政策性的支持，为投资者带来了机会，可以用更少的投资换取更多的利益，这种盈利模式不仅满足了市场的需求，也推动了绿色能源的发展。

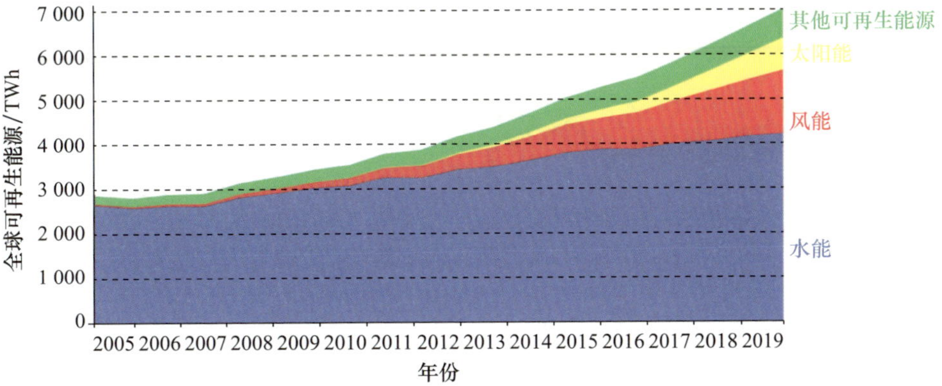

图 9.4　2005–2019 年可再生能源总量

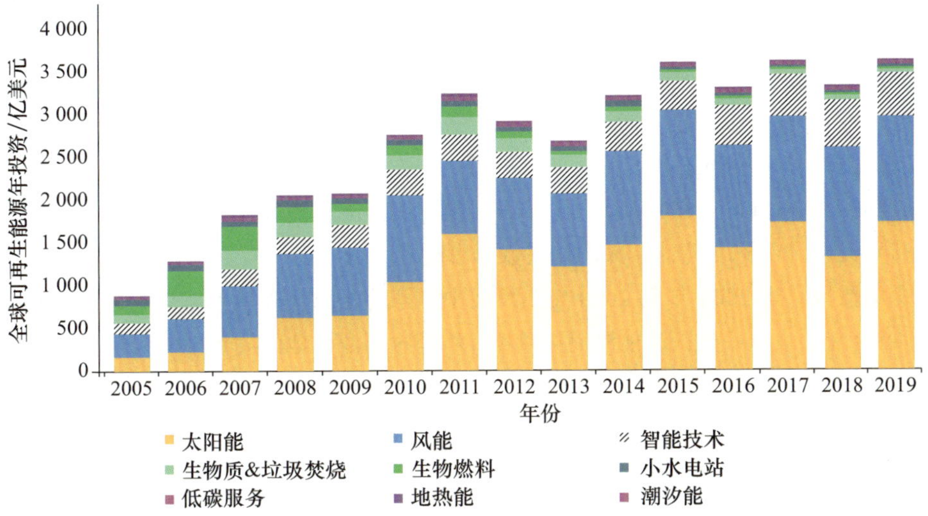

图 9.5　2005–2019 年可再生能源投资趋势

（资源来源：《BloombergNEF 2020》）

电力市场化是利用市场机制对电力资源进行优化配置，通过电价机能达到供需平衡的一种市场状态。根据国际能源署报告，瑞典电力市场已经发展成了一个国家化标准样本。目前，瑞典有 200 多家电力供应商供消费者自主选择。由于大部分电力供应位于北部，瑞典将全国划分为 4 个电价区，在全国范围内进行价格调节，补偿远距离电力传输时产生的能源损失，这也有利于促进瑞典与欧洲其他国家进行电力贸易（图 9.6）。

图 9.6　瑞典不同电价区价格比较

（数据来源：https://www.costtotravel. com/cost/electricity-in-sweden）

9.1.4　能源供需关系和能源负荷

能源供需的趋势和前景预计，由于人口增长和经济发展，未来能源需求将大幅增加（AES，2018）。目前世界上许多人正在经历生活方式的巨大转变，因为他们的经济正在从维持生计向工业或服务基础转变。能源需求的最大增长将发生在发展中国家，预计 2020 年至 2030 年间，全球发展中国家的能源消耗的比例将从 46% 增加到 58%（AES，2018）。然而，人均消费数据可能仍远低于经济合作与发展组织 (OECD) 国家的数据。从 2004 年到 2020 年，发展中国家的能源消耗以年均 3% 的速度增长。到 2020 年，发展中地区的能源消耗量预计将超过工业化地区。到 2030 年，全球能源需求增长的一半将用于发电，五分之一用于运输需求——主要是石油基燃料（AES，2018）。能源需求的大部分增长将来自亚洲经济体的快速经济增长，尤其是中国和印度。亚洲发展中国家的能源需求预计将以平均每年 3.7% 的速度增长，远高于其他任何地区。未来 10 年，亚洲的能源消耗量将增加一倍以上，预计将占所有发展中国家能源需求总增长量的 65% 左右。尽管预计其他地区发展中国家的能源消耗增长速度将低于亚洲，但仍有望超过全球平均水平。尽管所有地区都将在未来的能源供需中发挥作用，但亚洲预计的巨大消费增长使该地区成为未来能源发展的关键所在。世界上绝大多数能源来自不可再生能源，特别是石油、煤炭和天然气。超过 13% 的全球能源来自可再生能源，其中 10.6% 来自可燃可再生能源和可再生城市垃圾。其余的可再生能源来自水力、地热、太阳能、风能以及潮汐和波浪能。对全球能源消费总量的预测表明，在 2017 年至 2030 年期间，化石燃料将提供大部分增长，而核能和其他能源的绝对贡献相对较小。

能源供需的趋势和前景的预计，可以通过对国际和地区市场的原油供需模拟模型来为政策制定者提供预测供需波动的信息，并使其采取政策来缓冲当地经济免受外部冲击的影响。此外，这些模型提供了有关消费者需求和能源价格对消费者收入影响的重要信息。这些信息有助于确定过去和未来的供需趋势、消费者需求的决定因素以及能源供需之间的关系。虽然消费者收入、偏好和市场价格决定了能源需求，但供应则由加工成本、运输成本和技术因素决定。在建模中，能源需求和供应之间的理论关系被转换为方程或模型。然而，需求由市场价格决定这一事实使得这种转变变得困难，因为价格不断波动。此外，不同数量的能源定价方法，包括“两部分关税、季节性定价、平均费率和整体费率等”，使建模过程变得复杂。此外，抽样、数据收集和统计分析的变化会影响模型对需求和供应的估计。因此，模型的适用性取决于其理论基础、考虑的时期（季节）和模型的稳健性。

能源供需的趋势和前景的研究关心如下三个问题：

（1）能源供需如何影响石油行业？影响石油价格的变量有很多，但最基本的经济理论的供求关系和供求规律表明，如果供应增加，价格就会下降。如果需求上升，那么价格就会上涨。

（2）能源供给推动经济还是需求推动经济？套用亨利·黑兹利特的话说，供应创造了自己的需求，因为从根本上说，供应就是需求：“事实上，人们所拥有的东西就是他们制造的东西的供应，以换取他们想要的东西。”从这个意义上说，农民作物的供应构成了他对汽车制造商汽车的需求能力。

（3）能源供需如何影响我们的经济？简短的回答是，供需会影响我们为物品支付的价格。以及我们想要购买的东西有多少存货。例如：如果一场大暴风雪袭击了一个地区，交通受阻、天然气管道出故障、寒冷的天气加大对能源的需求，能源超负荷，价格将上涨。

能源负荷是用能量负荷系数来表达。能量负载系数是能源利用效率的指标。 它是在指定时间段内提供的实际能量（kWh），而不是在同一指定时间段内可能提供的总能量（kWh）。同时，能源负荷以瓦特为单位，这是一个功率单位。 而特定设备的负载是它在任何给定时刻运行所需的能源。 该能源必须由设施的能源供应系统提供，可能是电网、发电机或光伏电池板阵列。 因此，了解设备负载对于正确确定设施的能源系统规模是必要的。另外，能源负荷和能源消耗分析有助于开发能源指数，该指数可用于将其能源性能与类似设施的能源性能进行比较。负载分析可以对设施能源使用产生有价值的预估，从而有助于降低能源成本、提高生产力并保护关键资产。由此可见，能源消耗多少与能源成本直接相关。

9.2 WHY：能源系统转型的驱动因素

驱动能源转型的第一个因素（最主要因素）是全球 GDP 增长与温室气体排放的“脱钩”，以实现人类社会绿色发展。温室气体排放对气候变化有直接影响，假设碳排放量没有明显削减，那么在未来 15 年里，随着碳排放量增加使地球温度上升超过 2℃，我们将会面临干旱、洪水、风暴、物种灭绝等自然灾害的剧增。因此，实现经济增长与碳排放“脱钩”是世界各国努力完成的目标（图 9.7）。

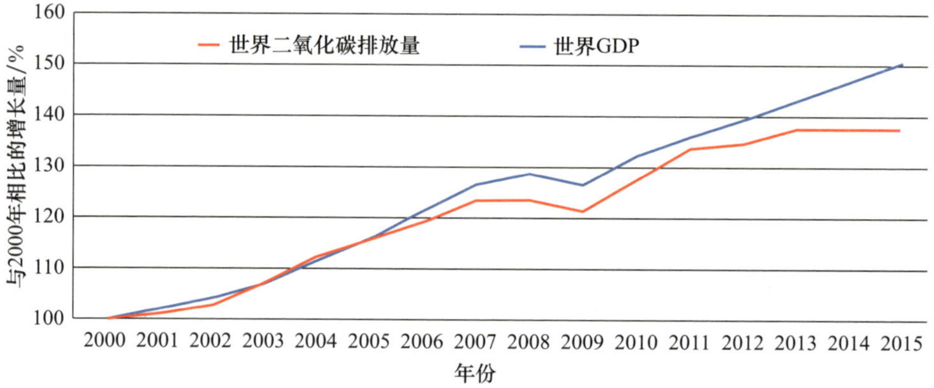

图 9.7　2000—2015 年世界 GDP 与 CO_2 排放量的关系

（数据来源：https://ourworldindata.org /grapher/Co2-emissions-vs-gdp）

根据国际能源署资料统计，2018 年瑞典年人均排放到大气层中的二氧化碳量为 4.25 t，而欧盟的年人均排放量为 6.91 t，美国则达到 16.15 t，瑞典通过自身发展的数据证明经济增长与碳排放“脱钩”是可行的（图 9.8）。首先，瑞典一直致力于研究可再生能源的发展与应用，计划到 2040 年实现 100% 可再生能源发电。其次，对碳进行定价，通过征收二氧化碳税控制化石燃料消耗的增加，这项措施在瑞典过去的 20 年中取得了巨大成就。

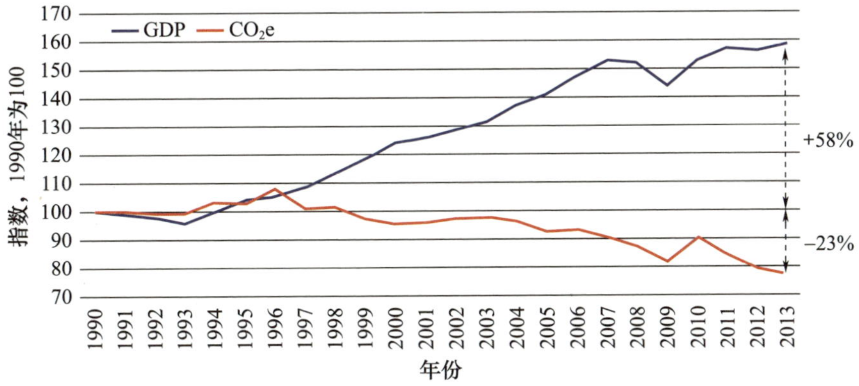

图 9.8　1990—2013 年瑞典 GDP 与 CO_2 排放关系

注：CO_2e 为二氧化碳当量，用于衡量温室气体排放量。$CO_2=CO_2e\times80\%$。

（数据来源：Swedish Environmental Protection Agency, https://www.swedishepa.se）

第二个驱动因素是为全世界所有地区提供价格合理、持续稳定的现代化能源。目前，世界多国都还有一些贫困地区是没有电力供应的，特别是在非洲的一些发展中国家。在 2015 年通过的新联合国可持续发展目标（SDGs）中，将能源发展作为人类发展和繁荣的关键，确立了所有人都能享有可靠、可持续的现代能源的发展目标。

电力供应的普及主要依靠能源技术的改进。例如，独立式太阳能家庭电力系统、小型电网和节能设备，这些技术都是电网扩张提供电力补给的有效措施。这种分散式系统可以填补偏远地区能源输入的缺口，提供稳定、高效的电力，也避免了通过电网连接的昂贵费用，让贫困地区也可以负担。能源技术的加速发展，有效地推动了非洲发展中国家、印度、印度尼西亚等电气化率的逐年增加（图 9.9），使越来越多的人受益。

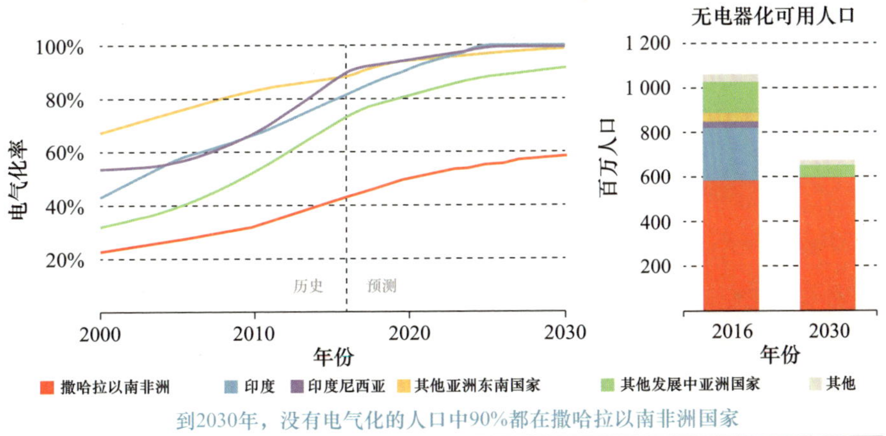

注：其他包括中东、拉丁美洲以及北非。

图 9.9　发展中国家电气化率不断增加（Davis，2019）

最后一个驱动因素是能源与水系统、食品安全、气候变化等方面的关联性。2005年,《千年生态系统评估报告（MEA）》指出，生态系统与人类生活之间存在着复杂而动态的关系，人类贫富生计很大程度上取决于生态系统的可持续性以及它们提供的各种服务。

能源与水系统是相互依赖的。水用于能源生产和发电的所有阶段，从提供冷却、灌溉作物到生物燃料，与此同时，也需要能量来提取、输送以及处理废水。水资源的稀缺性、可变性以及不确定性变得越来越普遍，直接使传统能源系统的脆弱系数提升，增加了能源系统转型的迫切性。2012 年，美国三分之一的地区出现严重干旱，有限的水资源供应直接限制了一些发电厂和其他能源生产设施的运作，出现基础设施断电等严重问题（图 9.10）。

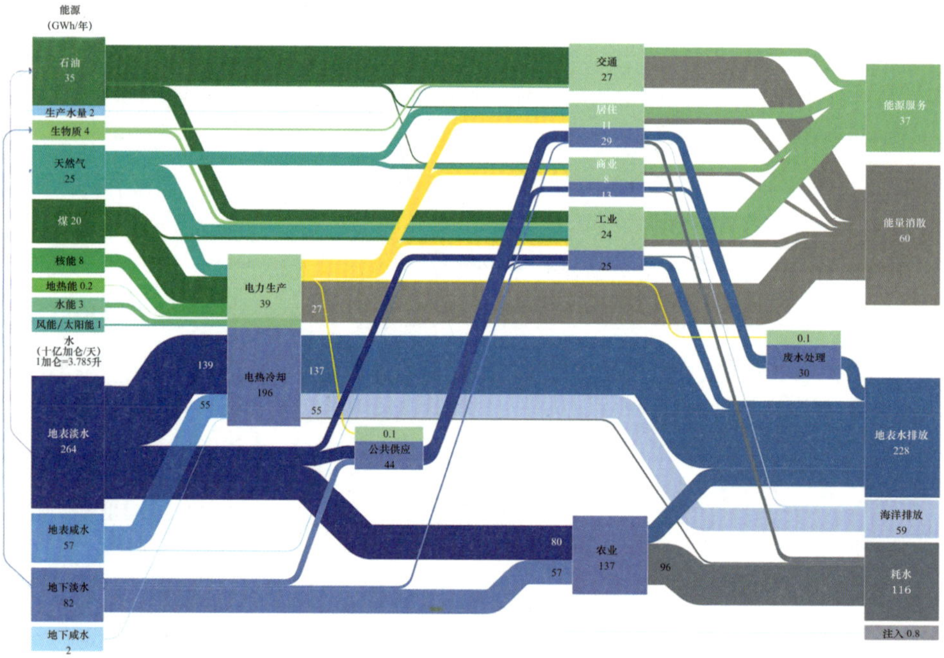

图 9.10　美国能源与水流动关系

（图片来源：https: //www.sankey-diagrams.com/?s=U.S+Energy+History+1800–2019）

此外，气候变化的影响进一步强调了管理能源系统的必要性。在应对气候变化和能源安全的背景下，发达国家和发展中国家都在推动能源低碳化发展，大力开发太阳能、水力、风能、生物能源等清洁能源已成为趋势。如今，如何破除经济发展过程中对能源和排放的依赖、实现经济社会的低碳化已经是全球解决能源发展与应对气候变化的核心问题（图 9.11）。

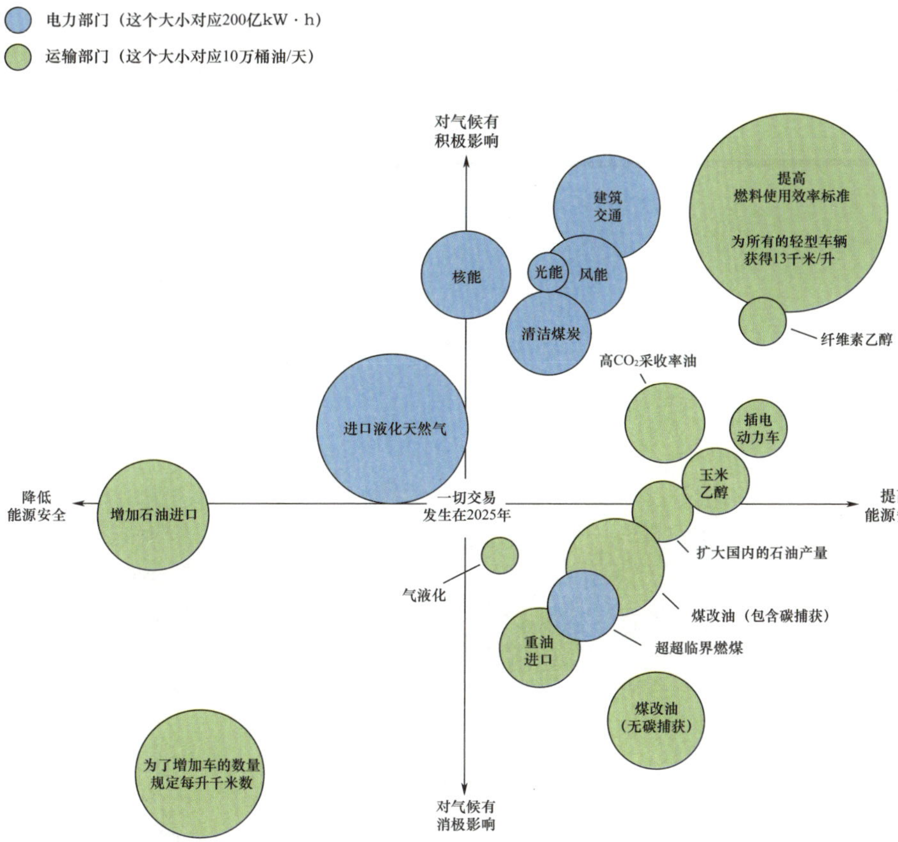

图 9.11 能源安全与气候变化关系（Toke et al.，2013）

9.3 HOW：能源系统的多维性

未来能源系统主要表现为能源系统的多维性，体现在能源利用的灵活性、安全性和经济性上。能源系统的灵活性主要体现在满足供应与需求之间的不确定变化的能力，包括能量储存、传输网络、系统管理等方面。灵活的能源系统不仅可以快速供应需求端的功率和能量波动，还可以高效、安全地储存可再生能源产生的大量电能，依靠需求端进行电力控制，降低电力传输的经济成本，以此保证电力系统全天供应的充裕度。

在能源转型的背景下，德国可再生能源的研究和发展一直处于全球领先地位。2011 年日本福岛核事故后，德国立即颁布能源转型政策，致力于节能减排，计划到

2050年可再生能源占比提高至80%，积极引领全世界实施安全低碳的能源改革。2018年夏天，德国宣布将从能源结构中消除煤炭的计划，意味着德国淘汰煤炭的设想将转化为现实。图9.12是关于德国的个案研究。随着未来可再生能源穿透率的提升，当新增能源产量超过整个系统负荷，电网系统就会失去平衡，因此，需要有储能技术把这部分能量存储起来，作为备份系统。储能成本正在逐渐降低，能源成本也随之减少，有利于提升可再生能源的渗透率。

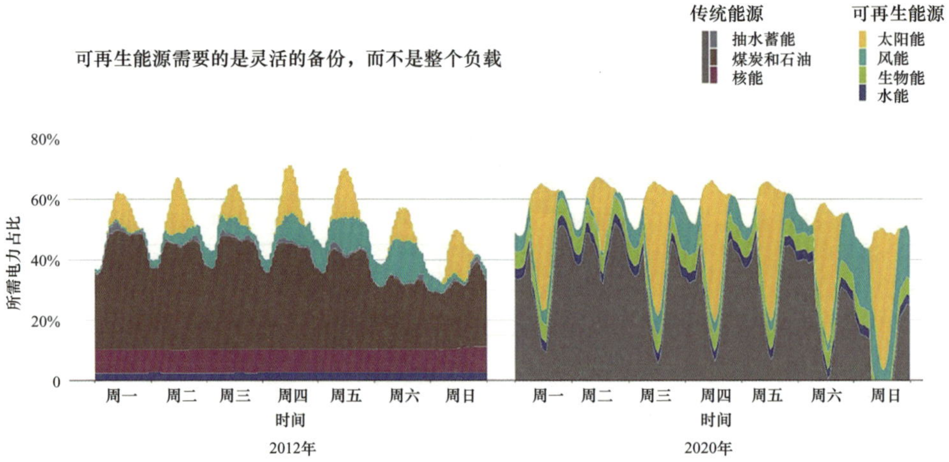

图9.12　德国2012年和2020年能源供给对比（Statista，2020）

在未来能源系统中，数字化技术起到至关重要的作用。能源系统的数字化转型，就是将全世界的能源连接得更紧密、更智能、更高效、更安全和更具有可持续性。当前，数字化、智能化技术的发展突飞猛进，尤其在数据分析以及系统连接等方面都实现了数字化应用。未来的数字化能源可以分析信息和能源的关系，进一步提高能源效率；还可以将信息和能源深度融合，让数据指导能源的生产、输送、消费等全过程，实现能源智能流动；还能对个体能源的使用情况进行分析，在适当的时间、地点提供最低成本的能源，实现人性智能化能源服务。

需求端自动化响应技术是能源系统与信息通信技术（Information Communications Technology, ICT）结合的产物（图9.13）。需求响应是指终端用户根据电价调整需求量，或在高需求量期间进行节电节能。这种控制需求端的想法也并非骤然而生，一些电力公司在过去几十年里，一直致力于免费为用户在恒温器或热水器上安装定时器，鼓励用户多在白天充电。许多电力系统也实施了需求响应计划，特别是那些用电量比较大的批发市场，允许用户在发电机提供电力供应的基础上减少需求量。

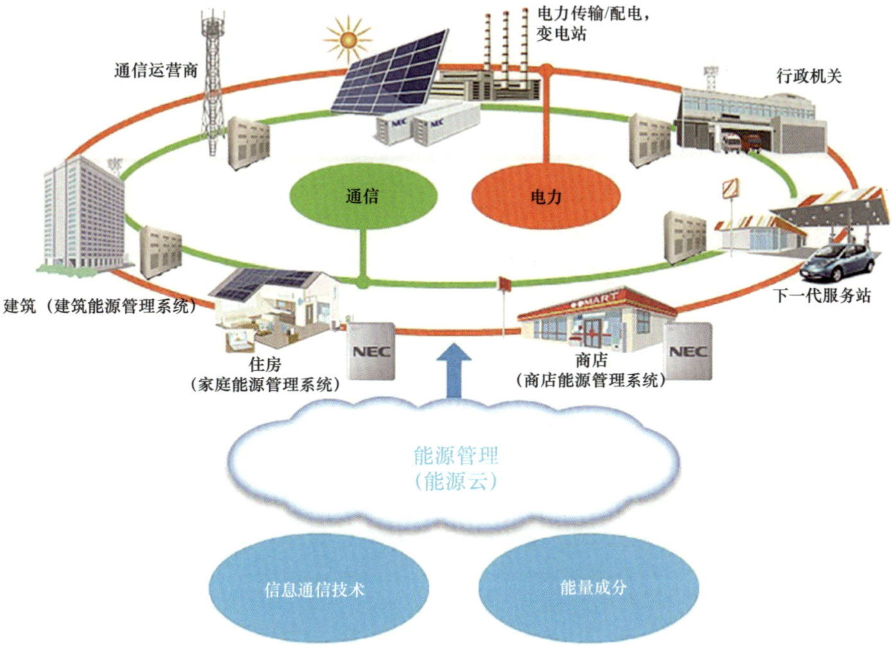

图 9.13　能源系统与 ICT 结合（Fagas et al.，2017）

需求响应有两个基本类型：①“经济”的需求响应：用户向电力系统运营商提供负供给量，就会被分派较少的能源，与基线标准相比较，系统运营商会向用户支付减少使用的那部分费用；②“容量”的需求响应：在一些特殊情况下，例如炎热的夏天，用户赋予运营商可以要求用户减少能量需求的权利。

数字化可以提高能源系统的安全性、生产率、可及性以及可持续性，但同时也增加了新的安全和隐私风险。数字化能源正在改变着市场、企业和就业等各方面，新的商业模型兴起，就意味着传统的模式正逐渐被替代。

随着市场的发展，能源系统的硬成本大幅度降低，软成本所占比例有所增加（图 9.14）。其中，储能系统成本的降低是新能源成本降低的助推器。从 2012 年到 2017 年，电池成本每年下降超过 15%，预计到 2025 年，电池成本下降将会超过 50%。从 2005 年到 2015 年，太阳能光伏组件成本下降 75%。能源技术的发展使硬件设备成本变得越来越低，制造厂商也在积极地改进制造工艺、优化产品，从自动化、规模化的生产中提高效率。与此同时，制造厂商也在采取各种措施降低软成本，如标准化生产可减少现场劳动力，简化工作流程可节省更多的时间与精力，但软成本数量虽有所下降，其所占比例却呈增长的趋势，因此，如何有效地降低软成本是一项有待研究、解决的问题。

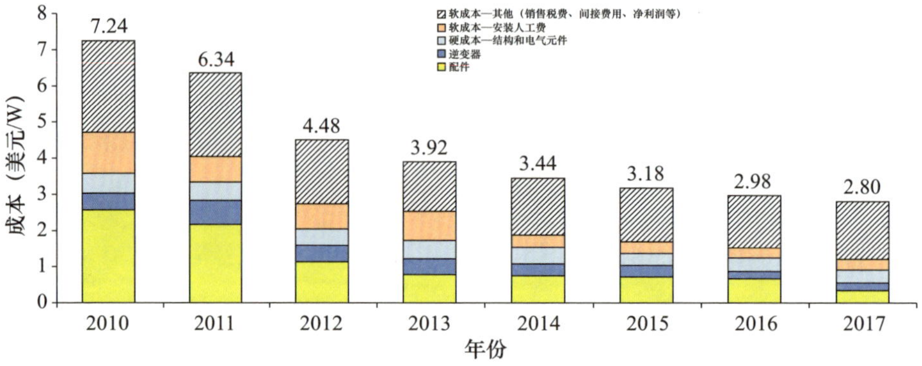

图 9.14　2010—2017 年能源系统的软成本与硬成本趋势

［数据来源：美国能源部（U.S. Department of Energy），https://www.energy.gov/eere/solar/soft-costs.］

能源技术的创新具有战略性、公共性、前瞻性和系统性等特点，对基础设施要求高，研发投入周期长。各国都在积极研究能量获取、储存、转换以及传输过程中的新技术，虽然很多技术还在实验研发阶段，但很快就会应用到实践中，为人类社会可持续发展发挥重要力量。

9.4　WHAT：未来能源系统的展望

对于未来能源系统，需要以资源为基础完成系统整合的转化过程，也就是消费者在电力需求方面可以自产自足，从消费者转变为生产者。当可再生能源继续增加，单纯的使用者就转变为生产者，同时也是生产并消费的消费者，这样能源的来源就可以更加多样化。

随着新能源成本的降低、新设备技术的发展，以及互联网技术的渗透，能源系统转型将迎来新的机遇，同时未来能源系统也将呈现不一样的面貌。可再生能源将成为生产主力，占比将接近 50%（图 9.15）。智慧能源普遍发展，能源获取方式广泛，实现能源自产自供。能源交易实现市场化，随着互联网技术的高度渗透，能源生产商、产销者、终端用户等通过移动终端的交易平台即可实现能源的实时交易。整个能源系统运行将高度智能化和透明化。

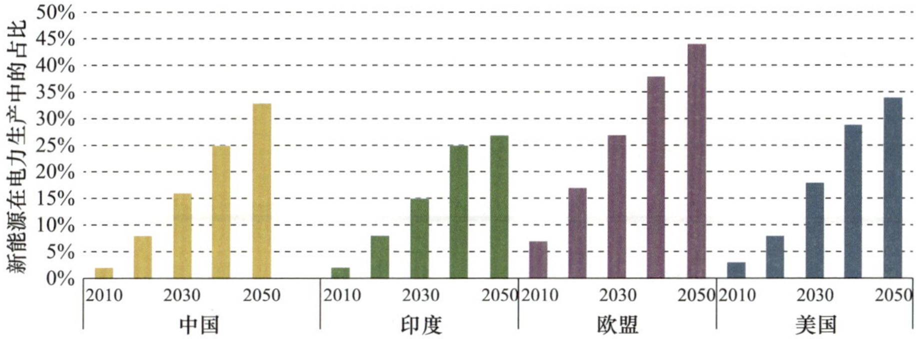

图 9.15 2050 年中国、印度、欧盟以及美国总电量中可再生能源占比预测（Reuters，2017）

另外，人们关注的是，什么是能源系统集成（ESI）？能源系统集成是一种解决重大能源挑战的方法，它探索了能源系统如何更有效地独立工作和相互协作。能源系统集成旨在将诸如电力、热路和燃料等能源载体与通信、水和交通等基础设施相结合，以最大限度地提高效率和最小化浪费。如何将这些能源组件、子系统和系统集成在一起，是寻求最佳利用新开发技术和实现我国能源目标的关键机会。

ESI 将广泛的能源载体：电力、热源和燃料与其他基础设施（如水、交通和数据网络）结合在一起。这是我们今天使用的所有能源系统的整体观点。ESI 是指将这些能源系统的综合强度从那些在个体住宅和社区中运行到跨越世界整个区域并最大化我们使用的每一单位能量的价值的系统。虽然目前大多数能源、输送系统和需求响应计划都被视为独立的技术，但 ESI 研究了它们如何作为一个系统最佳地协同工作。通过关注多途径、多尺度的能源系统优化，我们可以更好地理解如何提高可靠性、降低成本，并将能源系统对环境的影响降到最低。

一个复杂的例子是一个由太阳能光伏系统、电解槽、储氢系统、燃料电池车和固定燃料电池组成的系统。这个系统可以用来储存氢形式的太阳能，然后可以用来为汽车提供燃料，或者在需要的时候发电，比如日落后。优化这样一个系统，既为家庭提供动力，又为汽车提供燃料，是典型的 ESI 挑战。

因此，能源系统集成是一种不断发展的能源范式、一个一体化世界的创新解决方案，能源系统集成比“仅仅”使用可再生能源更重要。能源系统集成也是思想的融合。

多能源系统集成是未来的发展趋势，能源系统集成是将电力、热路和燃料等能源载体与通信、水和运输等基础设施相结合，实现最大化的运作效率和最小化的资源浪费，促使能源系统各个环节更有效地独立工作以及更协调地彼此合作。例如电信、水以及交通等，以最大化效率，而将能源逸散最小化。其中，智能电网与储能系统集成是必不可少的环节。由于风能、太阳能产生的是可变性、间歇性的能量输出，无法确保持续性的供应，因此，储能技术就可以在低碳型电力大量产生时将其转换成存储形式，在有需求时将其转换回电力供应，这也是有效的电能储存技术在智能电网中发挥着重要作用的原因（图 9.16）。

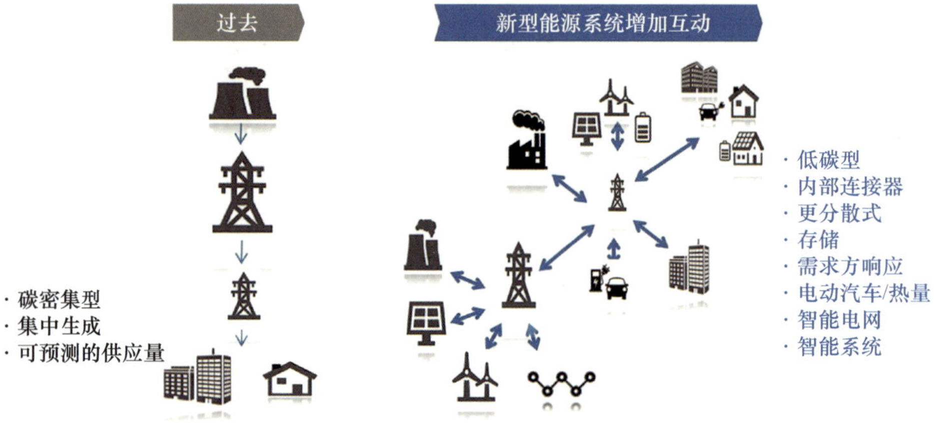

图 9.16　智能电网与储能系统集成

（数据来源：Powersync energy solutions,https://powersyncenergy.com.）

能源分散式存储系统技术包括太阳能利用、风能利用、燃料电池以及天然气冷热电三联供等多种形式的模块化、分散式的供电技术，相对于传统集中式供电，分散存储供电方式更智能，基于需求端供电而更有效率，并且低碳化（图 9.17）。随着储能需求量的增加，储能技术在不断更新，通过创建更具弹性的能源基础设施，提供多种技术方法来储存电能，降低电力成本。目前全世界的能源分散式存储技术主要分 6 种类型：①固态电池是通过电化学方式储存电能，包括化学电池和电容器；②移动式电池是直接将能量存储在电解质溶液中，以此延长电池循环寿命，缩短响应时间；③飞轮装置是利用旋转能量提供瞬时电力的机械装置；④压缩空气能量存储是利用压缩空气创造强大的能量进行储备；⑤热量型是通过捕获热量和冷量按需创造能量的技术；⑥泵送水力发电是用水创造大型能源水库。

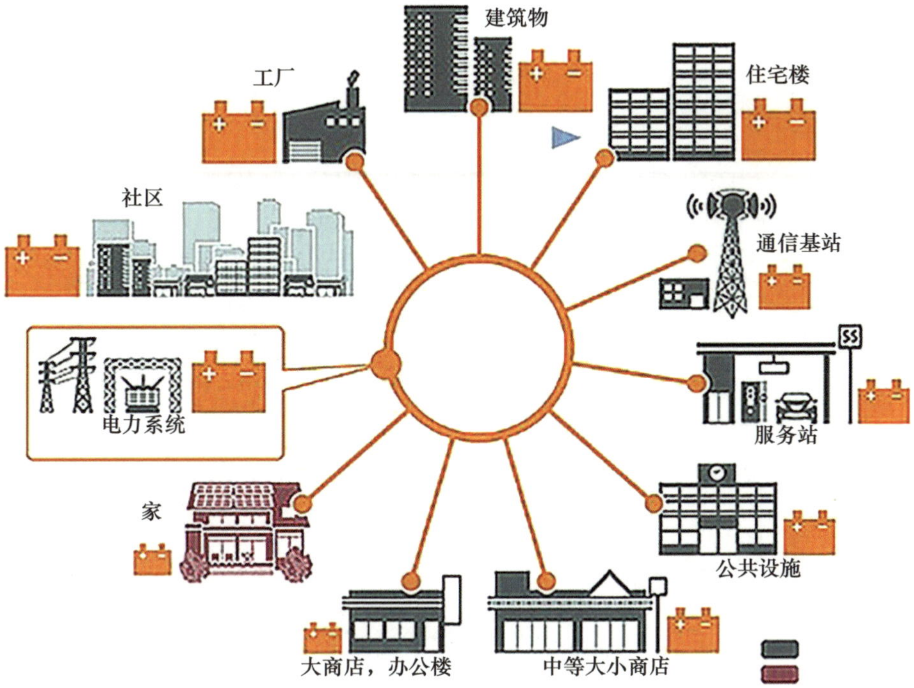

图 9.17 能源存储应用体系

（数据来源：NEC 公司，https://www.nec.com/en/global/csr/eco/adaptatian. html.）

展望能源发展前景，储能和供能单元会逐渐被用户端的智能建筑所替代。智能建筑是这一愿景的核心，它不仅提供安全、舒适的居住空间，还提供信息的基础设施，使真正智能化的世界成为可能（图 9.18）。智能建筑可以利用自动化系统调节房屋的温度，用较少的费用提供居住所需的舒适度；也可以主动维护设备性能，保持设备最佳效率；还可以通过电力市场获取并改变响应使用情况，确保最低的能源成本，通过减少负载返回电网产生收益等。智能建筑所作出的贡献远远超出了节约能源和促进可持续发展目标的作用，它是未来能源系统的重要组成部分，可以实现未来所设想的强大低碳经济。

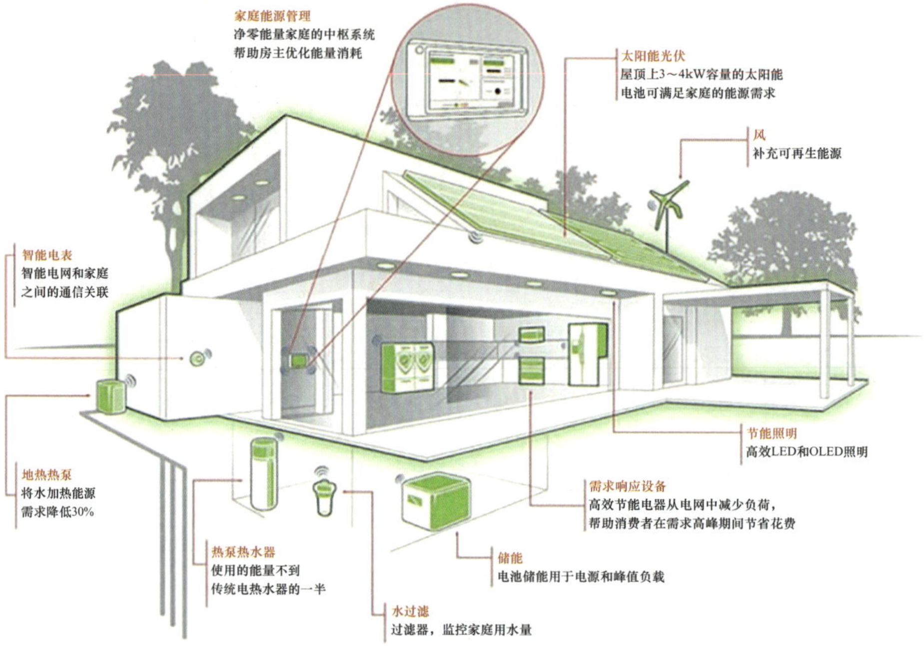

图 9.18　智能建筑系统

［图片来源：伊世特（ESD）集团，https://www.esdglobal.com/servicestechnology/intelligent-building］

智慧能源是建立在集成的、高速双向通信网络的基础上，通过先进的传感和测量技术、先进的设备技术、先进的控制方法以及先进的决策支持系统技术的应用，实现电网的可靠、安全、经济、高效、环境友好和使用安全的目标。能源在转型的过程中会变得更为复杂，集成度更高，需要一种新的研究模式来解决——全球微网，把世界上的技术资源、智力资源整合在一起，通过全球共同的网络平台合作，实现实时管理、远程系统优化、信息共享等用途，研究解决未来能源所面临的问题与困境，不断提升积极的社会效益，使我们的生存环境变得更加美好，同时也能产生良好的经济效益。

9.5　汽车革命与交通、能源、城市协同发展

汽车零排放和电动化变革、能源转化及传统能源公司转型、未来交通和出行变革图景、下一代汽车关键技术发展、汽车智能化和网联化趋势、核心供应链培育、汽车生产组织方式变革、国际创新对接、产业政策调整等热点问题是当前人们关注的焦点。

从能源系统的角度来分析，最重要的是能源系统在转型过程当中与车辆融合的问题以及如何协同的问题。由于能源的转型，能源系统的特征发生了变化，资源的能源

系统逐渐集成，这种融合和协同也是系统集成一个非常重要的体现。能源系统的创新从原来很多大系统逐渐演变成区域型、小型、分布式的小系统，原因很简单，因为能源系统发生了变化，最后的应用对象也发生了变化。

这里非常重要的是如何和能源转换（E-Transportation）进行集成。我们用了5年的时间编了一本《清洁能源手册》，一共6卷，包括可再生能源、能源转换、减排、终端能源使用、储能和其他能源等相关软科学问题。2010年的时候是替代能源的供给，现在是可再生能源逐渐进入主流能源，这是很重要的转型。另外就是储能，其实这两者之间是密切相关的，可再生能源的介入使储能的技术提高。2013年新增长的容量中，可再生能源第一次超过了化石能源。2017年美国新增加的装机容量，94%来自于可再生能源，这个数字非常惊人。可再生能源的介入与很多元素有关，其中包括政策的变化。中国在可再生能源方面有一个关于补贴的大变化，围绕这个问题，我们进行了研究。

我们针对国内344个城市，按照能源和发电情况做了两个指标，一个就是按照终端用户的电价，如果按照现有光伏发电的成本来算，可以达到百分之百的煤油补贴，这具有非常重要的意义。如果按照所谓的标杆电价入网，只有不到四分之一，即24.35%，这是最新的一个结果统计。这两种情况下，一种是低于1的情况，表示是有盈利的。另一种情况是城市的能源和当地电价发生了非常大的变化，在制约着能否盈利。

对整个能源系统来说，一个非常重要的观点是，能源系统是分布式的。丹麦从1990年到现在，整个新能源成本呈下降趋势，被称之为能源领域的摩尔定律。成本每两三年减一半，ED、光伏、风能储能基本都呈同样的趋势，在未来可能会提供更多的技术空间。北欧能源市场是最自由的市场，最低电价和最高电价差10倍。有这样大的波动，会带来很多新的商业模式，这都是能源转型的特征。

那么未来能源系统将呈现什么样的状态，我的观点是，未来能源的负荷就是变化的负荷，变化的负荷就是我们未来所谓的新常态。如何去适应？需要技术、政策和商业模式共同协作。关于ICT和能源的结合问题，即所谓的互联网+，我认为，简单的用互联网+解决不了能源系统的问题。原因很简单，能源和信息不是一样的，物理特性不一样，信息的融合、交换是增加新的信息，能源的转换和交换是有损失的，这是由热力学第二定律决定的，是自然定律。能源通过大幅度、长距离的传输和转换，会带来很多损失。例如我们的手机，我们担心什么问题？是能源问题，而不是信息问题，因为能源储存和信息储存的成本完全不一样。如果能源储存也能够像信息储存一样便捷低价，可能整个能源形态会发生很大的变化。因此，信息只是为能源系统提供了一种新的手段，而简单的“互联网+”并不能够解决能源的问题。

美国每一季度都会公布能源项目成本，其中软成本所占比例逐渐从原来的30%，到了现在的70%。这就涉及商业模式是不是要创新的问题，就算工程师、科学家努力把硬成本减一半，从商业模式上和整个系统不去创新的话，占比70%的软成本无法降低，未来降低能源总成本的工作依然非常艰巨。

例如，在马尔代夫做的一个极端孤岛系统，马尔代夫希望该系统百分之百采用可再生资源。这里发现有几种情景，当可再生能源的比例达到大概50%，实际上是可以盈利的。如果进一步增加到百分之八九十的时候，还是可以接受的，就是要额外的增加一些成本。如果可再生能源比例达到百分之百，成本会非常高。在现有的条件下，可以根据成本的构成得出：储能成本非常高、非常贵的情况下，可再生能源比例可能90%要远远比100%的好，也可能50%的可再生能源的经济性是远远好于超过50%的。在这个案例里面，随着未来储能成本的下降，可再生能源是一个极端情景。

我们在做一些终端用户的负荷转移，以供热系统为例，瑞典供热的负荷非常高，有调峰和没有调峰是完全不一样的，调查结果显示，整个能耗增加4%。这4%是转嫁到用户端的，瑞典是按照热负荷收费的，从原来单一的收费模式来说，要增加4%额外的成本，就是等于用户付的热费要高。实际对供热公司来说是很合算的，这就涉及新的商业模式，如何在这种负荷调节的情况下，让终端用户和提供商能够实现共赢。

最后，能源系统一定要结合当地的情况，尤其是电动汽车能源系统为其提供了一个非常好的新的机会。

9.6 数字化：能源的新时代

在未来几十年里，数字技术将使世界各地的能源系统更加互联、智能、高效、可靠和可持续。数据分析和连接性的惊人进步，使智能家电、共享移动和3D打印等一系列新的数字应用成为可能。未来的数字化能源系统可能能够确定谁需要能源，并在适当的时间、适当的地点以最低的成本提供能源，但要把事情做好并不容易。

虽然数字化提高了能源系统的安全性、生产力、可及性和可持续性，但也带来了新的安全问题，它正在改变市场、商业和就业环境，新的商业模式正在出现，而一些百年前的商业模式可能正在走向没落。

决策者和其他利益相关者越来越多地面临新的复杂决策，而信息往往不完整或不完善。另一个挑战是能源系统的极端动态性，能源系统通常建立在大型、长寿命的物理基础设施和资产上。

在需求方面而不是仅仅在供应方面平衡供需的想法并不是什么新鲜事，数十年来，电力公司一直在花钱让客户在恒温器或热水器上安装定时器，一些公共事业公司甚至想出了如何在白天向用户收取比晚上更多的电费。

许多电力系统，无论是监管的还是重组的，也在尝试允许需求方参与者提供诸如频率调节等辅助服务，但迄今为止，绝大多数需求方的参与，以及超过 90% 来自需求响应的利润，都是通过产能市场实现的。在最近的产能拍卖中，“新产能”的最大来源实际上是承诺减少需求，而不是增加供应。

参考文献

DANISH ENERGY AGENCY, 2019. Power production and transmission in Denmark, 2019[R/OL]. https://ens.dk/en/our-services/statistics-data-key-figures-and-energy-maps/energy-infomaps.

DAVIS L, 2019. How electrification will make the world more inclusive[R/OL].(2019-1-17). https://www.weforum.org/agenda/2019/01/energizing-the-world-how-electrification-will-drive-inclusion.

DEPARTMENT OF THE ENVIRONMENT AND ENERGY (Australia)，2019. Australian energy statistics, table O electricity generation by fuel type 2017-18 and 2018[R/OL]. (2019-3-1). https://www.energy.gov.au/publications/australian-energy-statistics-table-o-electricity-generation-fuel-type-2017-18-and-2018.

EVANS S, 2018. Global solar capacity grew faster than fossil fuels in 2017, says report[EB/OL]. (2018-4-5).https://www.carbonbrief.org/global-solar-capacity-grew-faster-than-fossil-fuels-2017-report.

FAGAS G, GALLAGHER J P, GAMMAITONI L, et al., 2017. Energy challenges for ICT[M/OL]// Giorgos Fagas. ICT - Energy concepts for energy efficiency and sustainability. London: Intech. https://www.intechopen.com/books/ict-energy-concepts-for-energy-efficiency-and-sustainability/energy-challenges-for-ict.

O’BOYLE M，2016. Wind and solar are our cheapest electricity sources - now what do we do?[EB/OL].(2016-12-21). https://medium.com/americas-power-plan/wind-and-solar-are-our-cheapest-electricity-sources-now-what-do-we-do-b323082239de.

REUTERS, 2017. China, India surpass U.S. as most attractive renewables markets [EB/OL]. (2017-5-16).https://www.reuters.com/article/us-renewables-investment-idUSKCN18B2Q9.

STATISTA, 2020. Energy supply in Germany 2020[R]. Hamburg: Statista.

TOKE D, VEZIRGIANNIDOU S E, 2013. The relationship between climate change and energy security: key issues and conclusions[J]. Environmental politics, 4(22): 537-552.

10

生态经济均衡发展的可持续智能气候农业

李百炼

生态农业，又称有机农业或生物农业，是指农作物仅利用自然资源，例如防治害虫、保持或增加土壤肥力等，而不使用化肥、农药、抗生素等合成化学品生长，也不进行任何基因改造，这样，就可以获得更天然、更健康、更有营养的食物。此外，它有助于实现环境的更大可持续性，使农业对环境的影响降至最低。生态农业产生的空气污染较低，产生的二氧化碳少，有助于防止温室效应，不会产生污染废物，并有助于节约能源，这是因为在产品的培育和生产过程中对可再生资源进行了最大化的利用。生物多样性的降低是当今主要的环境问题之一，而生态农业可以为将来保存种子，从而防止一些具有营养价值和文化价值的作物的利用消失。

到2050年，全球人口将会增加三分之一，其中大部分新增的人口都在发展中国家，同时，越来越多的人口生活在城市。因此，联合国粮食及农业组织（FAO）预计，到2050年农业产量需要再增加60%才能满足人类对食物的需求，但是气候变化对农业的负面影响却使人类面临更加艰巨的挑战。为了同时应对粮食安全问题以及农业发展目标，亟需发展适应气候变化并且低排放的农业生产方式，于是可持续智能气候农业应运而生。

10.1 粮食安全与气候变化

全球气候可持续与农业系统密切相关，作为中国长期以来重点关注的问题，农业不仅只是一个食物系统，而且关乎粮食安全。一般来说，农业系统是指在一定的自然条件和社会经济条件下，农业各部门或各种作物的生产要素按各种比例、采用不同方式结合而成的系统；而FAO对粮食安全的定义为：人类目前的一种基本生活权利，即“应该保证任何人在任何地方都能够得到未来生存和健康所需要的足够食品”。由此可见，要保证人类的基本生活权利，农业系统必然起到根本的作用。一方面，因为农业系统提供食物，所以它完全主导了粮食安全［图10.1（左）］；而另一方面从市场或其他角度来看，农业系统、食物系统以及粮食安全有交界，同时也有不同［图10.1（右）］。

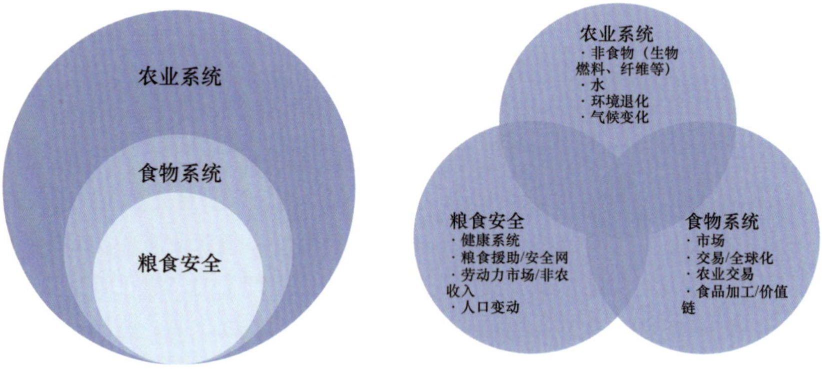

图10.1　农业系统、食物系统及粮食安全关系

从全球来看，即使已经进入21世纪，粮食安全依然是全球的一大挑战。目前，全球有9.25亿人长期处于饥饿状态，然而，未来20年人类对食物的需求却将增加至少50%，这种增加主要是因为人口增长以及中等收入国家的人均收入的增加。同时，多样化的食物需求越来越普遍，尤其是对动物性食物。由于以上的种种原因，全球粮食价格节节攀升，尤其是21世纪以来，其增长速度呈几何指数增加（图10.2）。

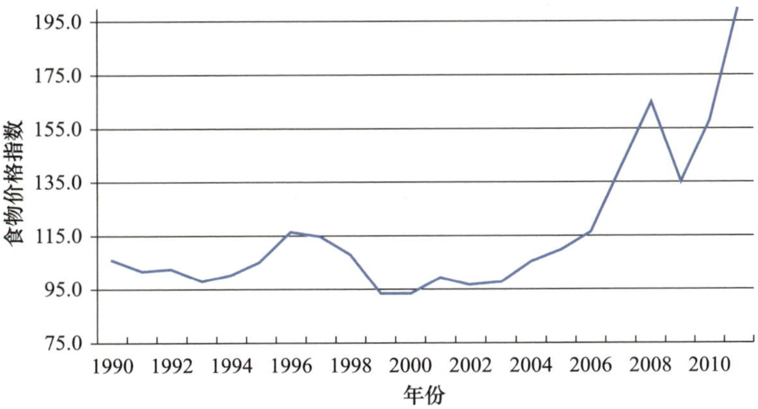

图 10.2　全球食物价格不断上升

粮食安全问题突出的同时，食物浪费问题也依然突出。由图 10.3 可以看到，全球对根茎类食品和果蔬类食品的浪费都达到了 40% 以上，而对鱼及海产类食品的浪费也能达到 35% 左右，谷物则有 30%，其他包括油籽和豆类、肉类、奶制品等，其浪费程度都在 20% 左右。从食品生产、加工直到消费各个阶段的浪费程度来看，消费者的浪费比率最高，根茎、果蔬、鱼及海产等食品在生产中浪费较多。从以上数据可以看出，人们对于食物爱惜以及有效利用的意识都有待提高，同时，在农耕及食品加工等过程中，应不断改进工艺减少食品浪费。

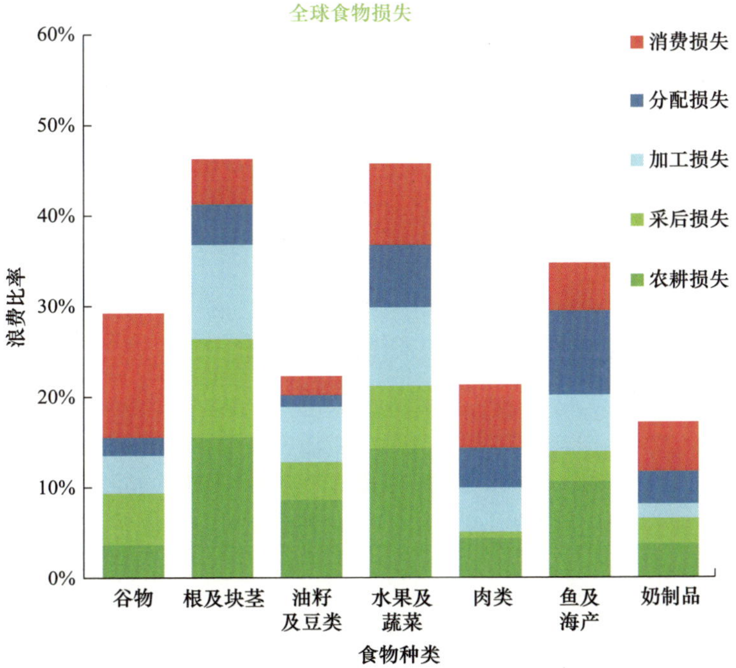

图 10.3　全球各类食物损失占比

大量事实表明，农业 GDP 的增长对扶贫工作的影响极大，至少是其他方面 GDP 增长对扶贫影响的两倍以上。改革开放以来，中国在扶贫工作中取得了极其出色的成绩，现在已经基本建成小康社会，所以在践行“一带一路”倡议的今天，中国怎样把自己的经验应用到其中是一个重要的议题。

因为粮食安全、食物浪费等问题的存在，农业系统一直是全球各个国家的行政、外交、经济以及民生等各个部门的重要议题。但现在，我们关注的不应仅仅是实现足够的食物供应、合理生产等问题，应更多地去关注农业系统在生态、经济等方面的均衡发展，促进其自身的可持续发展。

最近沃伦（R. Warren）等人在《科学》杂志上发表的文章说，基于《巴黎气候变化协定》，联合国正努力将之前的“本世纪全球平均气温上升幅度控制在 2 ℃”的目标变成 1.5 ℃；联合国 2019 年碳排放报告表明，即使实现气候承诺，世界仍将出现超过 3℃的峰值。同年，联合国环境规划署的一份报告警告说，即使各国履行了在 2015 年《巴黎协定》下作出的承诺，全球气温仍将比工业化前水平上升 3.2 ℃，从而导致更广泛和更具破坏性的气候影响 ，其原有地理损失范围将超过 50%，预计会影响全球约 49% 的昆虫、44% 的植物以及 26% 的脊椎动物，而如果目标限制在 1.5 ℃，则其影响的范围和物种将会大大降低。因此，对气候变化影响巨大的农业系统是亟须改善的部分。

综上所述，农业和食物系统亟须进行显著的转变，以应对粮食安全、气候变化等问题。在每个尺度上，以及环境、经济和社会等问题上，利用效率以及应对问题的弹性都是值得关注的问题，改善利用效率以及应对不确定的弹性也有助于我们应对粮食安全和气候变化等问题。以上的理念都可归纳在“智能气候农业”中，它不是一种新的农业系统，也不是一整套实践措施，而是针对粮食安全、气候变化等问题指导我们去寻找解决方案的思维；智能气候农业对于绿色经济以及世界在各方面的可持续发展都是极有力的推动力量。

10.2　传统农业生产对环境的影响

对于可持续能源问题，农业是其中非常重要的一环。在生物经济学中有一个很重要的概念——生态经济价值链，基于生物系统以及基础科学的研究与工程，我们构建了可以生产更加健康的食物和产品的生产系统。例如在中国，海藻的产量很高，但是生产效率低，技术落后，而且对环境负面影响极大，而在智利圣地亚哥的一个小港口，虽然资源利用量较少，但是其生产效率可能是中国的 10 倍。对于这样的问题，很重要的一点就是提高其生产利用效率，并在微生物、新能源、可再生能源等方面再多做文章。

那么我们怎样才能在降低对环境影响的同时，增加农业产量呢？首先，我们必须面对残酷的现实，如图 10.4，全球粮食生产近几十年不断增加，氮、磷等肥料的施用也在不断增加，对环境造成了极大的压力，然而粮食生产中肥料使用的效率却越来越低（图 10.5）。

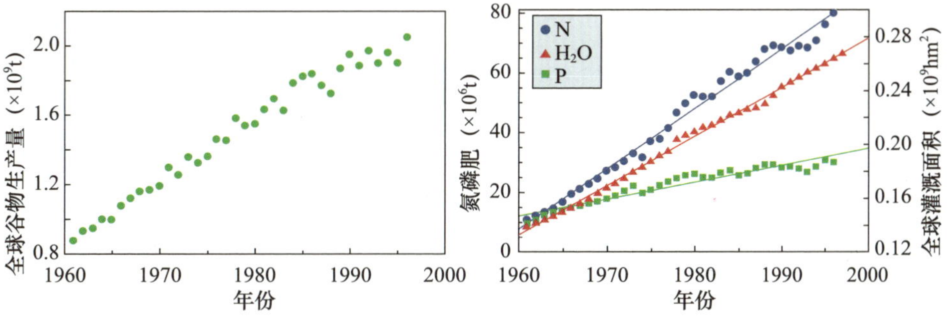

图 10.4　全球粮食产量以及氮磷肥施用的增加

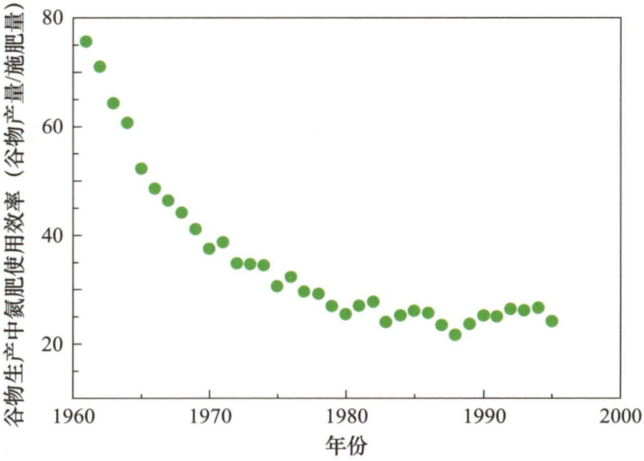

图 10.5　氮肥利用效率的变化

全球的生态系统正受到前所未有的威胁：20% 的地球陆地表面由于人类活动而面临着显著的退化问题，全球 60% 的生态系统正受到破坏和威胁。FAO 提供的数据显示，农业系统对于全球温室气体的产生做出了极大的贡献，氨气超过 90%，甲烷超过 49%，其他还有各类氮氧化物等，贡献都极大（表 10.1）。

表 10.1 农业污染对大气温室气体的“贡献”及对 2030 年温室气体变化的预测

温室气体	CO_2	CH_4	N_2O	NO_x	NH_3
农业来源（占总排放的比例）*	土地利用变化，尤其是森林砍伐	动物反刍（15%），水稻种植（11%），生物质燃烧（7%）	禽畜饲养 / 施肥（17%），无机肥料使用（8%），生物质燃烧（3%）	生物质燃烧（13%），施肥 / 无机肥料（2%）	禽畜饲养 / 施肥（44%），无机肥料使用（17%），生物质燃烧（11%）
农业排放（占人类排放比例）	15%	49%	66%	27%	93%
至 2030 年农业温室气体排放可能发生的改变	稳定或者减少	水稻：稳定或者减少，禽畜：减少 60%	增加 35% ~ 60%	—	从禽畜增加 60%

* 所有温室气体排放，包括自然以及人类来源

鲜为人知的是，农业系统对 PM2.5 的“贡献”其实也是极其显著的（图 10.6）。如今，空气污染是一个重要的问题，所以改善农业系统刻不容缓。

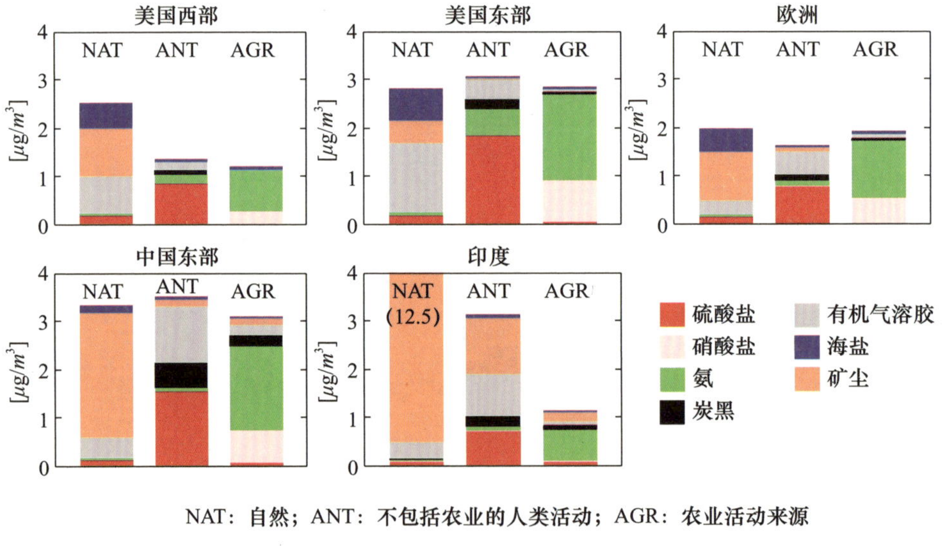

图 10.6 全球 5 个主要人口聚集区 PM2.5 来源分析

另外，农药的使用对水源造成了负面影响，即便是生物可降解的农药，也会对自然环境造成破坏。农业相对密集的地方，氨使用就会更多，地下水污染就会更严重。我们饮用的水、饲养牛羊等使用的水，都将受到污染，有害元素势必会沿着食物链进入人体，参与人体内蛋白质的合成和分解。在这种环境中，即便有优越的饮食条件和环境，人体也会受到伤害。

10.3 生态多样性对农业生产的启示

生态农业，又称有机农业或生物农业，是指农作物仅利用自然资源防治害虫、保持或增加土壤肥力等，而不使用化肥、农药、抗生素等合成化学品生长，也不进行任何基因改造，这样，就可以获得更天然、更健康、更有营养的食物。此外，它有助于实现环境的更大可持续性，使农业对环境的影响降至最低。

生态农业的效益：生态产品更健康，因为它们不含农药、杀虫剂、抗生素、合成肥料、各种添加剂和防腐剂，这些物质许多都应用于传统农业中，以消除病害和增加颜色（如苹果、橙子等），从中长期来看，这类产品可能对人体健康产生负面影响。

生态农业的另一个特点是，当用天然肥料在平衡的土壤中种植作物时，这些产品更有营养，因为它们含有更高水平的维生素、必需矿物质、抗氧化成分、糖和蛋白质。生态产品在不使用农药的情况下生长，同时尊重自然节律，无添加剂、平衡、营养丰富。

化学农药在传统农业中被普遍使用，这使得我们的食物中出现农药残留。毒理学研究表明，农药与某些疾病，如癌症、过敏和哮喘的发病有着一定的关系。农药的使用也对农业工人的健康有害，这是一个严重的问题，特别是在农药使用管理不善的发展中国家。同时，使用这些物质会破坏环境，给社会带来额外的成本，因此农药在野外的残留物必须被清除。

尊重环境是生态产品的优势之一。农民种植生态作物时也参与了环境保护，避免了对土地、水和空气的污染。

针对以上问题，发展出了“农业生态学”，一般认为，自然生态系统中有少量的人类介入，仍可以认为是自然系统；随着人类介入越来越多，成为密集农业生产；人类的介入更多地融合生态系统服务功能，则被认为是恢复生态系统服务的农业生产。从图 10.7 中可以看到，自然系统缺乏农业生产功能，而密集的农业生产则缺乏其他生态服务功能，包括林业、生物多样性、给排水调节、水源质量等，而恢复生态功能的农业生产则是各种功能均衡发展。

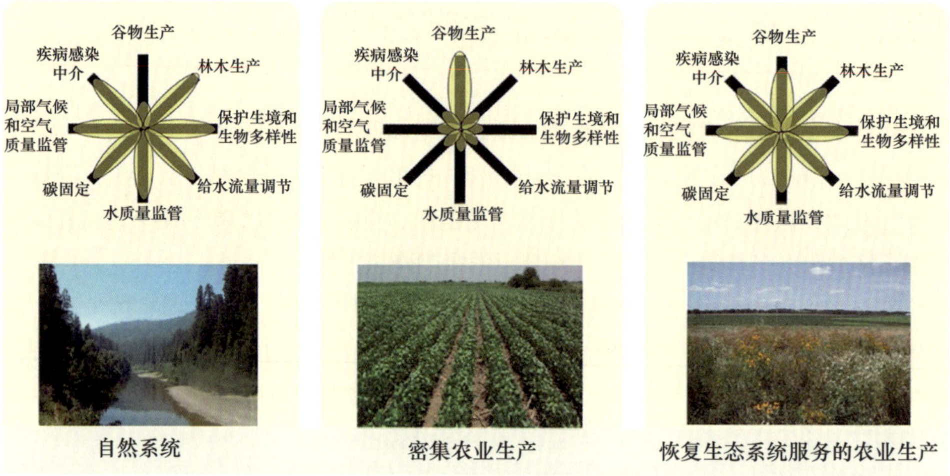

图 10.7　各类不同的农业生产模式

在实际生产中也得到了证实，借鉴自然生态系统服务功能的农业生产的可持续性好，而且人类投入相对较少，产生废物也很少，有更强的适应性，但是这样的农业生产系统与自然的生态系统也是存在一定差异的，主要表现在三个方面：①更开放的能量流，包括更多的投入和更多的产出；②更开放的营养循环；③自动调节能力减弱，包括多样性较少，结构以及营养层级的单一化，生物物种受到限制等。

由于受农业管理以及景观系统管理的影响，农业生态系统相对于自然生态系统增加了一定的服务功能，也减弱了另一些服务功能。增加的服务功能包括提供食物、纤维制品以及生物能等，减弱的生态服务功能包括多样性的降低、野生生物栖息地的减少、营养的流失、河道的淤积、农药的施用以及温室气体的排放。

农业生产中的多样性能帮助改善生产效率以及提高产量，而且也能保证产量的稳定性。另外，农业生产中的多样性与多维生产的理念密切相关，多维生产一般是指多种植物的种植，例如豆类可以固氮，活化磷元素；玉米可以促进豆类的生长，促进铁的吸收；多种植物的生长抑制了杂草，同时减少了土壤的流失；产量增加，减少害虫，并减轻疾病的传播（图 10.8）。

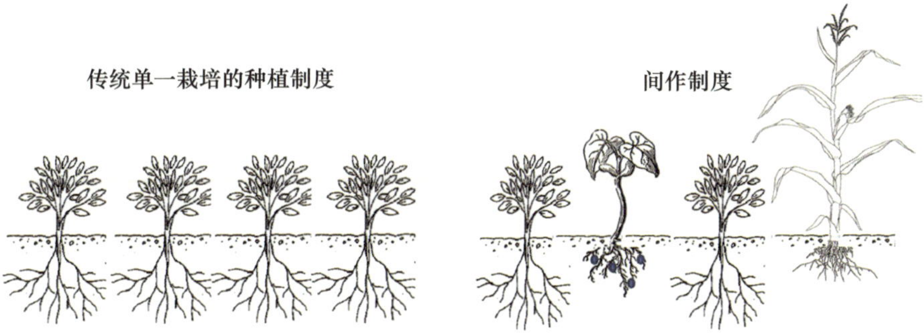

图 10.8 单一物种种植与多物种种植

据研究，农业作物的多样性能增加授粉昆虫密度及其种类。作物物种的多样性，直观地表现为花朵颜色以及作物种植结构的多样，多样的花朵能吸引更多种类的授粉者，而多样的种植结构能在不同时空上吸引授粉者的到来。另外，多样的作物物种意味着多种的物候现象，植物生长适应温度条件的周期性变化也延长了不同种类昆虫的授粉。有研究表明，授粉昆虫的密度与作物产量呈正相关，在大田实验中，通过授粉昆虫的密度的改变，对比不同的作物产量，发现当每 100 朵花的授粉昆虫数量从 5.5 只降低到 2.5 只时，其作物产量将降低约 12%（图 10.9）。

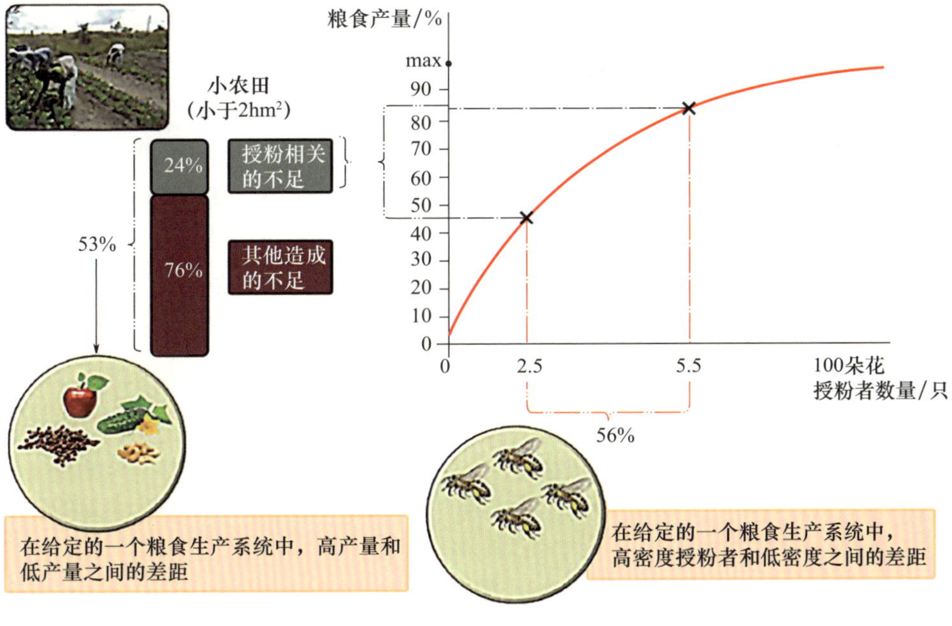

图 10.9 农业生产中授粉昆虫对作物产量的影响

同样，作物的多样性对其生态系统中其他昆虫也影响巨大。作物物种丰富度显著地影响了害虫的种类，而对害虫的天敌影响有限；相反，害虫种类的变化极大地影响了其天敌的生存。从中我们可以看到一个生态系统中各个营养级之间的级联效应，相邻营养级的联系一旦增强，由于中间营养级的存在，其不相邻营养级的联系就会减弱，所以当多样的作物在为人类提供营养的时候，对其生境中的其他生物影响就会有限，相比于单一的作物种植，类似节肢动物群落等就会更加稳定。显然，对于农业生态系统来说，复杂的交叉的营养级关系以及作物的多样性是极其重要的。

10.4 智能气候农业

为了获得可持续的作物生产集约化模式，需要考虑社会、经济、政治以及环境等各方面的可持续性。值得注意的是，全球的、区域性和国家层面的措施、约定、协议、准则和政策等都是自然资源可持续利用的组成部分；而针对特定的农业系统，能有一系列的方法和措施来关注环境的可持续，进而有助于产量的增加。在这里，可以列出一些管理的措施和方法，但是这些并不是能指导所有农业系统的行动计划，而是在实际生产中可以做出的选择，主要分为两部分，一部分是能提供气候变化适应性的措施，另一部分是提供减缓气候变化的措施。

作物的生产经常面临环境的压力，所以生产者们经常需要寻找有效的方法来应对。气候变化适应性是指对于农业部门来说，不只是单纯地维持目前的状态，同时也要在气候变化造成的不同条件下，依然做出正确的回应，拥有不错的表现。对于农业国家来说，农业生产是其主要的收入来源，所以农业的气候变化适应性能帮助他们改善生产，保证粮食安全。

影响作物系统的气候条件包括：雨水的质量与分布、雨水可使用量、类似旱涝的极端天气、高温以及季节变化等。气候变化的速率可能超过自然系统适应的能力，甚至有可能导致某些地方不能再种植某些作物，同时，当地生态系统中的某些生态服务功能也会受到冲击。因此，需要在恰当的地方有合适的技术、制度、社会经济以及基础设施方面的政策。当一些措施和方法能被个人或某些群体使用的时候，需要更广泛的基础设施与政策支持，并且需要在更长期的框架中才能得到实施，例如草原的保护与管理。具体措施可以包括以下内容：① 基于生态系统的措施；② 水土保持性生态农业；③ 结合营养以及土壤管理；④ 地膜种植；⑤ 覆盖作物栽培；⑥ 作物多样化种植；⑦ 选择高质量、适应性强的作物种类；⑧ 结合害虫、种子管理方法；⑨ 水源以及灌溉系统管理；⑩ 有机农业；⑪ 细碎化的土地利用方式（河岸、森林等进行农业种植）。

农业生产是主要的温室气体来源，但同时它也有巨大的潜力来帮助缓减气候变化。农业生产中主要产生甲烷以及氮氧化物等温室气体，其产生的量约“贡献”了全球温室气体的1/3，主要来自于土壤施肥、肥料发酵、生物质燃烧、水稻生产以及有机肥、施肥机器的生产等。除此之外，土地利用方式的改变以及土壤的退化都释放了二氧化碳到大气中。但是，利用自然生物过程，作物的生产也是可以减缓气候变化的，主要通过两个途径——碳储存以及减少温室气体排放。具体措施可以包括以下内容：① 水土保持性生态农业；② 土壤压实管理；③ 轮作式的种植系统；④ 作物多样化种植；⑤ 轮作中的豆类种植；⑥ 地膜种植；⑦ 耕作的泥炭土壤以及退化土壤的保护；⑧ 减少施肥；⑨ 结合营养管理；⑩ 选择营养使用效率高的作物；⑪ 利用专门的能源作物代替化石燃料；⑫ 林下农业。

作物生产会加剧气候变化，但同时也可能适应并减缓气候变化。智能气候农业就是要转变不稳定的农业系统，这些农业系统一味地依靠不断增加投入，而不考虑其他方面带来的负面影响。但是未来的农业系统应该更加有效率，同时具有一定的自然调节机制可以应对各种不确定因素。对于土地的管理者或者生产者来说，实施某些有利于智能气候农业的技术和方法是简单的，但是要使农业系统具有气候适应性以及减缓气候变化的能力，单纯依靠技术是不够的，也需要社会各方力量的支持。在各地需要当地政府强有力的执行力，在农业系统中考虑气候适应性；另外，需要足够的知识储备，不只是对作物生产的生物学方面的知识，还要有能满足当地组织以及个人需求的知识储备。对于适应性强，并能减缓气候变化的农业系统来说，不仅产量上要能满足要求，同时还要兼顾可持续性，这样才能称之为智能气候农业。

智能气候农业也代表着现代信息和通信技术（ICT）在农业中的应用，这导致了第三次绿色革命。继植物育种和遗传学革命之后，第三次绿色革命正在以综合应用信息和通信技术解决方案为基础接管农业世界，这些解决方案包括精密设备、物联网（IoT）、传感器和执行器、地理定位系统、大数据、无人驾驶飞行器、机器人等。

基于更精确和资源效率更高的方法，智能气候农业具有实现更具生产力和可持续性的农业生产的真正潜力。然而，在美国，可能高达80%的农民在使用某些ICT解决方案；而在欧洲，这一比例不超过24%。从农民的角度来看，智能气候农业应该以更好的决策或更有效的开发经营管理的形式为农民提供附加值。从这个意义上说，智能气候农业与智能网络解决的三个相互关联的技术领域密切相关。

（1）管理信息系统：计划中的系统，用于收集、处理、存储和传播农场运作和功能所需形式的数据。

（2）精准农业：管理空间和时间变异性，以提高投入使用后的经济效益，减少环境影响。它包括用于整个农场管理的决策支持系统（DSS），其目标是在保留资源的同时优化投入回报，这是由于无人机广泛使用全球定位系统（GPS）、全球导航卫星系统（GNSS）、航空图像以及哨兵卫星提供的最新一代高光谱图像，允许创建尽可能多的可测量变量（如作物产量、地形特征或地形、有机质含量、湿度水平、氮水平等）的空间变异图。

（3）农业自动化和机器人技术：将机器人技术、自动控制和人工智能技术应用于农业生产各个层面的过程，包括农场机器人和农场无人机。

智能气候农业应用不仅针对大型传统农业开发，还可能成为推动农业开发中其他常见或增长趋势的新杠杆，例如家庭农业（小型或复杂空间、特定文化或畜牧类、优质或特定品种的保存等）、有机农业，并根据欧洲消费者、社会和市场意识，形成一个非常受尊重和透明的农业。智能气候农业还可以在环境问题方面提供巨大的好处，例如，更有效地利用水，或优化处理和投入。

因此，智能气候农业是一种有助于指导转变和调整农业系统方向所需行动的方法，以便在不断变化的气候中有效支持发展和确保粮食安全。智能气候农业的目标主要有三个：①可持续地提高农业生产力和收入；②适应和建设应对气候变化的能力；③在可能的情况下减少或消除温室气体排放。

智能气候农业是一种制定农业战略以确保气候变化下可持续粮食安全的方法。智能气候农业提供了帮助地方到国家到国际各级的利益相关者确定适合其当地条件的农业战略的方法。智能气候农业是根据联合国粮食及农业组织的战略目标调动资源的 11 个共同领域之一，它符合联合国粮食及农业组织对可持续粮食和农业的愿景，支持联合国粮食及农业组织使农业、林业和渔业更具生产力和可持续性的目标。

11

生态系统修复与景观设计

伍业钢

在未来的社会发展中，生态系统修复将形成一个新型产业，一个发挥多种功能的生态产业，一个支持未来经济发展且保证其可持续性的重要产业。生态系统修复的根本目的是把被破坏的生态系统中的负资产，改变成为正资产。生态系统修复也将成为一个新的经济引擎，激发市场潜力、推动技术革新、增加社会就业、引领新型绿色经济。景观设计本质上是景观空间设计，是景观空间格局的组合布局，是自然景观空间格局的再造。景观设计的灵魂在于把握空间格局的空间尺度。我们必须在效法自然景观空间格局上下功夫，在生态系统修复中充分应用景观设计中的理念和技术。

随着自然环境的恶化和生态系统的破坏，山、水、林、田、湖、草、海、矿等各类生态系统都需要得到保护和修复，生态系统修复逐渐成为一个热点话题。在未来的社会发展中，生态系统修复将会形成一个新型产业，一个发挥多种功能的生态产业，一个支持未来经济发展且保证其可持续性的重要产业。生态系统修复的根本目的是把被破坏的生态系统中的负资产，改变成为正资产。生态系统修复也将成为一个新的经济引擎，激发市场潜力、推动技术革新、增加社会就业、引领新型绿色经济。在生态、环保、水流域生态修复、矿山修复、生态城市规划、景观设计以及经济管理等相关领域工作者们的共同努力下，优美的生态环境将会逐步恢复，人们的生活幸福指数也将得到有效提升。

新的生态系统修复产业需要探索新的生态修复理念、技术和模式，作为景观设计师，我们尝试多学科融合、多角度分析、发散思维、要点切入，将新的生态修复事业变成一个创造复合经济价值的产业，成为未来经济可持续发展的一个重要支柱。景观设计本质上是景观空间设计，是景观空间格局的组合布局，是自然景观空间格局的再造。景观设计的灵魂在于把握空间格局的空间尺度。我们必须在效法自然景观空间格局上下功夫。

为了具体阐述景观设计在生态系统修复中的应用，以及如何遵循效法自然的原则和把生态修复中的负资产转变为正资产的理念，我们以山东莱州矿山生态修复和胶州湾流域水生态系统修复为例，进行详细的剖析。

11.1 矿山生态环境问题和推进绿色矿山建设

绿色矿山，是指在矿山开采过程中充分考虑环境影响、资源消耗、科技水平等要素，体现对传统的高强度资源开发、低层次环境管理的技术修正，强调对矿业可持续发展的战略考量。从学术上进行定义，绿色矿山则是指“矿产资源开发最优化、矿山环境扰动量最小化”，包括充分估计区域环境承载力、优化采、选、冶过程、修复和治理矿山生态环境等，是公认的矿业科学发展、和谐发展、创新发展的必由之路（栗欣，2017）。长期以来，矿产资源的开发、加工、利用活动在点—线—面—网的不断扩展中，极大地扰动着“山、水、田、林、湖、草”这一生命共同体。由于人们只重视眼前的经济利益，忽视长远的生态价值，对生态系统的可逆性认识不足，造成留给人类的生存空间越来越小的局面。

中国矿山开采周期长，短则十几年、长则几十年甚至上百年，尤其是大中型矿山，加之生物气候带、地貌类型、土壤类型、植被类型、开采工艺、复垦工艺、恢复目标和标准的差异，必然需要对矿区生态进行整体保护、系统修复、综合治理，这也是绿色矿山建设重要的、持久的内容。

11.1.1 矿山土地损毁及生态环境现状分析

自然资源部土地整治重点实验室土地复垦方向带头人白中科及其团队成员，长期跟踪中国矿产资源开发、加工、利用过程造成的土地损毁动态，基本情况如下（白中科等，2018）。

（1）煤矿山土地损毁系数与测算方法：经过对 17 个省、100 多个矿的数据分析与验证，得出煤矿每万 t 煤损毁土地系数：1987—1999 年为 0.3 hm^2/ 万 t，2000—2009 年为 0.27 hm^2/ 万 t，2010—2020 年调整为 0.2 hm^2/ 万 t。煤炭生产损毁土地面积 = 万吨煤损毁系数 × 煤炭产量。

（2）金属矿山土地损毁系数与测算方法：根据全国铁矿项目土地损毁系数分析，考虑全国 3/4 的铁矿是露天开采，铁矿损毁土地系数为 0.3 hm^2/ 万 t。根据《“十二五”建筑节能专项规划》调查的 4 745 个矿山企业，得出 10 种金属矿山开采损毁土地平均系数为 0.25 hm^2/ 万 t。金属生产损毁土地面积 = 金属损毁系数 × 金属产量 / 有色金属平均品位（表 11.1）。

表 11.1 煤矿、铁矿及 10 种金属矿土地损毁测算表

年份	类型	损毁土地（万 hm^2）
1987—2009 年	煤矿	100.00
	铁矿及 10 种金属矿	33.33
	小计	133.33
2010—2020 年	煤矿	80
	铁矿及 10 种金属矿	44
	小计	124
1987—2020 年	合计	257.33

综上，1987—2020 年，中国煤矿损毁土地约 180 万 hm^2；铁矿及 10 种金属矿损毁土地约 77.33 万 hm^2，合计约 257.33 万 hm^2。

采矿不仅造成大量土地、植被和水体破坏，还引发地表塌陷，山体开裂、崩塌和滑坡等地质灾害，严重破坏生态系统平衡，造成水资源枯竭、河水断流、大面积区域性地下水位下降、水土流失、环境恶化。采矿、选矿产生大量的废石、尾矿，是持久且严重的污染源，一些伴硫矿物废石堆的酸性排水及其重金属污染可持续数百年之久（腾玲，2018）。

根据多年的经验，矿山废弃土地采取工程措施和生物措施，复垦到农业、林业、牧业可利用状态（形态恢复与部分的功能恢复），复垦费用估算如下：煤矿为 7.5 万～ 18 万元 / hm^2；铁矿及十种有色金属矿为 30 万～ 45 万元 / hm^2。

11.1.2 如何推进绿色矿山建设

中国有 15 万个废弃采石矿坑，开采了 2.6 亿 m^3 的石材。有些矿坑可深达 100 多米。仅山东省莱州市就有 220 个废弃矿坑，面积达 5 834.6 hm^2（图 11.1）。按废弃矿坑的用地类型分为三类：①城市建设用地，共 24 个矿坑、798.2 hm^2；②农业用地，共 51 个矿坑、2 899.2 hm^2；③自然保护区用地，共 145 个矿坑、2 137.2 hm^2。面对广袤的废弃矿山土地和各种用地类型，修复的原则也集中在通过修复打造新的产业、新的资产、新的文化景观、新的城镇、新的美丽乡村、新的旅游综合体，努力将之打造为国家级矿山生态修复的示范区、全国矿山修复产业化创新的标杆，变废为宝、变废弃为神奇、变负资产为正资产。

图 11.1　中国莱州矿山修复项目平面图

（1）绿色矿山建设需要绿色理念的指导：绿色矿山建设应贯穿资源开发的整个生命周期，包括绿色勘查、开发利用最优化选择、环境修复等，实现循环发展，产业发展应生态化、低碳化。因此，绿色矿山建设需遵循“山、水、林、田、湖、草”生命共同体的理念，从土地资源、水资源、生物资源、景观资源、人居环境损毁与复垦利用角度，探讨矿产资源开发集中区生态安全问题，揭示矿产资源开发集中区生态安全的规律，提出以土地资源、水资源、生物资源、景观资源恢复利用为目的，统筹解决矿区所在地居民的生产、生活、生态问题的控制对策（白中科，2017a）。

具体来讲，绿色矿山建设需考虑“育山－理水－造林－养田－调气－梳脉－完型－修文”。育山，即重塑与矿区周边景观相协调的地貌；理水，即梳理“矿－农－城”水系网络，探求生态用水平衡；造林，即重建矿区植被，保护生物多样性；养田，即重构矿山无障碍层的土体，提升土壤质量；调气，即开辟“矿－农－城”区域通风廊道，调节矿区微气候；梳脉，即疏通“矿－农－城”点、线、面、网的绿脉水脉；完型，即完善“矿－农－城”公共空间系统，组织城市多元活动；修文，即传承人文山水园林理念，凸显东方文化气质。我们在中国莱州矿山修复项目中尝试用这种多学科交叉的理念指导绿色矿山建设。表 11.2 显示通过分区修复及分镇统计修复成本共计 39.54 亿元。

表 11.2　生态修复成本分区及分镇统计

区域	修复类别	矿坑面积（m^2）	矿区周边涉及未利用地面积（m^2）	修复参数单价（元/m^2）	成本总计（亿元）
虎头崖镇	修复复垦区	507 500	1 643 087	150	3.23
	修复建城区	800 000	3 474 467	150	6.41
	小计	1 307 500	5 117 554	——	9.64
柞村镇	修复复垦区	1 181 653	5 847 347	150	10.54
	自然保护区	572 133	3 323 627	200	7.79
	小计	1 753 786	9 170 974	—	18.33
郭家店镇	修复复垦区	177 173	1 404 107	150	2.37
	自然保护区	78 407	380 620	200	0.92
	小计	255 580	1 784 727	—	3.29
程郭镇	修复复垦区	99 613	175 713	150	0.41

续表 11.2

区域	修复类别	矿坑面积（m^2）	矿区周边涉及未利用地面积（m^2）	修复参数单价（元 /m^2）	成本总计（亿元）
驿道镇	修复复垦区	31 640	286 440	150	0.48
夏邱镇	修复复垦区	201 747	724 280	150	1.39
	小计	3 649 866	17 259 688	—	33.54
主题乐园	—				6
总计					39.54

（2）绿色矿山建设需要从大尺度上考虑国土空间的优化：中国矿山时空尺度大，开采周期长，短则十几年、长则几十年甚至上百年，矿区面积少则十几平方千米、多则上百平方千米，尤其是大中型矿山。矿产资源开发过程是“点—线—面—网”的扩展过程，景观在破碎和整合上同向同行。因此，应大尺度考虑国土空间格局的优化，如草原矿区，如果不从地貌角度进行仿自然地貌复建，草原是难以恢复成草原的。而黄土高原可以借用采矿的便利条件，进行地貌重塑，恢复到百万年前宽阔平坦的“塬地貌”，没有必要恢复到采矿前沟壑纵横的地貌。黄淮海平原高潜水位区，采矿后大规模积水，已不可能恢复原陆地生态系统，只能通过大尺度积水调配，尽最大努力抢救土地、土壤，重建水陆镶嵌的生态系统。西部沙漠戈壁是中国现在和未来相当长时期内的能源重点开发区，应以工程措施为主、生物措施为辅，防治固定沙丘活化沦为半固定沙丘和流动沙丘，以及保护和重构地表砾幕层（白中科，2017b）。

目前，中国有十万多个矿山，几十万处固体废弃物堆放场，这些堆放场常常分布在高标准基本农田周边，由点到线到面到网扩展。如果得不到及时有效的控制，这些矿山废弃地产生的污染物将会对周边的高标准基本农田造成巨大威胁。尤其是在暴雨的情况下，金属矿山的地面径流水会沿着流域流动，一场大雨会使本身就是高标准基本农田或已建的高标准基本农田毁于一旦，修复成本极高，不能修复的土地将被迫改变用途，土地功能降低。因此，绿色矿山建设必须注重经济、生态、社会效益相统一。

莱州矿山生态恢复不仅是废弃地植被的恢复，更是建立一个能够进行自我维护、运行良好的完整生态服务系统。我们根据实际情况将废弃矿山修复改造成建设用地、耕地、旅游景观和旅游用地、仓储用地、养殖用地或绿地等。价值有待挖掘的采矿用地可因地制宜进行适度开发和修复，进行安全的开发，自然条件较好的可采取自然恢复的方式。人工引导恢复应以仿原生地貌、生物群落为主，从而适度利用。莱州矿山修复通过矿山及周边土地修复获得的收益与现有毛渣、荒材收益共计 49.25 亿元（表 11.3），分区修复及分镇统计共计修复成本 39.54 亿元，矿山修复盈利 9.71 亿元。

表 11.3 矿山及周边生态修复与现有毛渣、荒材收益表

类别	计算数量		参数单价	收入总计（亿元）
修复为建设用地	138.98hm²		1 350 万元 /hm²	18.76
复垦区复垦为耕地	312.86hm²		180 万元 /hm²	5.63
毛渣	花岗岩	28 665 万 t	3 万元 / 万 t	8.60
	大理岩	1 502 万 t	60 万元 / 万 t	9.01
荒材	36 258 万方		2 万元 / 万方	7.25
总计				49.25

11.1.3 绿色矿山建设需要注重经济、生态、社会效益相统一

矿山修复不仅能够实现生态修复、耕地复垦，并能通过适度开发实现修复成本的回收。在中国莱州矿山修复项目中，通过复垦、复绿、景观再造我们为原先千疮百孔的废弃矿山（图 11.2）植入太阳系九大行星的理念，将原矿区的九大矿坑“变身”为星球主题乐园（图 11.3）。通过立体式的交通及空间利用，将雄伟壮丽的自然环境与生动精彩的科技手段有机结合，充分利用现状地形、地貌，对水、陆、空、声、光、电进行立体式的结合打造，同时强调夜间产业和主题性光影秀的打造（图 11.4），形成风格迥异、各具特色的动线体验，引入新的产业，创造新的经济价值，创造年旅游价值 1.38 亿元（表 11.4）。

表 11.4 引入新的星球主题乐园产业创造的旅游价值

项目		数据		总价（亿元）
收入	门票	人次	149 万	2.24
		票价	150 元 / 人次	
	出租	面积	0.55hm²	0.04
		单价	2.0 元 /m²/d	
支出	管理费	收入 40%		0.90
收益				1.38

图 11.2　中国莱州矿山修复项目原地貌

图 11.3　中国莱州矿山修复项目鸟瞰

图 11.4　中国莱州矿山修复项目夜景鸟瞰

星球主题乐园（包括该区域矿山修复）的总体投资是6.0亿元，主题乐园旅游业的年收入达2.28亿元，创造了年旅游价值1.38亿元的收益。新的产业可以创造更多的就业机会并改善民生，创造利润并带动GDP的增长。如此改善后，将形成旅游品牌的引爆效应，带动周边土地价值提升，促进区域产业经济发展，最终呈现安全生态格局，改善地区生态环境，提升区域生态价值。

绿色矿山建设的目标就是要把握城市发展的限制因素，调整好城市发展的各种生态关系，实现生态效益、经济效益、社会效益的最大化，而绿色矿山建设的核心是这三大效益的最大化和可持续性。我们在需要花费巨资的矿山生态修复中引入产业和旅游综合体，使之成为盈利的项目；通过生态修复，把负资产的矿山废弃地打造成为正资产的旅游产业综合体，使绿色矿山建设成为真正意义上的顶层设计和可持续经济的创新杰作（伍业钢等，2018）。

11.2　流域水生态系统修复的重点问题分析及提升策略

目前，中国流域水环境状况很不乐观，突出表现为水质下降、水量减少以及自然生态环境的破坏。由于生产、生活产生的大量污染物源源不断地进入自然水体，城市开发建设不断改变着水陆空间格局，导致生物多样性逐渐降低，水体自净化能力逐渐下降等问题，江河湖海得不到休养生息，整个生态系统遭受着不同程度的破坏。虽然政府和民间都持续投入了大量的资金和人力，使用了很多策略和技术进行治理，但环境状况依然令人担忧。

对于水污染的综合治理，必须全面剖析可能存在的问题及其改善途径，从纵向来看，要做到源头控制、过程阻断、末端治理；从横向来看，要分析城市规划、水利、市政、园林、农业、工业、服务业等多领域、多行业对环境造成的影响，同时也要与大气污染（干沉降）、固体废物污染（垃圾渗滤液）、土壤污染（面源污染及重金属迁移）等污染治理形成协同治理。

11.2.1　问题与挑战

中国是个人口大国，人口基数大、人口密度高，活动强度和生产强度都很大。近年来，随着城镇化的发展，人口的空间格局发生明显变化，农村人口快速向城镇人口转移。生活方式的转变导致用水量增大（如旱厕向抽水马桶的转变），迫使污水处理量增大，城镇污水处理厂面临增设扩建、提标改造的巨大压力，农村污水处理从无管理到被要求进行管理，工业污染排放更是被严格监督。生态环境部网站数据显示：截至2018年底，全国设市城市污水处理能力达1.67亿m^3/d，全国每年累计处理污水量达519亿m^3，分别削减化学需氧量和氨氮1241万t和119万t。

目前，中国城镇污水处理厂使用的标准是《城镇污水处理厂污染物排放标准》（GB 18918—2002），地表水环境质量评价使用的标准是《地表水环境质量标准》（GB 3838—2002），主要污染物浓度对照表如表11.5。用该表可以对比污水处理厂污染物的排放浓度与常规地表水污染物浓度的差距，我们的治理目标应该是将自然水体的水质恢复到地表Ⅲ类水及以上，其中氮磷治理的压力很大。

表11.5　主要污染物浓度对照　（单位：mg/l）

类型 项目	地表水环境质量标准					城镇污水处理厂污染物排放标准			
	Ⅰ类	Ⅱ类	Ⅲ类	Ⅳ类	Ⅴ类	一级A	一级B	二级	三级
COD（化学需氧量）不大于	15	15	20	30	40	50	60	100	120①
NH_3-N（氨氮）②不大于	0.15	0.5	1.0	1.5	2.0	5（8）	8（15）	25（30）	-
TP（总磷）不大于	0.02（湖、库0.01）	0.1（湖、库0.025）	0.2（湖、库0.05）	0.3（湖、库0.1）	0.4（湖、库0.2）	1③ 0.5④	1.5③ 1④	3	5
TN（总氮）不大于	0.2	0.5	1.0	1.5	2.0	15	20	-	-

注：①下列情况下按去除率指标执行：当进水COD大于350 mg/L时，去除率应大于60%；BOD（生化需氧量）大于160 mg/L时，去除率应大于50%。②号外数值为水温大于120 ℃时的控制指标，括号内数值为水温小于等于120 ℃时的控制指标。③2005年12月31日前建设污水处理厂执行指标。④2006年1月1日起建设污水处理厂执行指标。

为控制水污染，保护自然水体的生态平衡，中国制定的《污水综合排放标准（2021年修订版）》和《城镇污水处理厂污染物排放标准（2021年修订版）》中明确规定了标准分级，即排放执行标准。单从排放限值上看，中国制定的标准已经较为严格，但从水体污染情况反馈得出，污水处理问题仍有巨大的改进空间。

虽然我们的环保意识逐渐增强，但环境治理的实际操作水平依然相对较低。因此，无论从管理层面还是技术层面都需要快速前进，打造积极的环境治理格局，我们首先分析了以下两方面影响因素。

（1）污水排放量大，处理效率低：近年来，中国城市发展速度极快，市政基础设施建设水平与水资源管理水平一直低于城市发展所需水平，生活污水和工业废水一直未能得到全面收集和处理。一方面，由于许多城镇供水与排水管理系统的薄弱或缺失（如水价的不合理），导致部分地区用水量超出正常使用水平，产生不必要的浪费从而增加排水负担。另一方面，已被收集的污水在实际处理过程中，由于技术、成本、管理等多方面原因，使得部分污水未能实现有效达标处理，直接排入自然水体，造成环境隐患。通常经济越不发达的地区处理状况越难以得到保障，偷排、漏排等现象较为普遍，且难以杜绝。据统计，中国城市污水排放每年高达 778.2 亿 t，而城市污水处理率仅达到 80.3%（设计能力超过 100%，但由于管道铺设，偷排、漏排等问题，导致实际处理率降低）。加上农村未处理污水每年约 197 亿 t，综合计算，可以预计，每年的污水污染排放，共向水系流域排放约 4 128 t 总磷，82 560 t 总氮。

（2）水资源分布不均，环境容量降低：由于中国幅员辽阔，各流域气象水文条件差别较大，水资源分布不均衡，往往导致环境容量较小但排污量较大的区域水体自净化能力难以得到快速恢复。近年来，中国季节性洪涝灾害频发，一场连续的暴雨，可能占年降雨量的 30% ～ 70%。雨洪管理的薄弱导致枯水季节多个流域水环境容量严重不足，基流小，缺乏生态补水，水质恶化现象严重；丰水季节面临着雨水难留的尴尬局面，水量难以得到存储，导致旱灾随之而来，水资源平衡受到威胁。

城市的发展建设也对自然水体的空间格局产生了很大影响，建设用地的不断扩展引发了河床受损、地表水量减少、地下水位下降、生物多样性降低以及湿地大面积减少等一系列问题，这些负面影响均导致水体自净化系统遭受破坏，纳污能力逐渐降低。

通过具体计算（Chou et al.，2018），我们可以得出，中国全年总地表径流为 27 115 亿 m^3，雨季 6 个月地表径流为 22 505 亿 m^3（占全年地表径流的 83%），旱季 6 个月地表径流为 4 610 亿 m^3（占全年地表径流的 17%）。我们可以假设雨季和旱季的污水排放和污染排放量大致相等。那么，雨季地表水污染物含量平均可达 TP：0.1 mL/L 和 TN：1.8 mL/L，全国大部分的水系流域可以达到Ⅲ类水水质。而旱季水系水量大幅度减少，排污量不减，旱季地表水污染物含量平均可达 TP：0.44 mL/L 和 TN：9.17 mL/L，使得全国大部分流域水系水质成为Ⅴ类水（表 11.6）。

表 11.6　中国各类水水质主要指标标准（mL/L）

水质类型	Ⅰ	Ⅱ	Ⅲ	Ⅳ	Ⅴ	尾水一级 A	尾水一级 B
COD	15	15	20	30	40	50	60
TN	0.2	0.5	1	1.5	2	15	20
TP	0.02	0.1	0.2	0.3	0.4	0.5	1

11.2.2 策略与机遇

一个问题的出现总会产生出多种解决方案，针对中国不同区域不同情形的水污染状况，水环境修复应根据实际情况选取治理方法。技术盲从（如膜技术的使用和人工湿地的滥用）和管理“一刀切”（如执法的简单粗暴和治理措施的笼统粗放等）都会造成不必要的浪费，这为相关标准的制定和技术的规范也带来巨大的挑战。未来水环境治理的缺口必然使该治理市场变得更加火热，但水污染的治理是个系统工程，任何行业想独自治理都不会产生满意的结果。水污染综合治理过程中，还应因地制宜、因水而异，比选技术措施，从而制定出水环境质量达标、技术经济最优的解决方案。

我们认为对于水污染治理，首先要考虑的必须是对点源污染的全面截污，所有生活污水和工业污水严禁直排，都应经过污水收集处理环节。其次，针对污水处理厂处理尾水的排放，应从三方面考虑进行改进：①尾水是否直接进入自然水体；②尾水是否进行其他用途的回用；③尾水是否可经过土地、湿地等净化区域后进入自然水体。同时，针对面源污染，要实现污染物的多级削减，尽量减小其进入自然水体的可能性。最后，应考虑如何提升自然水体本身的自净化能力。

污水处理及资源化的技术革新：中国的社会发展水平和水环境污染程度，决定了我们必须重新看待污水处理的排放标准和处理技术。仅从排放标准来看，现阶段污染物的排放量已经无法满足控制水污染，保护江河、湖泊、运河、渠道、水库和海洋等地面水以及地下水水质的良好状态，保障人体健康，维护生态平衡，促进国民经济和城乡建设发展的主旨。我们应从处理技术、排放方式以及能耗升级、资源优化等方面去重新考虑污水的处理和排放问题。如研发占地少、能耗小、综合成本低，分别适用于不同处理量的新型水处理技术；研究尾水排放途径，全面分析尾水在进入自然水体前可途经哪些地表区域，可进入哪些回用场所；讨论不同的下渗区域和回用场所对应的水质要求，从而进行处理技术与排放要求的匹配，避免过度处理或处理不到位。同时寻求水资源利用模式和污水管理模式的突破，增加征收污水处理费或设定排污许可证等已有办法以外的途径进行污水排放约束，鼓励各行业及家庭等用水单元主动从用水源头上减少污水产生，比如清洁生产技术的创新，抽水马桶的改进，以及不同灌溉技术的使用等。同时加大全民环保科普力度而不仅仅是宣传力度，使人们从小就深入认识环境与个人的关系，主动参与到资源环境的保护工作中来，促进公众参与的有效落地和良好环保氛围的形成。

11.3 水流域雨洪管理及海绵城市建设

雨洪管理是大多数国家都要面对的一个现实问题，国外对雨洪的管理也经历了一个比较类似的发展过程，大部分经历了以防洪为目的的管渠直排，修建大量处理设施集中处理，以及现阶段的分散式处理，尽可能将雨水就地解决的过程。例如美国提出低影响技术开发（Low Impact Development）、澳大利亚提出水敏性城市设计（Water Sensitive Urban Design）、英国提出可持续排水系统（Sustainable Drainage Systems），以及欧美多国流行的最佳雨洪管理（Best Management Practices）等。

针对近些年洪涝灾害的频发和水质型缺水问题的越来越严重，中国提出海绵城市的生态城市建设理念，并指出其主要建设途径包括：①对城市原有生态系统的保护；②生态恢复和修复；③低影响开发。值得强调的是，我们所打造的海绵城市，在不同尺度下的含义是不同的。低影响开发技术（LID）适用于小尺度的小场地建设，但针对许多城市的防洪、防旱、防内涝，以及水资源、水环境、水生态的安全问题，必须在流域的尺度上、在城市水系整体打造上才能得以解决，流域的总体设计也包括了产业和城市空间布局、土地利用性质的转变等诸多要素的总体空间规划设计。我们的设计和开发要做到尊重水、尊重表土、尊重地形和尊重植被。对水动力、植被、微生物、土壤、暴氧、湿地等因素进行修复和重建，提升水体的自净化能力和水量调控能力。实践经验得出：海绵城市的建设不仅可以修复生态环境，同时也提高了城市的品质和宜居程度，提高了城市土地的价值。海绵城市建设的区域房地产价值可以增加 25% ～ 40%；通过海绵城市设计的环境整治，一级开发成本可以节约 10% ～ 20%（伍业钢，2016）。

海绵城市的打造是以“雨洪是资源”为目标，以控制面源污染，保障水质为核心的水资源管理和水生态治理的理念，属于多功效技术手段。但在实际操作中，针对一个城市的实际问题开展有效的海绵城市建设并不易行，水资源管理的顶层设计、措施的实施难点以及如何保证方案的可持续性都是我们要解决的问题。很多具体技术问题也亟需突破，比如以下几点：①学科交叉问题，水利、环境、景观、生态、规划、市政等学科领域都将涉入海绵城市建设当中，基础数据的非共享性、数学模型的非耦合性，主体利益的矛盾性，均对方案的制定有很大的影响；②数据量化问题，如何建立并使用生态大数据，确定不同区域年径流总量控制目标，设计计算蓄水空间（如水面率、绿地率等的确定）、低影响开发设施的用地及设备规模（包括设施材料的设计、生产、选取，设施系统结构的规划、设计、施工等），监测及平衡估算雨水资源“渗、滞、蓄、净、用、排”各功能发挥的数据等；③与水资源综合管理衔接问题，如何将城市发展与水资源平衡建立系统动力学反馈，如何从时间、空间尺度上对地下水和地表水进行综合修复等。这些内容的落地实施均需要科学、严谨、经济、可持续的技术支持，这将引发更广泛的科研探索。

根据科学严谨、经济可持续的原则，我们在胶州湾湿地生态系统修复设计中，专门补充了一个《胶州湾海绵城市建设专题研究报告》。我们认为，海绵城市建设作为一项国策，彰显了中国水资源管理进入了一个新的历史时期。水是城市的血液、城市的命脉。海绵城市的打造是以“雨洪是资源”为目标，以控制面源污染保障水质为核心的水资源管理和水生态治理的理念。雨洪是资源，蓄为先，一个城市或者是一个区域要有足够的地表水面积和湿地面积来蓄存常雨量；要减少地表径流，促使雨水就地下渗，补充地下水。雨洪是资源，就要考虑最大一次连续降雨下城市雨洪的系统管理，实现蓄洪水面、湿地、绿地、雨水花园、公园等空间的最大化，雨洪就地下渗的最大化，地表径流、城市排水管道分散化和系统化，以及城市流域水系和汇水空间格局的合理化。一场连续暴雨，可能占全年降雨量的 30% ～ 70%，如果把这一雨洪资源泄掉、排掉，那一年里旱灾的严重程度是可想而知的。如果没有足够的城市空间把雨洪蓄下来，所有的洪水汇集到狭窄的防洪高堤坝内，所形成的洪峰和洪水的压力和威胁是巨大的。因此，海绵城市将从根本上改变防洪防涝的管理方式，降低洪灾旱灾的威胁，是水安全的重要保障。

海绵城市设计的一个挑战是，如何确定一个城市或者一个区域适当的水域和湿地面积与陆地总面积之比例。这个比例跟年总降雨量、最大连续降雨量、地形地势、土壤类型、植被类型、城市空间格局、地表径流强度等要素有关。各城市或各区域间的差异很大，但是，海绵城市设计的基本原理是一致的，那就是必须以流域为整体、以产业和城市空间格局为抓手、以防洪防旱和水质保障为宗旨，综合考虑水安全、水资源、水生态、水经济、水景观的总体设计。

海绵城市建设的目标是通过低影响开发的技术得以实现的。低影响开发就是在开发过程的设计、工程、施工、管理中，追求对环境影响的最小化，特别是对雨洪资源和分布格局影响的最小化。为了达到“低影响”，我们的设计和开发就必须满足四个尊重，即尊重水、尊重表土、尊重地形、尊重植被。尊重水，就不应该把河流当作纳污河，就不能破坏水岸边的草沟、草坡，就要防止面源污染，保护好水系的自净化系统和水生态系统。表土是千万年形成的财富，是地表水下渗的关键介质，是植被生长的基础，尊重表土，就是要保护和利用好这样的宝贵资源，防止水土流失，以及在开发中收集好表土，开发后复原好表土。自然地形所形成的汇水格局是一个区域开发的重要因素，地形变了，汇水格局就变了，低影响开发就是要研究原有地形和开发后地形的不同汇水格局及其影响，因此，尊重地形的设计和开发，影响小、安全，也能体现空间多样性，具有自然和艺术的美。植被是地形的产物，也是水和土壤的产物；同时，植被是地形、水、土壤的“守护神”，没有植被，水土流失和面源污染则不可避免；没有植被，水质、水资源、表土，都会丧失，地形也会改变；没有植被，水也会失去它的资源属性，变成灾难性的洪水、干旱、水荒，造成经济损失，制约城市的发展。

另外，低影响开发涉及的是小的汇水面积，而海绵城市考虑的则是流域，流域的总体设计还包括了产业和城市空间布局、土地利用性质的转变等诸多要素的总体空间规划设计。这无疑是一个创新设计和符合国情的低影响开发的应用。因此，可以说海绵城市建设是中国新型城镇化战略、生态文明战略、生态城市战略、水生态文明战略的基础设施建设。它也必将是水资源管理、流域管理、水生态治理的新的里程碑。

青岛是全国缺水最严重的城市之一，人均淡水资源占有量仅为 290.2 m^3，为全国人均水资源占有量的 13%。而青岛城区年均可利用雨水资源量就达 10 亿 m^3，具有巨大的开发潜力。推广海绵城市建设，对胶州经济技术开发区的发展具有重要意义。我们根据潮汐资料、水文资料和降雨汇流分析，来确定胶州经济技术开发区区域内水域湿地的合理面积，以及不受内涝影响的安全标高。

（1）潮汐资料：胶州湾潮汐为典型的半日潮，平均潮差为 2.71 m，最大潮差为 6.87 m，最高潮位为 5.36m，平均潮位为 3.8m。

涨潮历时较短，平均历时 5.56 h，落潮历时较长，平均 6.77 h。与之对应，涨潮流速大于落潮流速，湾口为强流区。

日潮不等现象显著。潮流为往复半日潮流。潮流流速一般为 100 ～ 135 cm/s，涨潮流速大于落潮流速。湾口流速较大，团岛附近流速可达 150 cm/s。潮余流流速可达 30 cm/s。

湾内的潮汐类型是很稳定的。每太阴日中有两次高潮和两次低潮，两次高潮的高度基本一致，两次低潮的高度略有差异，有低潮日不等现象。

经济技术开发区防潮标准：50 年一遇标准。

（2）水文资料：根据《青岛市水资源综合规划》，全市多年（1956—2010 年）年平均降水量为 689 mm。降水量的年际变化较大，全市年降水量最大值为 1 371 mm（1964 年），最小值为 303 mm（1981 年），最大值是最小值的 4.5 倍。

降水量的年内分配不均，主要集中在汛期 6—9 月（图 11.5），其降水量约占全年的 73%，最大一次连续降水量达 269.6 mm。

大沽河大麻湾站：2001 年 8 月 2 日，水位 7.48 m，流量 1 570 m^3/s。大沽河防洪标准为 50 年一遇。

（3）降雨汇流分析：项目地地表径流的排除路径有三个：一是汇入金湖，二是汇入大沽河，三是直接排入胶州湾。

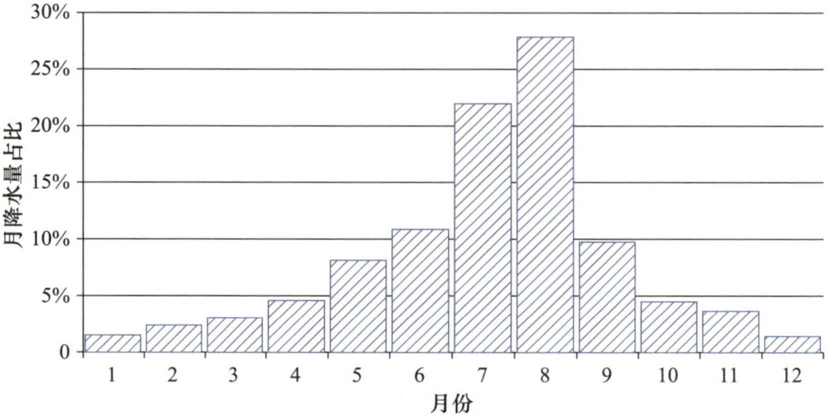

图 11.5 胶州市多年平均降水量年内分配

生态大道横亘在胶州经济技术开发区和胶州湾之间，阻断了降雨径流从项目地排入胶州湾的通道。同时，每天两次涨潮，海面海拔可达 3m，受潮水顶托，不利于大沽河排水。

项目地面积 26.1 km^2。汇流面积约 40 km^2，最大连续降雨的径流产流量约 754.88 万 m^3（净流系数取 0.7）。金湖面积 7.3 km^2，平均水深最大 3 m，假设目前平均水深 1.5 m，则暴雨时可容纳水量为 631.95 万 m^3。在最大连续降雨的情况下，有 122.93 万 m^3 的地表径流不能从项目地排出，成为内涝灾害，危害胶州经济技术开发区人民的生命和财产安全。因此，我们建议建筑和观光设施防止内涝的安全高度应该在现有地表高程上加 0.3 m 以上，如果考虑最大潮差为 6.87 m，那么，安全标高应该在 7.17 m 高程，方能保证永久不发生内涝灾害。

11.4 水流域生态修复与湿地设计

湿地一直享有“地球之肾”的美誉，是除了南极洲外，广泛位于陆生生态系统和水生生态系统之间的过渡性地带。湿地是天然的海绵体和过滤器，在物质生产、水文调节、污染过滤和生物栖息地等方面有着突出的贡献。城市土地的扩张导致自然湿地遭受了不同程度的减少和破坏，这对一个区域的水质保持和水量调节造成了很大威胁，湿地的保护和修复变得尤为重要和急迫。

目前，水流域生态修复技术和修复资金是生态修复的关键制约因素。而选择长效保护性开发是平衡修复资金的重要手段，对此我们在山东胶州湾湿地进行了实践探索。

胶州湾地处山东半岛南部海岸，同京津冀、长三角、东三省、东亚联系密切。胶州湾湿地属于海岸湿地带，之前一直被归为保护区，但附近水质并不乐观。随着城市的发展，这些区域面临被开发、变成新的开发区的局面。这不仅是当下的选择，也是一种趋势，我们要做的就是修复好该区域的生态环境，规划最佳开发方案，让城市更加美好。因此，我们进行了生态效益、经济效益和社会效益的三重考虑。

胶州湾湿地生态大保护范围的总面积为 26.1 km^2，包括：大沽河湿地 8.7 km^2、金湖湿地 7.3 km^2、海湾湿地 10.1 km^2。开展胶州湾湿地生态大保护是胶州湾海洋保护、湿地公园核心区建设、海岸线保护、国土资源保护、生物多样性保护、海洋水质保护、湾区建设保护、新区建设保护的最高形式的保护计划、方案和工程。①设计定位：胶州湾湿地将成为胶州湾的蓝宝石、生态蓝岛，它将促进胶州湾的生态可持续性、经济可持续性、城市发展的可持续性，形成保障生态安全和生态文明的发展格局。②设计目标：再现胶州湾自然风貌；改善水质，保证清水入海；提升水生态价值，产生水经济效益，打造全国海湾环境最丰富多元的滨海湿地，全面提升胶州湾的蓝海经济基石、滨海城市的品质、生态旅游的活力。③设计理念：以水动力为基础、以水质为目标，打造自然湿地，修复河道水系的自然净化功能，重建自然机制、低维护生态基础设施并发掘文化助力城市发展。

胶州湾湿地公园分为 5 个区：①世界园林之窗——蓝岛圆梦园：以文化园林为空间载体的奇幻旅游综合体；②蓝色港湾——渔人码头：将渔港工厂改造成了市集，建立多功能的复合型业态体系；③国际清洁能源中心：国际清洁能源博览园；④国际湿地生态中心：世界级精品湿地科普教育中心、湿地生态系统博览馆、生态旅游景点；⑤青岛激水海洋公园：以胶州湾蓝岛海洋湿地为基底，融合多种效益于一体的东方山水文化与现代水上游乐综合体，见图 11.6 ～图 11.13。

图 11.6 胶州湾蓝岛湿地生态大保护规划总平面

关于该项目的生态修复目标，包括水质提升、水资源平衡、防洪、防涝、防旱、动植物保护及栖息地营造、水生生态系统恢复、生物多样性恢复、景观格局构建和生态服务价值提升等，由于基地的生态环境很差，有大量的盐碱地，水文条件复杂，水质较差，动植物种类单一，景观破碎，加上海湾湿地、内湖湿地、河流湿地的差异性和复杂性，使得建设和治理措施极为复杂，治理方案的设计遇到巨大的挑战。我们使

图 11.7　大沽河湿地公园

图 11.8　金湖湿地公园

图 11.9　海湾湿地公园及青岛激水海洋公园

图 11.10　世界园林之窗——蓝岛圆梦园

图 11.11　蓝色港湾——渔人码头及国际清洁能源中心

图 11.12　国际湿地生态中心

图 11.13　胶州湾蓝岛湿地生态大保护规划项目总体鸟瞰

用的先进生态工程与生态技术有水动力提升，流速干预，水土保持与水土流失防治，径流与洪水管理，建立生态景观格局，恢复乡土植被物种组成及完善植被格局，恢复湾漫滩、泥沼地和岛屿植被（区域和模式），重新设计水深模式、水岸形态，恢复水生生态系统、底栖生态系统，完善食物链，进行水质改善模拟等。

在整体打造过程中，不仅要达到生态上的可持续，同时也要在经济上更为可行。生态修复部分需要 33 亿元，总体投资规模需要 152 亿元，我们采用自我平衡的办法，利用区域的旅游产业及其他新型产业产生的价值来平衡投资，估算 30 年运营收益可达 204 亿元。项目的成功运作可极大改善民生、增加就业、提高居民收入水平、大幅提升胶州城市品牌与形象、营造“林秀鸟自来”的投资环境，同时满足政府、银行、开发商、民众等多方利益。

未来的生态修复项目不仅仅是单纯的自然科研项目，而是与社会进步和经济发展密切相关的综合项目。对于我们——从事生态环境治理和建设的专业人员，实现美好生态环境和社会永续发展是奋斗目标，探索科技进步是发展动力，实现投资与效益的可持续是前进方向。相信大家的齐心协力和坚持不懈终会获得成功。

参考文献

白中科，2017a. 关于整体推进土地整治的若干思考 [J]. 中国土地，4（09）：48-51.

白中科，2017b. 资源型城市城镇化进程及生态整治路径研究 [J]. 中国土地，4（07）：17-19.

白中科，杨侨，白甲林，2018. 论绿色矿山建设的源头管控与过程监管 [J]. 中国矿业，27（08）：75-79.

栗欣，2017. 绿色矿山建设模式的实践与探索 [J]. 中国国土资源经济，4：22-25.

腾玲，2018. 院士蔡美峰解析未来矿业三大主题 [J]. 地球，272（12）：42-45.

伍业钢，2016. 海绵城市设计：理念、技术、案例 [M]. 南京：江苏凤凰科学技术出版社。

伍业钢，斯慧明，2018. 生态城市设计：中国新型城镇化的生态学解读 [M]. 南京：江苏凤凰科学技术出版社。

CHOU S K，COSTANZA R，EARIS P，et al.，2018. Priority areas at the frontiers of ecology an d energy[J]. Ecosystem health and sustainability，4（10）：243-246.